新时代中青年学者文库

首都经济贸易大学出版资助

"一带一路"沿线国家税收制度比较研究

赵书博 著

中国财经出版传媒集团
中国财政经济出版社

图书在版编目（CIP）数据

"一带一路"沿线国家税收制度比较研究／赵书博著．－－北京：中国财政经济出版社，2020.12
ISBN 978－7－5095－8490－3

Ⅰ.①一… Ⅱ.①赵… Ⅲ.①税收制度－对比研究－世界 Ⅳ.①F811.4

中国版本图书馆 CIP 数据核字（2020）第 264826 号

责任编辑：陆宗祥　高文欣　　　责任印制：史大鹏
封面设计：卜建辰　　　　　　　责任校对：张　凡

"一带一路"沿线国家税收制度比较研究
YIDAI YILU YANXIAN GUOJIA SHUISHOU ZHIDU BIJIAO YANJIU

中国财政经济出版社 出版

URL：http://www.cfeph.cn
E－mail：cfeph@cfeph.cn

（版权所有　翻印必究）

社址：北京市海淀区阜成路甲28号　邮政编码：100142
营销中心电话：010－88191522
天猫网店：中国财政经济出版社旗舰店
网址：https://zgczjjcbs.tmall.com
北京财经印刷厂印刷　各地新华书店经销
成品尺寸：147mm×210mm　32开　8.75印张　225 000字
2021年4月第1版　2021年4月北京第1次印刷
定价：69.00元
ISBN 978－7－5095－8490－3
（图书出现印装问题，本社负责调换，电话：010－88190548）
本社质量投诉电话：010－88190744
打击盗版举报热线：010－88191661　QQ：2242791300

前　言

"一带一路"是我国在新的历史条件下提出的重大倡议。随着"一带一路"倡议的推进，我国与沿线国家间的经贸关系变得更加密切、相互间的投资与承包工程也不断增加。需要说明的是，我国对"一带一路"沿线国家没有明确的界定。为研究方便，本书根据一国的地理位置及其与我国经贸关系、在参考他人研究成果的基础上，选取沿线64个国家进行研究，并将其分为6个区域，分别是：（1）中亚及俄蒙7国。包括中亚5国（塔吉克斯坦、乌兹别克斯坦、土库曼斯坦、吉尔吉斯斯坦、哈萨克斯坦）及俄罗斯、蒙古国。（2）东南亚11国，包括新加坡、印度尼西亚、菲律宾、泰国、越南、马来西亚、缅甸、柬埔寨、老挝、文莱、东帝汶。除东帝汶外，其余10国均为东盟成员国。（3）独联体其他6国，分别是乌克兰、白俄罗斯、阿塞拜疆、亚美尼亚、摩尔多瓦、格鲁吉亚。（4）南亚8国，分别是马尔代夫、阿富汗、斯里兰卡、尼泊尔、巴基斯坦、印度、孟加拉国、不丹。（5）西亚北非16国，分别是土耳其、以色列、埃及、卡塔尔、阿曼、伊朗、科威特、黎巴嫩、阿拉伯联合酋长国、巴林、巴勒斯坦、叙利亚、也门、伊拉克、约旦、沙特阿拉伯。（6）中东欧16国，分别是阿尔巴尼亚、塞尔维亚、北马其顿、黑山、捷克、匈牙利、斯洛文尼亚、保加利亚、拉脱维亚、立陶宛、克罗地亚、波黑、罗马尼亚、斯洛伐克、波兰、爱沙尼亚。

各国实行的税制影响国与国之间的贸易、投资与承包工程。我国现行税收制度是改革开放以后逐步出台的，在推动我国外贸发展、激励我国企业境外投资及承包工程方面发挥了很大的作用。近年来，国内国际经济社会环境不断变化：从国内来看，党的十八届三中全会赋予财政新的定位，指出财政是国家治理的基础和重要支柱；从国际来看，税基侵蚀与利润转移（Base Erosion and Profit Shifting，BEPS）行动计划推出，国际税收新规则百年重塑。国内国际经济社会环境的变化与"一带一路"倡议在时空上相互叠加，对我国税制提出新的要求。另外，随着"一带一路"倡议的推进，人员、资本流动加快，我国与沿线国家进行税收合作的必要性越来越强。习近平主席在20国集团领导人第9次峰会上发表演讲时指出："加强全球税收合作，打击国际逃避税，帮助发展中国家和低收入国家提高税收征管能力。"为此，有必要对沿线国家的税制进行比较研究，总结可供我国借鉴的经验，不断完善我国的税制。

一、本书研究内容

本书主要对"一带一路"沿线国家的国内、国际税制进行比较研究，共分为五大部分：

（一）研究背景与意义。（1）"一带一路"倡议提出以来，我国有越来越多的企业与人员"走出去"，其既需要遵守我国税制的相关规定，也需要遵守东道国的相关规定。而"走出去"的企业或人员往往不熟悉东道国税制，需要研究与比较，做到"知己知彼、百战不殆"。（2）"一带一路"倡议与党的十八届三中全会对财政的新定位、国际税收规则的新变化在时空上相互叠加，对我国税制的制定提出新要求，我国需要在借鉴国际经验的基础上不断完善税制。

（二）"一带一路"沿线国家税制比较的宏观视野。一国税制是由其经济社会发展水平决定的，税制反过来又对一国的经济社会发展水平产生影响。比较沿线国家税制必须具有宏观视野，即首先比较我国与沿线国家所处的经济社会环境（具体包括：经济发展水平、经济发展所处阶段、社会发展水平、营商环境），

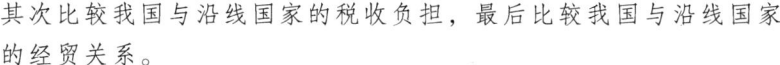

其次比较我国与沿线国家的税收负担,最后比较我国与沿线国家的经贸关系。

(三)"一带一路"沿线国家增值税比较研究。分区域比较沿线国家增值税关于纳税人、税收优惠、进项税额扣除、税率、留抵税额处理办法的相关规定。

(四)"一带一路"沿线国家公司所得税比较研究。分区域比较沿线国家公司所得税关于纳税人、税收优惠、可扣除项目、税率的相关规定。

(五)"一带一路"沿线国家个人所得税比较研究。分区域比较沿线国家个人所得税关于纳税人、税收优惠、可扣除项目、税率的相关规定。

二、本书对策建议

(一)增值税改革建议

1. 规范税收优惠。为减少增值税对市场经济行为的扭曲、降低征纳双方的成本,我国应在条件成熟后,全面清理过渡性减免税优惠、终止对一般纳税人适用的简便计算法等政策措施。这不仅有利于体现增值税的中性特征,也有利于打通增值税链条。

2. 条件成熟后取消加计扣除。不同税种有不同的特征,增值税最为重要的特征就是中性、消除重复征税。加计扣除是我国为了改革的顺利进行而推出的临时性措施,规定只实行3年,建议期满后消该项政策。

3. 简化税率档次。今后我国需要继续深化增值税改革,改革措施包括税率由3档并为2档、进一步简化税制等。简并税率不仅可以缓解行业的税负差别、减少企业会计核算与纳税申报的工作量,还可以减少企业的留抵税额。

4. 完善留抵税额退税政策。我国现行留抵税额退税政策设计了很多限制,有些规定不是特别详细。总的来看,有以下几点需要进一步明确:①明确纳税人信用等级的确定办法。申请退还留抵税额的企业,其6个月或2个季度的期限可能跨年。而跨年涉及的 2 个年度，企业信用等级可能不同，因而需要进一步明确该种情形下企业信用等级的确定办法。②追踪留抵税额退税负担方式的实施效果。我国留抵税额存在省与省之间的不均衡，如果处理不当，势必影响各省之间的分配。目前我国已经明确中央与地方留抵税额退税的负担方式，应进一步追踪其实施效果。③加强留抵税额退税的管理。留抵税额退税制度的全面铺开会对我国的税收管理及反避税提出新的挑战，我国应该加强对该项工作的管理。为保证退税资金的安全，可以考虑实行先审计后退税的办法。

(二) 企业所得税改革建议

1. 仍实行属人税制但引入"参与免税"制度。从国内看，"参与免税"有利于促进境外投资，提升我国税制的国际竞争力。从国际看，"参与免税"符合 BEPS 行动计划所确立的税收原则——"利润在经济活动发生地和价值创造地征税"，符合 G20 杭州峰会所倡导的理念——"实施增长友好型的税收政策"。为了防止企业避税，我国需要规定企业享受"参与免税"的条件，包括其持有境外投资公司股份的份额及持有时间要求、对东道国税率的要求等。企业不能享受"参与免税"的所得在我国仍需纳税，其在境外已纳税款可以抵免。

2. 改革激励创新的税收优惠政策。创新包括投入端（研发）与产出端（成果转化）两个环节。①投入端税收优惠的改革对策。研发是科技创新的前提，我国必须采取措施激励企业研发。A. 由加计扣除改为税收抵免并设计合适的抵免比例。B. 对企业未享受到的税收优惠给予退税。C. 取消享受加计扣除税收优惠的行业限制，改为根据企业是否进行了实质性研发活动作为其能否享受税收优惠的判断标准。D. 如果继续实行加计扣除，则需要进一步提高加计扣除比例。②产出端税收优惠的改革对策。A. 进一步降低知识产权（IP）转让所得适用的税率。沿线国家或直接规定 IP 转让所得适用的低税率、或规定其适用的免税比例。无论哪种优惠方式，IP转让所得适用的实际税率都比较低。今后应在财政状况许可的情况下，进一步降低IP转让所得适用的税率。B. 我国税收优惠政策应尽量与国际接轨。如果因为国情不同、确实需要出台与国际规范不同的税收优惠政策，则必须提前做好预案以应对相关国际组织例如"有害税收竞争论坛"的审查。

3. 提高业务招待费的税前扣除比例。企业生产经营过程中实际发生的业务招待费远远大于税法规定的限额，不能完全在税前扣除。为降低税负，一些企业违规将不能扣除的业务招待费纳入会议费。适当提高该项费用的扣除标准，符合企业的实际经营需求，有助于减轻企业税负、规范企业核算，还可以带动餐饮等相关产业的发展。

4. 降低企业所得税税率。沿线一些国家公司所得税税率较低，对我国造成了比较大的压力。以与我国经贸关系最为密切的东南亚为例，该区域大部分国家税率低于我国，再加上其所具有的劳动力成本低的优势，对外资具有一定的吸引力。目前，已有一些原本在我国从事经营的外资企业转移至东南亚国家。为避免该种情况进一步发生，我国应在条件允许的情况下进一步降低企业所得税税率。

（三）个人所得税改革建议

1. 优化税收优惠。①实现个人所得税与企业所得税优惠政策的衔接。考虑西部大开发的需求，建议对在该地区工作的相关人才给予减免税优惠。②对研发人员的工薪所得给予个人所得税优惠。

2. 改革税前扣除政策。①与企业所得税一致，允许个人将未扣除完的捐赠向以后年度结转3年，并在条件允许时进一步提高捐赠的扣除比例。实行这些措施的目的，在于提高纳税人进行慈善捐赠的积极性。②明确子女教育费用专项扣除的年龄规定。建议借鉴沿线国家经验，明确子女教育费用扣除的最高年龄一般为 18 岁，接受全日制教育的子女年龄可以提高至 25 岁。③完善继续教育费用扣除规定，规定该项费用只能由接受继续教育的本人扣除。

3. 降低个人所得税税率。降低我国综合所得适用的最高边际税率，并相应调整其他各档税率，使我国在国际税收竞争中处于有利地位。

本书由赵书博主笔完成，胡江云（第二章）、张书慧（第三章）、王秀哲与曹越（第四章）、张雪（第五章）参加了部分章节的写作，王佳赫、索硕、贺雨芳、贾民胜、袁紫涵、宋雨萱、马青兰、吴旭庆、王翠萍、袁庆等收集了一些国家的资料。

在本书的写作过程中，得到过国家税务总局的龚辉文研究员、首都经济贸易大学张立彦副教授的帮助，在此表示感谢。

由于作者水平有限，错漏之处在所难免，请各位读者批评指正。

目录

第一章　引论 ··· 1

第二章　"一带一路"沿线国家税制比较的宏观视野 ········ 14
 第一节　沿线国家经济发展水平比较 ····················· 14
 第二节　沿线国家经济发展阶段比较 ····················· 19
 第三节　沿线国家社会发展水平比较 ····················· 26
 第四节　沿线国家营商环境比较 ··························· 29
 第五节　沿线国家税收负担比较 ··························· 36
 第六节　我国与沿线国家的经贸关系比较 ·············· 41

第三章　我国与沿线国家增值税比较 ·························· 51
 第一节　纳税人比较 ··· 52
 第二节　税收优惠比较 ·· 59
 第三节　进项税额扣除规定比较 ··························· 61
 第四节　税率比较 ·· 64
 第五节　留抵税额处理方法比较 ··························· 72
 第六节　我国与沿线国家增值税比较 ····················· 78

第四章　我国与沿线国家公司所得税比较 ···················· 84
 第一节　纳税人比较 ··· 84

第二节　税收优惠比较 …………………………………… 91
  第三节　可扣除项目比较 ………………………………… 113
  第四节　税率比较 ………………………………………… 123
  第五节　我国与沿线国家公司所得税比较 ……………… 132

第五章　我国与沿线国家个人所得税比较 …………………… 153
  第一节　纳税人比较 ……………………………………… 153
  第二节　税收优惠比较 …………………………………… 162
  第三节　可扣除项目比较 ………………………………… 172
  第四节　税率比较 ………………………………………… 197
  第五节　我国与沿线国家个人所得税比较 ……………… 229

参考文献 ……………………………………………………………… 240

第一章　引　　论

"一带一路"是我国在新的历史条件下提出的重大倡议，基本内容包括分享优质产能、共商项目投资、共建基础设施、共享合作成果，促进与实现政策沟通、设施联通、贸易畅通、资金融通、民心相通等"五通"。随着"一带一路"倡议的推进，我国与沿线国家①间的经贸关系变得更加密切、相互的投资与承包工程也不断增加。

各国实行的税制影响国与国之间的贸易与投资。我国现行税制是改革开放后陆续出台的，在推动对外贸易发展、激励企业境外投资及承包工程方面发挥了很大的作用。但国内国际经济社会

---

① 我国对"一带一路"沿线国家没有明确的界定。为研究的方便，本书根据一国的地理位置及其与我国经贸关系、在参考他人研究成果的基础上，选取沿线64个国家进行研究，并将其分为6个区域，分别是：1. 中亚及俄蒙7国。包括中亚5国（塔吉克斯坦、乌兹别克斯坦、土库曼斯坦、吉尔吉斯斯坦、哈萨克斯坦）及俄罗斯、蒙古国。2. 东南亚11国，包括新加坡、印度尼西亚（以下简称"印尼"）、菲律宾、泰国、越南、马来西亚、缅甸、柬埔寨、老挝、文莱、东帝汶。除东帝汶外，其余10国均为东盟成员国。3. 独联体其他6国，分别是乌克兰、白俄罗斯、阿塞拜疆、亚美尼亚、摩尔多瓦、格鲁吉亚。4. 南亚8国，分别是马尔代夫、阿富汗、斯里兰卡、尼泊尔、巴基斯坦、印度、孟加拉国、不丹。5. 西亚北非16国，分别是土耳其、以色列、埃及、卡塔尔、阿曼、伊朗、科威特、黎巴嫩、阿拉伯联合酋长国（以下简称"阿联酋"）、巴林、巴勒斯坦、叙利亚、也门、伊拉克、约旦、沙特阿拉伯（以下简称"沙特"）。6. 中东欧16国，分别是阿尔巴尼亚、塞尔维亚、北马其顿、黑山、捷克、匈牙利、斯洛文尼亚、保加利亚、拉脱维亚、立陶宛、克罗地亚、波黑、罗马尼亚、斯洛伐克、波兰、爱沙尼亚。

环境在不断变化:从国内来看,党的十八届三中全会赋予财政新的定位,指出财政是国家治理的基础和重要支柱;从国际来看,税基侵蚀与利润转移(Base Erosion and Profit Shifting,BEPS)行动计划推出,国际税收新规则百年重塑。国内国际环境的变化与"一带一路"倡议在时空上相互叠加,对我国税制提出了新的要求。另外,随着人员、资本流动的加快,我国与沿线国家进行税收合作的必要性越来越强。习近平主席在 20 国集团领导人第 9 次峰会上发表演讲时指出:"加强全球税收合作,打击国际逃避税,帮助发展中国家和低收入国家提高税收征管能力。"为此,有必要对沿线国家的税制进行比较研究,总结可供借鉴的经验,不断完善我国的税制;找到我国与沿线国家进行税收合作的基础,提前设计税收合作的路线图。

一、前人研究综述

"一带一路"倡议提出后,学者们比较了沿线国家所处的社会经济环境、所实行的税制,并探讨了"一带一路"倡议对我国税制的挑战,以及如何运用税制促进该倡议的发展。

(一)"一带一路"沿线国家经济社会发展情况研究

经济决定税收,税收反作用于经济。要比较"一带一路"沿线国家税制,必须先比较其所处的经济社会环境。

1. 各国经济社会环境研究

盛斌等(2016)比较了沿线国家的经济社会发展情况,指出了"一带一路"倡议推进过程中我国面临的挑战与制约;杰弗里·欧文斯(2017)比较研究了中亚 5 国的经济发展情况、贸易与投资政策;UNDP(2018)考察了我国在"一带一路"沿线国家设立的境外经贸合作区在助力可持续发展方面发挥的作用;中国出口信用保险公司(2018)对沿线国家的风险进行了评估。

2. 各国营商环境及税收营商环境研究

营商环境体现一国的软实力，税收营商环境是营商环境的一个重要组成部分。一些学者研究了我国及沿线国家的营商环境及税收营商环境问题（见表1-1）。

表1-1　　　　　营商环境及税收营商环境研究

	研究内容	研究人员
营商环境	我国营商环境研究	江静（2017）、王小鲁等（2017）、杨志勇等（2018）、李玉梅等（2018）
	"一带一路"沿线国家营商环境研究	崔日明等（2016）、周超等（2019）、刘华芹（2018）、张松（2017）、裴长洪（2018）
	我国与东盟国家营商环境的差异与协调研究	张莉（2017）
税收营商环境	税收营商环境的基本理论问题研究	王绍乐等（2014）、张国钧（2018）、向景（2017）
	我国整体税收营商环境研究	孙玉山等（2018）、龚辉文（2019）、国家税务总局苏州工业园区税务局课题组（2018）、何代欣（2018）、庞凤喜等（2018）
	我国某一地区税收营商环境研究	张国钧（2018）以深圳为例进行研究；魏升民等（2017a，2017b）研究了广东等地的税收营商环境问题
	税收营商环境的国际比较及借鉴	邓力平等（2019）研究了"一带一路"沿线国家税收营商环境对我国境外投资的影响；李林木等（2018）、罗秦（2017b）将世界各国税收营商环境进行了比较

注：有的作者在同一年份有多篇文章发表，为方便区分，将该作者同一年份的文章进行了编号。

（二）"一带一路"倡议对我国税收工作的影响研究

随着"一带一路"倡议的提出，我国与沿线国家的经贸联系变得越来越密切,对税收工作提出了新的要求。如何发挥好税收职能作用,推动"一带一路"倡议的发展,学者们进行了研究(见表1-2)。

表1-2 "一带一路"倡议对我国税收工作的影响及对策研究

研究内容		研究人员
"一带一路"倡议对我国税收工作提出的新要求、我国现行税制与"一带一路"倡议不协调之处及改革对策		姜跃生(2015a)、漆彤(2015)、陈丽娟(2015)、崔晓静(2015)、贺艳(2015)、杨志勇(2015)、朱青(2015)、葛夕良(2014)、陈有湘等(2015)、谢永清等(2015)、国际税收研究会课题组(2015)、戴芳等(2015)、邓力平(2019)、赖泓宇等(2016)、李娜(2018)
与"一带一路"倡议相叠加的两个因素同样对我国税收产生影响	财政职能的新定位对我国税制改革的影响	高培勇(2014a,2014b,2018b)、邓力平(2017)、刘剑文等(2014)、张斌(2019a)、胡怡建(2019)、杨志勇(2018d)、廖体忠(2018b)
	国际税收规则重塑对我国税制改革、税收协定谈判与签订的影响	(1)对BEPS行动计划的研究。冯立增(2014)、高峰(2015)、龚辉文(2017a)、张伦伦(2014)、廖体忠(2015)等研究了BEPS某一项或全部计划的内容 (2)BEPS行动计划对我国的影响及我国的应对策略研究。郝昭成(2015)、张文春(2015)、杰弗里·欧文斯(2014)、L. Wagenaar(2015)、赵国庆(2014)、庞凤喜等(2015)、张泽平(2015,2017)、国家税务总局课题组(2016)、邓力平等(2017)、廖体忠(2014,2015,2017)、何杨等(2018)、黄素华等(2017)、赵国庆(2014)、景韬等(2018)、李本贵(2016)、王丽华等(2018)、施正文等(2015)等分析了BEPS行动计划对我国税收立法提出的挑战并提出相应对策,伦纳德·瓦格纳(2015a,2015b)研究了BEPS行动计划对发展中国家的影响

第一章 引 论

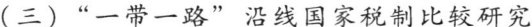

(三)"一带一路"沿线国家税制比较研究

根据所处地域及经济发展特点,课题组将沿线 64 个国家分为 6 个区域。有学者对部分国家的税制进行了比较研究(见表 1-3)。需要说明的是,表中列举的是已经找到研究成果的国家,并不是每个区域的全部国家。

表 1-3　　　　　　沿线国家税制比较研究

国别		研究人员及内容
中亚及俄蒙7国	俄罗斯	蔡伟年(2015)、艾琳娜·科林卡诺娃(2017)、丹尼尔·V.温尼斯基等(2015)、雷婕等(2017)研究了不同时期俄罗斯联邦税制改革以及税收协定签订的情况;王春元等(2017)比较了中俄激励企业创新税制的效果;国家税务总局大企业税收管理司课题组(2017)总结了俄罗斯大企业的管理经验;于树一(2016)通过研究发现,在国际税收规则重塑过程中,俄罗斯积极谋求扩大话语权
	中亚5国	张文春等(2015)、王素荣(2017a)对中亚 5 国的税制进行了比较;牛刚(2014)研究了土库曼斯坦与油气相关的财税制度;邹长胜(2015a, 2015b)分别研究了哈萨克斯坦、塔吉克斯坦税制
东南亚11国	老挝	李志辉等(2017)研究了老挝吸引外资税制的成效与问题
	菲律宾	王红晓(2017)对菲律宾税法进行了研究
	泰国	刘卫(2016)比较了中泰企业所得税的异同;秦书辉(2017)比较了中泰两国国际税制的异同
	印尼	王文清等(2018)分析了印尼税改对我国的启示;李林木等(2015)研究了该国个人所得税;王红晓等(2019)比较了我国与印尼的增值税制度
	新加坡	马伟等(2016)研究了新加坡按家庭课税的制度规定并指出其对我国个人所得税改革的借鉴意义;汪思祎(2014)研究了新加坡航运税制的特点及我国可借鉴之处;翟继光(2017)研究了新加坡增值税立法问题,指出今后我国应借鉴新加坡经验,加强增值税立法、增设预先裁定制度等

续表

国别		研究人员及内容
东南亚11国	马来西亚	杨小强（2018）研究了马来西亚的货劳税；Idawati Ibrahim etc（2011）探讨在马来西亚个人所得税中引入预先填报制度的可行性；叶宝松（2015）分析了马来西亚个人所得税制度并总结出对我国的启示
	柬埔寨	孔丹阳等（2018）
	东盟	蓝相洁等（2016）、KPMG（2015）、张杰云（2017）将东盟各国税制进行了对比
独联体其他6国	乌克兰	朱红根（2018）分析了乌克兰税制改革情况
南亚8国	印度	文富德（2015）、葛玉御等（2015）分别研究了印度的税收制度及税制结构问题；李万甫（2018）、龚辉文（2016b，2017b）、陈俐（2018）、王文清等（2018）、杨志勇（2017）、白彦锋等（2018）、杨林林（2016a，2016b）分析了印度增值税改革的经济影响以及对我国的启示；彭启蕾等（2018）研究了印度增值税改革对在印中资企业的影响；D. P. 森古普塔（2017）归纳总结了印度落实BEPS的情况
	孟加拉国	李建军等（2014）对孟加拉国税制改革进行了分析
中东欧16国	全部或部分国家	于戈等（2015）、王素荣（2017b）对中东欧国家的税制进行了比较研究；王蔚等（2018）比较研究了部分中东欧国家的增值税抵扣政策；冯兴元等（2017）研究了在部分中东欧国家中实行的单一税
西亚北非16国	部分国家	Andrew Jewell etc（2015）研究了中东与北非国家（简称为ME-NA，其中包含部分西亚北非国家）的所得税、增值税在促进公平方面的作用、存在的问题；Mansour, M.（2015）对MENA区域各国1990~2012年实行的税收在筹集财政资金、体现公平与效率原则方面是否发挥作用进行了评论，并对其未来税制改革进行了展望；徐阳（2019）研究了以色列的税收制度

续表

国别		研究人员及内容
"一带一路"沿线国家整体		朱为群等（2017）分析了沿线国家的税制结构特征；刘鹏（2016，2017）比较了沿线国家公司所得税与个人所得税制度；王素荣等（2017）对沿线国家的股息、利息、特许权使用费的税率进行了对比；刘蓉等（2017）对沿线国家税收征管竞争力进行了比较研究
跨区域税制比较	金砖国家	高凌江（2016）、厦门市地方税务局课题组（2018）、樊丽明等（2014）、梁若莲（2017）研究了金砖国家的税制及结构
	欧洲	魏仲瑜等（2018）、刘燕明（2017）、聂慧敏等（2019）、Jacques Malherbe（2015）、管永昊等（2018）、廖体忠等（2018）、罗秦（2017a）等研究了欧盟增值税制度、分析了OECD增值税的发展趋势；巴海鹰等（2019）对法国、德国等9国的增值税制度进行了研究；James Rogers etc（2018）比较了欧盟（EU）国家雇员的税收负担问题；孙红梅等（2019）总结了OECD国家个人所得税的改革趋势；OECD（2018b，2018c，2019）比较了成员国激励研发税制的异同、力度的大小；OECD（2018d）分析了OECD成员国及伙伴国的税制改革
	全球	OECD（2018a）总结了2018年全球消费税（包括增值税与消费税）的发展趋势；陈俐等（2019）对世界增值税发展情况进行了述评；EY（2018）对世界主要国家实行的研发激励税制进行了归纳总结；IMF etc（2016）探讨了如何提升发展中国家的税收能力；樊丽明等（2015）总结了世界各国税制结构的变化趋向

（四）我国税制改革研究

1. 我国整体税制改革研究

杰弗里·欧文斯（2015）认为，税收制度与经济发展应保持同步，并分析了今后20年中国税制改革面临的挑战。高培勇

(2018a)、李万甫等（2019）、杨志勇（2018c）、蒋震（2019）、闫坤等（2019）等研究了我国减税降费政策的效果，指出未来我国应将税收制度建设与减税政策有机地结合起来，形成税负合理的现代税收制度。刘剑文等（2019）指出，应准确理解税收法定进程中的"税制平移"问题。

2. 我国增值税研究

增值税政策包括增值税模式的选择，纳税人、税率、扣除项目、税收优惠的相关规定，留抵税额的处理办法等。增值税是我国"减税降费"的重头戏，近年来不断变革，诸多学者对其进行了研究（见表1-4）。

表1-4　　　　　　　　我国增值税政策研究

研究内容		研究人员
对增值税政策进行全面研究		樊勇等（2019）、龚振中等（2017）、王建平（2018、2020）、龚辉文（2017c）、刘植才（2018）、付敏杰（2016）、李旭红（2018a）等
就增值税某一问题进行研究	留抵税额退税研究	刘怡等（2018）、卢雄标等（2018）、吕丽娟等（2018）、李旭红（2018c）、解红涛等（2019）、丁东升等（2019）、何杨等（2019）
	增值税纳税人研究	田志伟（2017a）、闫晴（2018）
	增值税抵扣制度	王蔚等（2016）
	增值税效应研究	上海财经大学公共政策与治理研究院（2017,2019）、许晖等（2018）研究了增值税对企业创新及促进经济发展的作用

3. 我国企业所得税研究

学者们对企业所得税的研究分为四个方面：

（1）对企业所得税进行全面研究。安徽省国家税务局课题组（2017）、戴悦等（2018）等研究了提升我国企业所得税竞争力的对策。

（2）促进企业境外投资的税制研究。刘磊等（2011）、朱青（2015）、宋小宁等（2014）、葛夕良（2014）、李旭红等（2017）、计金标等（2017）、张云华等（2015）、熊艳（2016）等分析了我国现行税收抵免制度、税率存在的问题，并提出相应改革建议。李娜（2016）研究了税收饶让制度在促进企业境外投资方面的作用。

（3）税收优惠政策研究。戴芳等（2015）提出了"一带一路"视角下我国税收优惠政策的优化对策。陈潇婷（2017）、陈远艳等（2018）、程瑶等（2018）、董凡等（2018）、韩霖等（2016）、李乔彧（2017）、励贺林等（2017）、尚力强等（2016）、史昱（2017）、张嘉怡（2015）分析了BEPS对"专利盒"政策的影响、各国根据BEPS规则对"专利盒"政策的修正以及我国的对策。龚辉文（2018）综合研究了我国现行支持科技创新的税制。

（4）税前扣除政策研究。王永海（2019）建议进一步提高我国业务招待费的扣除比例，实现"减税降费"。谢露等（2016）、曲顺兰等（2016）研究了我国现行慈善捐赠税前扣除政策存在的问题。

4. 我国个人所得税研究

高培勇（2019）指出应该站在新时代的平台上讨论直接税改革。刘剑文（2019）、蒋震（2019）、李旭红（2018b）、唐婧妮（2018）、田志伟等（2017）、杨志勇（2018a，2018b）等总结了我国个人所得税改革取得的法治成果并提出优化路径。石坚等（2018）、张斌（2019b）、翟继光（2018）、黄朝晓（2018）专门研究了我国个人所得税的费用扣除问题。

二、对前人研究的评价

前人的研究为后续研究者提供了很好的基础，但较少有学者对我国与"一带一路"沿线某一个或某几个国家的税制进行比较研究，尚需对沿线 64 个国家的税制进行全面比较研究。

三、本书的主要内容及研究目标

（一）本书的主要内容

本书主要对"一带一路"沿线国家税制进行比较研究，共分为三大部分：

1. 研究背景与意义。第一，"一带一路"背景下，我国有越来越多的企业与人员"走出去"，其既需要遵守我国税制的相关规定，也需要遵守东道国的相关规定。而走出去企业或人员往往不熟悉东道国税制，因而需要研究与比较，做到"知己知彼、百战不殆"。第二，"一带一路"倡议的提出与党的十八届三中全会对财政的新定位、国际税收规则的新变化在时空上叠加，对我国税制提出了新的要求，我国税制的设计必须考量多重因素。

2. 沿线国家间经济社会环境比较。税制的制定离不开本国的经济、社会环境，对其进行比较，有利于理解各国实行某种税收制度的原因，有利于分析可供我国现阶段税制改革借鉴经验。

3. 沿线国家税制比较研究。根据区域及经济发展特点，课题组将沿线 64 国分为 6 个区域：中亚及俄蒙 7 国，东南亚 11 国，西亚北非 16 国，中东欧 16 国，独联体其他 6 国，南亚 8 国，分区域比较各国增值税、公司所得税、个人所得税。

（二）本书的研究目标

本书的研究目标有两个。第一，在对"一带一路"倡议推进中税制的作用、定位进行研究的基础上，引出本项目研究的意义。第二，在对沿线 64 国税制进行全面研究的基础上，找到可供我国借鉴的经验，并在借鉴国际经验的基础上，提出完善我国税制的对策。本书的总体框架、主要内容、研究目标见图 1-1。

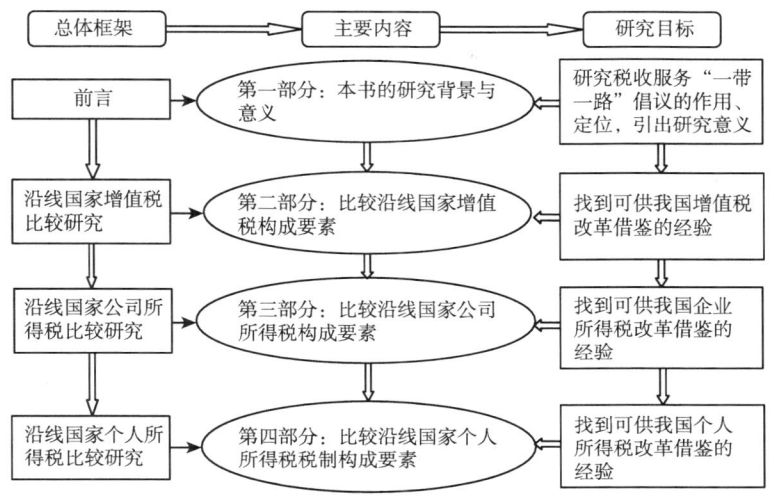

图 1-1　本书的研究框架、主要内容、研究目标

四、本书的研究思路及研究方法

本书遵循理论研究→比较研究→实证研究的思路进行。所用的研究方法包括：第一，文献分析法与规范分析法。搜集与研究相关的国内外文献，对相关理论进行总结，对相关的研究范式与研究方法进行提炼，从而确定本书的研究起点、研究方向、研究思路，建立分析框架。第二，比较研究法。比较各国税制的异同并归纳其特点。第三，实证研究法。运用 2013~2018 年[①]我国与

---

① 贸易数据截止到 2018 年，跨境投资及承包工程数据截止到 2017 年。

沿线 64 个国家间的贸易、投资、对外承包工程的数据，分析我国与沿线国家的经贸关系，在我国与之进行税收协调、谈签税收协定时作为参考因素。第四，座谈法。先对在"一带一路"沿线国家进行投资的企业进行调研，听取他们的意见；同时赴税务部门、商务部门调研，了解其工作实践中遇到的问题。再与相关专家座谈，充分听取专家意见，并根据其意见修正内容。本书的具体研究思路及方法见图 1-2。

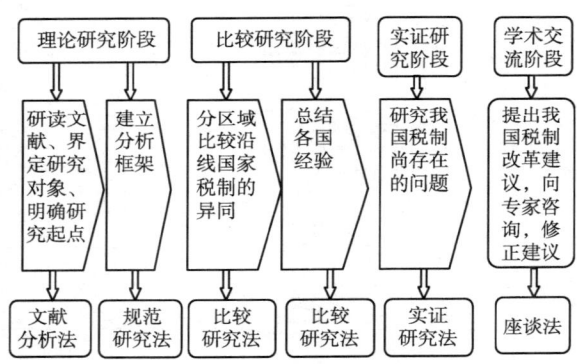

图 1-2 本书的研究思路

五、本书的创新及不足之处

（一）本书的创新之处

本书的创新之处表现在：第一，研究视角比较独特。本书在比较"一带一路"沿线国家税制之前，比较了各国的国内外经济、社会环境，而这正是一国税制设计的约束因素。第二，研究问题比较全面。本书比较了我国与沿线国家的公司所得税、个人所得税、增值税制度，并在借鉴其经验的基础上探讨我国税制的改革路径。

（二）本书的不足之处

尽管做了最大努力，但本书还存在以下不足之处：第一，因语言及其他因素的限制，有些国家的资料没有收集到，无法进行比较研究。第二，研究能力所限，本书只比较了一国中比较重要的 3 个税种：增值税、公司所得税、个人所得税，还有其他一些税种尚未涉及。

第二章 "一带一路"沿线国家税制比较的宏观视野

一国税制的设计受本国经济社会发展水平的约束,税制反过来又对本国的经济社会发展水平产生影响。比较沿线国家税制必须具有宏观视野,即首先比较其所处的经济社会环境。为了研究的方便,所有比较均分为6大区域进行。

第一节 沿线国家经济发展水平比较

世界银行每年发布世界主要经济体的 GDP 数据。总的来看,沿线国家经济发展不均衡,这种不均衡表现在 GDP 总量、人均 GDP 以及 GDP 增速三个方面。

从总量来看。2019 年 GDP 超过万亿美元的沿线国家有 4 个,分别是:中国(143 429.03 亿美元)、印度(28 751.42 亿美元)、俄罗斯(16 998.77 亿美元)、印尼(11 191.91 亿美元)。有的国家经济体量比较小,GDP 不足百亿美元,这些国家包括:不丹(仅为 24.48 亿美元,2018 年的数据)、东帝汶(仅为 16.74 亿美元)、黑山(54.95 亿美元)、马尔代夫(57.29 亿美元)、塔吉克斯坦(81.17 亿美元)、吉尔吉斯斯坦(84.55 亿美元)。

第二章 "一带一路"沿线国家税制比较的宏观视野

从人均GDP来看。世界平均数为11 428.57美元，沿线国家中共有20个国家超过该数值。其中，人均GDP超过2万美元的国家共11个，特点非常明显：第一，这些国家集中于3个区域，分别是西亚北非（卡塔尔、阿联酋、以色列、沙特、科威特、巴林）、东南亚（新加坡、文莱）、中东欧（爱沙尼亚、斯洛文尼亚、捷克）。第二，这些国家油气资源比较丰富，例如阿联酋、卡塔尔、以色列，石油是其支柱产业。11个国家中，排名第一的新加坡为65 233.28美元、排名第二的卡塔尔为64 781.73美元，这两国人均GDP是排名最后的阿富汗的100多倍。人均GDP不足千元的国家有3个，分别是也门（968.16美元，2018年数据）、塔吉克斯坦（870.79美元）、阿富汗（502.12美元）。我国人均GDP为8 826.99美元，处于中等水平。

从GDP增速来看。2019年大多数国家是正增长，其中亚美尼亚、孟加拉国，无论总量还是人均GDP，增速均在6%~8%，但俄罗斯、白俄罗斯、阿联酋增速不足2%。有些国家是负增长，其中黎巴嫩、卡塔尔两国GDP总量及人均双双负增长，黎巴嫩的两个比例分别是-5.64%及-5.73%，下降幅度在所有国家中是最大的；新加坡、巴基斯坦、土耳其、巴林、科威特、阿曼、沙特、也门（2018年数据）是其中一项指标负增长。我国无论总量还是人均增速都在6%左右，表现良好。

从6大区域看，中东欧各国GDP无论从总量、人均还是增速来看，在6大区域中都属于表现较好的。各国经济发展情况见表2-1。

表 2-1　2019 年"一带一路"沿线国家经济发展情况

国家/指标		GDP（亿美元）	GDP 年增长率（%）	人均 GDP（美元）	人均 GDP 年增长率（%）
中国		143 429.03	6.11	10 261.68	5.73
中亚及俄蒙7国	俄罗斯	16 998.77	1.34	11 585.00	1.41
	蒙古国	138.53	5.10	4 295.24	3.31
	哈萨克斯坦	1 801.62	4.5	9 731.15	3.16
	吉尔吉斯	84.55	4.51	1 309.39	2.34
	塔吉克斯坦	81.17	7.01	870.79	4.48
	土库曼斯坦（2018）	407.61	6.2	6 966.64	4.51
	乌兹别克斯坦	579.21	5.56	1 724.84	3.60
东南亚11国	文莱	134.69	3.87	31 086.75	2.83
	印尼	11 191.91	5.02	4 135.57	3.88
	柬埔寨	270.89	7.05	1 643.12	5.52
	老挝	181.74	4.65	2 534.90	3.08
	缅甸	760.86	2.89	1 407.81	2.25
	马来西亚	3 647.02	4.33	11 414.84	2.95
	菲律宾	3 767.96	6.04	3 485.08	4.60
	新加坡	3 720.63	0.73	65 233.28	-0.41
	泰国	5 436.50	2.37	7 808.19	2.08
	东帝汶	16.74	3.41	1 294.19	1.40
	越南	2 619.21	7.02	2 715.28	5.99
独联体其他6国	亚美尼亚	136.73	7.6	4 622.73	7.38
	阿塞拜疆	480.48	2.22	4 793.59	1.37
	白俄罗斯	630.80	1.22	6 663.30	1.40
	摩尔多瓦	119.55	3.46	4 498.52	5.34
	乌克兰	1 537.81	3.23	3 659.03	3.83
	格鲁吉亚	177.43	5.14	4 769.19	5.31

第二章 "一带一路"沿线国家税制比较的宏观视野

续表

国家/指标		GDP（亿美元）	GDP年增长率（％）	人均GDP（美元）	人均GDP年增长率（％）
南亚8国	阿富汗	191.01	2.90	502.12	0.55
	孟加拉国	3 025.71	8.15	1 855.74	7.03
	不丹（2018）	24.47	3.03	3 243.23	1.82
	印度	28 751.42	5.02	2 104.15	3.96
	斯里兰卡	840.09	2.28	3 853.08	1.66
	马尔代夫	57.29	5.22	10 790.50	2.19
	尼泊尔	306.41	6.99	1 071.05	5.04
	巴基斯坦	2 782.22	0.99	1 284.70	-1.04
西亚北非16国	土耳其	7 544.12	0.88	9 042.49	-0.46
	阿联酋	4 211.42	1.68	43 103.32	0.23
	巴林	385.74	1.82	23 503.98	-2.63
	埃及	3 031.75	5.56	3 020.03	3.49
	伊朗（2017）	4 453.45	3.76	5 520.31	2.33
	伊拉克	2 340.94	4.4	5 955.11	2.07
	以色列	3 950.99	3.51	43 641.40	1.56
	约旦	437.44	2	4 330.33	0.53
	科威特	1 347.61	0.41	32 031.98	-1.25
	黎巴嫩	533.67	-5.64	7 784.32	-5.73
	巴勒斯坦				
	阿曼	769.83	0.5	15 474.03	-2.44
	卡塔尔	1 834.66	-0.18	64 781.73	-1.96
	沙特	7 929.67	0.33	23 139.80	-1.33
	叙利亚				
	也门（2018）	275.91	0.75	968.16	-1.59

续表

国家/指标		GDP（亿美元）	GDP 年增长率（%）	人均 GDP（美元）	人均 GDP 年增长率（%）
中东欧16国	阿尔巴尼亚	152.78	2.21	5 352.86	2.65
	保加利亚	679.27	3.37	9 737.60	4.10
	波黑	200.48	2.58	6 073.27	3.30
	捷克	2 464.89	2.57	23 101.78	2.18
	爱沙尼亚	313.87	4.33	23 659.87	3.97
	克罗地亚	604.16	2.94	14 853.24	3.45
	匈牙利	1 609.67	4.93	16 475.74	4.99
	立陶宛	542.19	3.93	19 455.45	4.48
	拉脱维亚	341.17	2.20	17 836.36	2.97
	北马其顿	126.95	3.55	6 093.15	3.53
	黑山	54.95	3.62	8 832.04	3.64
	波兰	5 921.64	4.15	15 595.23	4.16
	罗马尼亚	2 500.77	4.08	12 919.53	4.70
	塞尔维亚	514.09	4.19	7 402.35	4.75
	斯洛伐克	1 054.22	2.40	19 329.10	2.26
	斯洛文尼亚	537.42	2.44	25 739.25	1.75
	全球平均	876 975.19	2.48	11 428.57	1.39

注：数据最后更新日期：2020 年 11 月 11 日。
数据来源：https://data.worldbank.org.cn/indicator/NY.GDP.MKTP.KD.ZG。

第二节 沿线国家经济发展阶段比较

世界银行根据"人均国民总收入(人均GNI)"将世界各经济体划分为"高收入国家""中等偏上收入国家""中等偏下收入国家"和"低收入国家"四个类别,可以此来判断一国所处的经济发展阶段。课题组未找到叙利亚、巴勒斯坦两国关于GNI的数据,且仅有叙利亚所处发展阶段的指标。下面分别进行分析。

一、从总量来看

沿线共有4个国家的GNI总量超过万亿美元。其中我国GNI为143 080.60亿美元,排名第一;印度为28 439.02亿美元,排名第二;俄罗斯16 465.24亿美元,排名第三;印尼10 857.09亿美元,排名第四。4国GNI总量大,与其人口多、体量大有关系。有些国家例如东帝汶、马尔代夫体量小,GNI也比较小。

二、从人均来看

世界银行将2019年人均GNI(按Atals衡量)低于1 035美元的国家划为低收入国家;人均GNI在1 036美元与4 045美元之间的划为中等偏下收入国家;人均GNI在4 046与12 535美元之间的划为中等偏上收入国家;人均GNI超过12 536美元的划

为高收入国家①。在这 63 国中（无巴勒斯坦经济发展阶段的指标），共有高收入国家 19 个，中等偏上收入国家 23 个，中等偏下收入国家 17 个，低收入国家 4 个。目前，高收入国家主要集中在西亚北非（7 国）、中东欧（10 国），以及东南亚（2 国），与高 GDP 国家的分布基本一致。低收入国家有塔吉克斯坦（1 030 美元）、阿富汗（540 美元）、尼泊尔（800 美元）、叙利亚（无数据）、也门（940 美元）4 国。我国人均 GNI 是 10 410 美元，属于中高偏上收入国家。

沿线国家经济发展水平差距较大，其中人均 GNI 最高的国家是卡塔尔（63 410 美元），最低的国家是阿富汗（540 美元），前者是后者的 117.43 倍。

三、从增速来看

无论 GNI 总量还是人均 GNI，各国增速差异非常大。（1）有些国家增速较快，其中柬埔寨两个指标的增速都超过 9%，是沿线国家中增速最快的；亚美尼亚两个指标超过 7%；保加利亚超过 6%；缅甸、越南、格鲁吉亚、尼泊尔、匈牙利超过 5%。（2）有的国家为负增长，其中东帝汶、黎巴嫩、阿曼无论 GNI 总量还是人均 GNI 均为负增长；吉尔吉斯坦、土耳其、巴林、沙特、卡塔尔人均 GNI 为负增长。与沿线国家相比，我国这两个指标的增速比较快，分别为 6.44%（2018 年）和 5.96%（2018 年）。各国人均 GNI 及分类见表 2-2。

---

① 该划分标准是有变化的，2019 年，世界银行将 2017 年人均 GNI（按 Atals 衡量）低于 995 美元的国家划为低收入国家；人均 GNI 在 996 美元与 3 895 美元之间的划为中等偏下收入国家；人均 GNI 在 3 896 与 12 055 美元之间的划为中等偏上收入国家；人均 GNI 超过 12 056 美元的划为高收入国家。资料来源：World Bank Country and Lending Groups, https://datahelpdesk.worldbank.org/knowledgebase/articles/906519%EF%BC%9B, 2018.8.28。2021 年世界银行关于 2019 年划分标准的资料来源：World Bank Country and Lending Groups, https://datahelpdesk.worldbank.org/knowledgebase/articles/906519, 2020.11.16。

表2-2　2019年各国GNI、人均GNI及增速

国家/指标		按Atals法衡量的GNI（亿美元）	GNI年增长率（%）	按Atals法衡量的人均GNI（美元）	人均GNI年增长率（%）	所处阶段
	中国	143 080.60	6.44（2018）	10 410	5.96（2018）	中等偏上收入国家
中亚及俄蒙7国	俄罗斯	16 465.24	0.68	11 260	0.75	中等偏上收入国家
	蒙古斯	122.91	2.45	3 780	0.70	中等偏下收入国家
	哈萨克斯坦	1 578.72	4.43	8 810	3.09	中等偏上收入国家
	吉尔吉斯斯坦	78.37	-0.24	1 240	-2.31	中等偏下收入国家
	塔吉克斯坦	94.47	—	1 030	—	低收入国家
	土库曼斯坦	390.44（2018）	—	6 740（2018）	—	中等偏上收入国家
	乌兹别克斯坦	587.95	—	1 800	—	中等偏下收入国家
东南亚11国	文莱	138.31	5.96	32 230	4.90	高收入国家
	印尼	10 857.09	4.93	4 050	3.78	中等偏上收入国家
	柬埔寨	247.52	11.16	1 480	9.56	中等偏下收入国家
	老挝	177.46	—	2 570	—	中等偏下收入国家
	缅甸	732.92	6.00（2018）	1 390	5.35（2018）	中等偏下收入国家
	马来西亚	3 541.98	5.06	11 200	3.68	中等偏上收入国家
	菲律宾	4 142.69	5.29	3 850	3.86	中等偏下收入国家

续表

	国家/指标	按Atals法衡量的GNI（亿美元）	GNI年增长率（%）	按Atals法衡量的人均GNI（美元）	人均GNI年增长率（%）	所处阶段
东南亚11国	新加坡	3 372.25	1.22	59 590	0.06	高收入国家
	泰国	5 235.98	3.66	7 260	3.37	中等偏上收入国家
	东帝汶	24.32	-0.51（2018）	1 890	-2.45（2018）	中等偏下收入国家
	越南	2 422.74	6.43	2 540	5.42	中等偏下收入国家
独联体其他6国	亚美尼亚	139.01	7.96	4 680	7.75	中等偏上收入国家
	阿塞拜疆	459.87	—	4 480	—	中等偏上收入国家
	白俄罗斯	611.71	1.80	6 280	1.98	中等偏上收入国家
	摩尔多瓦	120.15（2018）	3.38（2018）	3 930（2018）	5.25（2018）	中等偏下收入国家
	乌克兰	1 585.34	3.82	3 370	4.41	中等偏下收入国家
	格鲁吉亚	170.39	5.97（2018）	4 740	6.01（2018）	中等偏上收入国家
南亚8国	阿富汗	194.02	—	540	—	低收入国家
	孟加拉国	3 169.07	8.29	1 940	7.17	中等偏下收入国家
	不丹	22.26（2018）	2.70（2018）	2 970（2018）	1.50（2018）	中等偏下收入国家
	印度	28 439.02	5.02	2 130	3.95	中等偏下收入国家
	斯里兰卡	815.91	2.15	4 020	1.53	中等偏下收入国家

续表

	国家/指标	按Atals法衡量的GNI（亿美元）	GNI年增长率（%）	按Atals法衡量的人均GNI（美元）	人均GNI年增长率（%）	所处阶段
南亚8国	马尔代夫	51.99	—	9 650	—	中等偏上收入国家
	尼泊尔	309.96	7.48	1 090	5.52	中等偏下收入国家
	巴基斯坦	2 969.35	2.32	1 530	0.27	中等偏下收入国家
西亚北非16国	叙利亚	—	—	—	—	低收入国家
	也门	275.79	—	940	—	低收入国家
	土耳其	7 418.99	0.75	9 610	−0.59	中等偏上收入国家
	阿联酋	4 232.01	1.85	43 470	0.40	高收入国家
	巴林	363.13	2.02	22 110	−2.88 (2018)	高收入国家
	埃及	2 921.50	4.70 (2018)	2 690	2.59 (2018)	中等偏下收入国家
	伊朗	4 461.74 (2017)	3.65 (2017)	5 420 (2017)	2.23 (2017)	中等偏上收入国家
	伊拉克	2 329.81	—	5 740	—	中等偏上收入国家
	以色列	3 945.97	4.57 (2018)	43 290	2.58 (2018)	高收入国家
	约旦	434.29	1.97 (2018)	4 300	0.16 (2018)	中等偏上收入国家
	科威特	1 625.52 (2018)	2.14 (2018)	34 290 (2018)	0.13 (2018)	高收入国家
	黎巴嫩	531.47	−5.48	7 600	−5.57	中等偏上收入国家

续表

	国家/指标	按Atals法衡量的GNI（亿美元）	GNI年增长率（%）	按Atals法衡量的人均GNI（美元）	人均GNI年增长率（%）	所处阶段
西亚北非16国	阿曼	757.45	−1.29	15 330	−4.64（2018）	高收入国家
	卡塔尔	1 790.57	1.90（2017）	63 410	−0.73（2017）	高收入国家
	沙特	8 009.37	0.42	22 850	−1.24	高收入国家
中东欧16国	阿尔巴尼亚	151.22	—	5 240	—	中等偏上收入国家
	保加利亚	660.46	6.67（2018）	9 410	7.45（2018）	中等偏上收入国家
	波黑	200.16	2.72	6 150	3.44	中等偏上收入国家
	捷克	2 354.12	3.59（2018）	22 000	3.24（2018）	高收入国家
	爱沙尼亚	307.38	5.29（2018）	12 630	4.92（2018）	高收入国家
	克罗地亚	594.93	2.87	14 910	3.39	高收入国家
	匈牙利	1 551.53	5.14（2018）	16 140	5.28（2018）	高收入国家
	立陶宛	525.17	4.23（2018）	18 990	5.23（2018）	高收入国家
	拉脱维亚	336.56	2.90（2018）	17 730	3.71（2018）	高收入国家
	北马其顿	121.93	3.86	5 910	3.83	中等偏上收入国家
	黑山	55.14	2.64	9 010	2.65	中等偏上收入国家
	波兰	5 660.87	3.81	15 200	3.82	高收入国家

续表

国家/指标		按 Atals 法衡量的 GNI（亿美元）	GNI 年增长率（%）	按 Atals 法衡量的人均 GNI（美元）	人均 GNI 年增长率（%）	所处阶段
中东欧16国	罗马尼亚	2 466.57	4.64	12 630	5.27	高收入国家
	塞尔维亚	486.36	3.81	7 020	4.37	中等偏上收入国家
	斯洛伐克	1 038.78	2.84（2017）	19 320	2.68（2017）	高收入国家
	斯洛文尼亚	529.73	4.37（2018）	25 750	3.99（2018）	高收入国家

注：①空格表示没有数据。
②数据截止日期：2020年10月15日。
资料来源：https://datahelpdesk.worldbank.org/knowledgebase/articles/906519。

第三节 沿线国家社会发展水平比较

税制的内容、实施效果除了受一国经济发展水平的影响,也受一国社会发展水平的影响。例如,识字率影响增值税的绩效(VAT performance),识字率水平越高的国家,增值税绩效越好。

联合国开发计划署(UNDP)每年公布人类发展指数(HDI),该指数是"预期寿命""受教育年限"和"生活水平"3 个分指标的几何平均数,较好地反映了一国的社会发展水平。根据 HDI,UNDP 将世界各国分为 4 组:人类发展水平非常高、人类发展水平高、人类发展水平中等、人类发展水平低。2018年"一带一路"沿线 64 国中"人类发展水平非常高"的国家有 26 个,占比为 40.63%;"人类发展水平高""人类发展水平中等"的国家分别为 21 个、14 个,占比分别为 32.81%、21.88%;"人类发展水平低"的国家仅有 3 个,占比 4.69%。这表明,沿线大多数国家的社会发展水平较高,但国家间差异比较大。64 国中排在首位的新加坡,其指数是排在末位的也门的 2.02 倍。我国该指数为 0.758,排在全球第 85 位,与沿线国家相比属于中上水平(见表 2 - 3)。

表 2 - 3　　　　2018 年各国人类发展指数(HDI)

国家/指标		指数	所处阶段
中国		0.758	人类发展水平高
中亚及俄蒙 7 国	俄罗斯	0.824	人类发展水平非常高
	蒙古国	0.735	人类发展水平高
	哈萨克斯坦	0.817	人类发展水平非常高
	吉尔吉斯斯坦	0.674	人类发展水平中等

续表

	国家/指标	指数	所处阶段
中亚及俄蒙7国	塔吉克斯坦	0.656	人类发展水平中等
	土库曼斯坦	0.710	人类发展水平高
	乌兹别克斯坦	0.710	人类发展水平高
东南亚11国	文莱	0.845	人类发展水平非常高
	印尼	0.707	人类发展水平中等
	柬埔寨	0.581	人类发展水平中等
	老挝	0.604	人类发展水平中等
	缅甸	0.584	人类发展水平中等
	马来西亚	0.804	人类发展水平非常高
	菲律宾	0.712	人类发展水平中等
	新加坡	0.935	人类发展水平非常高
	泰国	0.765	人类发展水平高
	东帝汶	0.626	人类发展水平中等
	越南	0.693	人类发展水平中等
独联体其他6国	亚美尼亚	0.760	人类发展水平高
	阿塞拜疆	0.754	人类发展水平高
	白俄罗斯	0.817	人类发展水平非常高
	摩尔多瓦	0.711	人类发展水平高
	乌克兰	0.750	人类发展水平高
	格鲁吉亚	0.786	人类发展水平高
南亚8国	阿富汗	0.496	人类发展水平低
	孟加拉国	0.614	人类发展水平中等
	不丹	0.617	人类发展水平中等

续表

国家/指标		指数	所处阶段
南亚8国	印度	0.647	人类发展水平中等
	斯里兰卡	0.780	人类发展水平高
	马尔代夫	0.719	人类发展水平高
	尼泊尔	0.579	人类发展水平中等
	巴基斯坦	0.560	人类发展水平中等
西亚北非16国	土耳其	0.806	人类发展水平非常高
	阿联酋	0.866	人类发展水平非常高
	巴林	0.838	人类发展水平非常高
	埃及	0.700	人类发展水平高
	伊朗	0.797	人类发展水平高
	伊拉克	0.689	人类发展水平中等
	以色列	0.906	人类发展水平非常高
	约旦	0.723	人类发展水平高
	科威特	0.808	人类发展水平非常高
	黎巴嫩	0.730	人类发展水平高
	巴勒斯坦	0.690	人类发展水平中等
	阿曼	0.834	人类发展水平非常高
	卡塔尔	0.848	人类发展水平非常高
	沙特	0.857	人类发展水平非常高
	叙利亚	0.549	人类发展水平低
	也门	0.463	人类发展水平低
中东欧16国	阿尔巴尼亚	0.791	人类发展水平高
	保加利亚	0.816	人类发展水平非常高

续表

国家/指标		指数	所处阶段
中东欧16国	波黑	0.769	人类发展水平高
	捷克	0.891	人类发展水平非常高
	爱沙尼亚	0.882	人类发展水平非常高
	克罗地亚	0.837	人类发展水平非常高
	匈牙利	0.845	人类发展水平非常高
	立陶宛	0.869	人类发展水平非常高
	拉脱维亚	0.854	人类发展水平非常高
	北马其顿	0.759	人类发展水平高
	黑山	0.816	人类发展水平非常高
	波兰	0.872	人类发展水平非常高
	罗马尼亚	0.816	人类发展水平非常高
	塞尔维亚	0.799	人类发展水平高
	斯洛伐克	0.857	人类发展水平非常高
	斯洛文尼亚	0.902	人类发展水平非常高

资料来源：UNDP, Human Development Index and its components, http://hdr.undp.org/sites/default/files/hdro_statistical_data_table1.pdf, 2020.11.16。

注：2018 年为最新数据。

第四节　沿线国家营商环境比较

营商环境就是生产力。企业对自身所处的营商环境有切身的体会和认识，但运用统一的标准对各国营商环境进行比较并不容易。世界银行于 2003 年首次发布《营商环境书（2004 版）》（Doing Business in 2004），评价企业在各经济体经营的难易程度，以后每年发布一次,目前已经发布16次。最初的衡量体系中并没有税收因素,从2006年版开始世界银行引入税收方面的指标(paying taxes),通过衡量企业的税费负担及遵从成本来判断一个经济体的税收营商环境(the ease of paying taxes),之后该项指标不断完善。目前进行国家间营商环境比较,一般依据的是世界银行每年发布的《营商环境书》中的数据。

一、营商环境的衡量指标

营商环境指标集中包含11个影响企业生产经营的指标,分别是:开办企业、办理施工许可证、获得电力、登记财产、获得信贷、保护少数投资者、纳税、跨境贸易、执行合同、办理破产和劳动力市场监管,其中"纳税"又分为4个分项指标。以上指标基本覆盖了企业的生命周期,其具体含义见表2-4。

表2-4　　　　　　　11个指标的含义

指标	指标的含义
开办企业	男性/女性开办有限责任公司的手续、花费的时间与费用,最低实缴资本
办理施工许可证	建造仓库的手续、花费的时间和费用,施工许可证制度中的质量控制及安全机制
获得电力	连接电网的手续、花费的时间和费用,电力供应的可靠性、电费的透明度
登记财产	办理土地转让的手续、花费的时间和费用等
获得信贷	动产抵押相关法律及信贷信息系统
保护少数投资者	少数股东在关联交易及公司治理中所拥有的权利
纳税	公司在经营过程中的纳税次数、纳税时间、总税收和缴费率及报税后流程

第二章 "一带一路"沿线国家税制比较的宏观视野

续表

指标	指标的含义
跨境贸易	出口有相对优势的产品和进口汽车零部件所花费的时间和费用
执行合同	解决商业纠纷的时间和成本，男性和女性在履行司法程序时的质量
办理破产	办理破产所需花费的时间与费用、结果和回收率；破产法律框架的力度
劳动力市场监管	就业监管的灵活性及与工作质量相关的各个方面。

注：表中的"纳税"指标包括4项分指标：（1）纳税次数：反映样本公司缴纳全部税费的次数。这里的"税费"是指企业需要缴纳及扣缴的增值税、个人所得税等。如果某一经济体中纳税人可以进行电子申报、税款缴纳便利，并且这些措施被大部分中等规模的公司采用，那么即使纳税人全年的纳税申报和税款缴纳次数为多次，在统计中也将某税种的全年缴税次数合并视为一次。（2）纳税时间：衡量样本公司准备、申报、缴纳增值税、企业所得税、劳动力税费（包括个人所得税及社保、公积金）3种主要税费所需要的时间。（3）总税收和缴费率：衡量样本公司在其经营的第2年负担的全部税费占其经营利润的比重。其中，"全部税费"包括公司所得税、由雇主承担的社会保险及住房公积金、土地增值税、房产税等，不包括由样本公司扣缴但不负担的个人所得税、由个人缴纳的社保、可转嫁的增值税等。（4）报税后流程指数：衡量样本公司在纳税申报之后发生下列特定事项所需要的时间：①样本公司因采购大型设备产生的增值税留抵税额，其所在的经济体是否允许其申请退税？如果允许，获得退税的时间长短？②在企业所得税申报截止日后，样本公司发现因申报错误少缴了税款而主动纠错补税所需的时间，及可能引发的税务稽查所需的时间。

需要指出的是，虽然世界银行的营商环境评价指标在不断完善，但仍然存在不足。第一，宏观经济的稳定性、金融市场的稳健性、税收管理的廉洁公正程度、税务争端解决的时效性等因素影响营商环境，但这些因素没有考虑在内。第二，在计算营商环境指数时假定前提过多、采集对象范围偏窄。尽管如此衡量营商环境非常复杂，目前尚未能找到更好的指标体系。为了比较的方便，本书仍采用世界银行的指标与数据进行比较。

二、各国营商环境及税收营商环境排名

在世界银行《2020年营商环境报告》中没有找到土库曼斯坦、巴勒斯坦两国的数据，其余62国总排名及纳税指标排名见表2-5。

表2-5　2020各国营商环境排名及纳税排名

	经济体	总排名	营商便利度分数	纳税排名	纳税分数	总税收和缴费率（%）	时间（小时）	纳税（次）	报税后流程指标（0~100）
	中国	31	77.9	105	70.1	59.2	138	7.0	50.0
中亚及俄蒙7国	俄罗斯	28	78.2	58	80.5	46.2	159	9.0	77.8
	蒙古国	81	67.8	71	77.3	25.7	134	19.0	49.1
	哈萨克斯坦	25	79.6	64	78.2	28.4	186	10.0	48.9
	吉尔吉斯斯坦	80	67.8	117	67.2	29.0	220	26.0	37.4
	塔吉克斯坦	106	61.3	139	60.9	67.3	224	7.0	40.4
	土库曼斯坦								
	乌兹别克斯坦	69	69.9	69	77.5	31.6	181	9.0	48.2
东南亚11国	文莱	66	70.1	90	74.0	8.0	52.5	5.0	0.0
	印尼	73	69.6	81	75.8	30.1	191	26.0	68.8
	柬埔寨	144	53.8	138	61.3	23.1	173	40.0	26.0
	老挝	154	50.8	157	54.2	24.1	362	35.0	18.6
	缅甸	165	46.8	129	63.9	31.2	282	31.0	45.5
	马来西亚	12	81.5	80	76.0	38.7	174	9.0	51.0
	菲律宾	95	62.8	95	72.6	43.1	171	13.0	50.0
	新加坡	2	88.2	7	91.6	21.0	64	5.0	72.0
	泰国	21	80.1	68	77.7	29.5	229	21.0	73.4
	东帝汶	181	39.4	136	61.9	17.3	234	18.0	1.4
	越南	70	69.8	109	69.0	37.6	384	6.0	49.1

第二章 "一带一路"沿线国家税制比较的宏观视野

续表

	经济体	总排名	营商便利度分数	纳税排名	纳税分数	总税收和缴费率（%）	时间（小时）	纳税（次）	报税后流程指标（0~100）
独联体其他6国	亚美尼亚	47	74.5	52	81.5	22.6	264	15.0	79.4
	阿塞拜疆	34	76.7	40	84.0	40.7	159	9.0	83.8
	白俄罗斯	49	74.3	99	71.2	53.3	170	7.0	50.0
	摩尔多瓦	48	74.4	33	85.2	38.7	183	10.0	90.8
	乌克兰	64	70.2	65	78.1	45.2	327.5	5.0	86.0
	格鲁吉亚	7	83.7	14	89.2	9.9	216	5.0	85.9
南亚8国	阿富汗	173	44.1	178	42.2	71.4	270	19.0	0.0
	孟加拉国	168	45.0	151	56.1	33.4	435	33.0	44.4
	不丹	89	66.0	15	89.2	35.3	52	18.0	95.0
	印度	63	71.0	115	67.6	49.7	251.88	10.9	49.3
	斯里兰卡	99	61.8	142	59.6	55.2	129	36.0	49.3
	马尔代夫	147	53.3	119	66.4	30.2	390.5	17.0	47.5
	尼泊尔	94	63.2	175	47.1	41.8	377	46.0	33.3
	巴基斯坦	108	61.0	161	52.9	33.9	283	34.0	10.5
西亚北非16国	土耳其	33	76.8	26	86.6	42.3	170	10.0	100.0
	阿联酋	16	80.9	30	85.3	15.9	116	5.0	55.0
	巴林	43	76.1	1	100.0	13.8	22.5	3.0	
	埃及	114	60.1	156	55.1	44.4	370	27.0	36.3
	伊朗	127	58.5	144	59.5	44.7	216	20.0	19.0
	伊拉克	172	44.7	131	63.5	30.8	312	15.0	21.4
	以色列	35	76.7	13	89.6	25.3	234	6.0	92.0
	约旦	75	69.0	62	78.7	28.6	96.5	9.0	35.7
	科威特	83	67.4	6	92.5	13.0	98	12.0	
	黎巴嫩	143	54.3	116	67.5	32.2	181	20.0	27.5

续表

经济体		总排名	营商便利度分数	纳税排名	纳税分数	总税收和缴费率（%）	时间（小时）	纳税（次）	报税后流程指标（0~100）
西亚北非16国	巴勒斯坦								
	阿曼	68	70.0	11	90.2	27.4	68	15.0	85.3
	卡塔尔	77	68.7	3	99.4	11.3	41	4.0	
	沙特	62	71.6	57	80.5	15.7	104	4.0	32.2
	叙利亚	176	42.0	91	74.0	42.7	336	20.0	92.2
	也门	187	31.8	89	74.1	26.6	248	44.0	96.3
中东欧16国	阿尔巴尼亚	82	67.7	123	65.2	36.6	252	35.0	60.1
	保加利亚	61	72.0	97	72.3	28.3	441	14.0	71.2
	波黑	90	65.4	141	60.4	23.7	411	33.0	47.7
	捷克	41	76.3	53	81.4	46.1	230	8.0	90.5
	爱沙尼亚	18	80.6	12	89.9	47.8	50	8.0	99.4
	克罗地亚	58	73.6	49	81.8	20.5	206	12.0	66.7
	匈牙利	52	73.4	56	80.8	37.9	277	11.0	87.5
	立陶宛	11	81.6	18	88.8	42.6	95	10.0	97.5
	拉脱维亚	19	80.3	16	89.0	38.1	168.5	7.0	98.1
	北马其顿	17	80.7	37	84.7	13	119	7	56.4
	黑山	50	73.8	75	76.7	22.2	300	18.0	70.5
	波兰	40	76.4	77	76.4	40.8	334	7.0	77.4
	罗马尼亚	55	73.3	32	85.2	20.0	163	14.0	76.8
	塞尔维亚	44	75.7	85	75.3	36.6	225.5	33.0	93.2
	斯洛伐克	45	75.6	55	80.6	49.7	192	8.0	87.2
	斯洛文尼亚	37	76.5	45	83.3	31.0	233	10.0	80.0

资料来源：①WB，Doing Business 2020，https：//openknowledge.worldbank.org/bitstream/handle/10986/32436/9781464814402.pdf，2020.11.17.

②WB & PWC，Paying Taxes 2020，Paying Taxes 2020：data explorer；PwC，2020.11.26.

说明：Doing Business 2020、Paying Taxes 2020反映的是各国2018年的情况。

第二章 "一带一路"沿线国家税制比较的宏观视野

各国营商环境及税收营商环境排名具有以下特点：

（一）营商环境排名

有些区域例如东南亚国家间排名差异特别大，其中新加坡营商环境排名全球第2，而该区域的缅甸（165名）、东帝汶（181名）排名非常靠后。有些区域例如中东欧国家营商环境差异相对较小，从立陶宛的第11名到波黑的第90名。

（二）税收营商环境排名

不同区域国家间排名差异比较大。第一，中亚及俄蒙7国中，塔吉克斯坦（139名）、吉尔吉斯斯坦（117名）排名落后，与其他可获得资料的3个国家（分别为58、64、71名）的排名相比，差异较大。第二，东南亚的新加坡（7名）名列前茅，但该区域的缅甸（129名）、东帝汶（136名）、柬埔寨（138名）、老挝（157名）则排名比较靠后。第三，独联体其他6国税收营商环境排名均在100名以内，但格鲁吉亚（14名）、摩尔多瓦（33名）、阿塞拜疆（40名）与白俄罗斯（99名）差异较大。第四，南亚的不丹（15名）排名靠前，但其他国家均在100名之外，例如，阿富汗（178名）、尼泊尔（175）、巴基斯坦（161名）、孟加拉国（151名）等，排名特别靠后。第五，西亚北非国家中，巴林（1名）、卡塔尔（3名）、科威特（6名）、以色列（13名）、土耳其（26名）、阿联酋（30名）、约旦（62名）排名靠前，但埃及（156名）、伊朗（144名）、伊拉克（131名）、黎巴嫩（116名）等国的排名非常靠后。第六，中东欧16国中，爱沙尼亚（12名）、拉脱维亚（16名）、立陶宛（18名）排名靠前，但阿尔巴尼亚（123名）、波黑（141名）排名非常靠后。

(三) 营商环境与税收营商环境排名的比较

西亚北非的巴林、科威特税收营商环境排名超过营商环境排名，出现这种情况，与这些国家税制简单、税种少、税收负担低有很大关系。

我国营商环境排名不断进步，但税收营商环境排名还比较靠后，今后还需要不断完善税制、降低纳税人的遵从成本。

第五节 沿线国家税收负担比较

一国税制中，各项税制要素的具体规定决定税收负担的高低。下面运用世界银行数据来比较各国税收负担（见表2-6）。

表2-6 2008~2018年沿线国家税收占GDP的比重（％）

经济体		2008	2009	2010	2011	2012	2013	2014	2015	2016	2017	2018
中国		10.10	10.31	10.21	10.31	10.26	9.91	9.68	9.38	9.12	9.42	
中亚及俄蒙7国	俄罗斯	15.82	12.96	13.05	13.95	13.75	12.93	13.26	10.64	9.18	10.29	11.38
	蒙古国	21.65	16.54	19.59	18.47	15.31	15.73	12.90	11.76	11.35	13.61	16.78
	哈萨克斯坦			15.71	18.26	13.31	16.03	14.19	9.84	9.92	10.30	11.72
	吉尔吉斯斯坦						17.55	16.80	16.95	17.04	18.00	
	乌兹别克斯坦				13.17	13.98	14.64	14.21	14.28	14.15	12.22	14.79
	土库曼斯坦											
	塔吉克斯坦											
东南亚11国	文莱											
	柬埔寨	10.56	9.65	10.00	10.15	11.08	12.08	14.63	14.58	14.83	15.79	17.05
	印尼	13.31	11.06	10.54	11.16	11.38	11.29	10.84	10.75	10.34	9.88	10.23
	老挝											
	马来西亚	14.66	14.94	13.33	14.79	15.61	15.31	14.84	14.06	13.55	12.95	1 203

第二章 "一带一路"沿线国家税制比较的宏观视野

续表

经济体		2008	2009	2010	2011	2012	2013	2014	2015	2016	2017	2018
东南亚11国	缅甸					4.52	5.53	5.84	5.88	6.91	5.87	
	菲律宾	13.03	11.70	11.64	11.85	12.31	12.74	13.02	13.02	13.09	13.59	14.05
	新加坡	13.75	12.95	12.79	13.11	13.58	13.27	13.56	13.14	13.33	14.05	13.14
	泰国	15.38	14.19	14.93	16.36	15.44	17.01	15.81	16.14	15.36	14.78	14.93
	东帝汶											
	越南	22.40	20.56	22.32	22.21	18.98	19.07					
南亚8国	阿富汗	6.09	8.48	9.17	8.92	7.71	7.12	6.88	7.59	8.84	9.25	
	孟加拉国	7.66	7.50	7.83	8.69	9.02	8.96	8.64	8.50	8.77		
	巴基斯坦											
	不丹	8.63	9.47	13.46	13.84	15.05	14.72	13.70	13.26	12.98	12.54	16.02
	印度	10.98	9.81	10.39	10.18	10.84	11.00	9.98	10.57	11.15	11.38	11.97
	马尔代夫	11.58	9.10									
	尼泊尔	10.44	11.84	13.40	13.26	13.86	15.29	15.90	16.71	18.69	20.70	
	斯里兰卡	13.28	12.80	11.30	11.26	10.41	10.60	10.13	11.58	12.38	12.53	11.92
西亚北非16国	埃及	15.32	15.66	14.13	14.01	12.38	13.50	12.22	12.52			
	以色列	23.76	21.85	22.50	22.76	22.14	22.95	23.21	23.34	23.28	24.58	23.07
	科威特	0.88	0.97	0.98	0.80	0.72	0.78	0.89	1.38			
	约旦	17.44	16.79	15.69	14.75	15.10	15.10	15.65	15.16	15.29	15.03	15.13
	土耳其	17.64	18.20	18.98	18.71	18.24	18.50	18.04	18.28	18.39	17.85	17.88
	阿曼											
	卡塔尔											
	巴林											
	阿联酋					0.32	0.36	0.37	0.36	0.06	0.04	0.07	0.06
	沙特				2.53	2.33	2.54	2.73	2.77	3.33	3.39	3.38	8.93
	叙利亚											
	伊朗	6.20	7.36									

续表

经济体	年份	2008	2009	2010	2011	2012	2013	2014	2015	2016	2017	2018
西亚北非16国	伊拉克							0.89	1.24	1.98		
	黎巴嫩	16.42	16.86	16.84	16.38	15.19	14.06	14.10	13.46	13.51	15.33	15.31
	也门											
	巴勒斯坦											
独联体其他6国	亚美尼亚	17.32	16.51	17.07	17.22	17.49	21.59	21.60	20.93	21.28	20.78	20.87
	阿塞拜疆	16.42	14.11	12.16	12.22	12.78	13.39	14.21	15.60	14.56	13.16	12.97
	白俄罗斯	25.35	18.63	16.32	14.51	14.66	13.35	12.70	14.17	13.79	13.02	14.67
	乌克兰	17.88	16.39	15.57	18.52	18.32	17.56	17.29	20.45	19.63	20.03	20.14
	摩尔多瓦	20.45	17.69	15.16	15.24	15.60	15.47	16.64	16.40	16.25	17.44	17.69
	格鲁吉亚	23.81	23.14	21.05	22.77	23.18	22.00	22.00	22.25	22.29	22.06	21.74
中东欧16国	立陶宛	20.46	17.02	16.01	15.52	15.57	15.63	15.85	16.71	16.93	16.64	16.86
	保加利亚	22.17	19.00	18.54	17.76	18.98	20.01	19.60	20.30	20.27	20.11	20.18
	捷克	13.44	13.36	13.45	14.31	14.69	14.95	14.17	14.56	14.68	14.88	14.89
	爱沙尼亚	19.28	21.40	19.66	19.07	19.43	20.03	20.61	21.51	21.83	21.00	20.88
	匈牙利	23.34	23.42	22.84	21.22	23.05	22.98	23.16	23.39	23.31	23.18	22.95
	拉脱维亚	20.80	18.78	19.79	20.04	21.08	21.70	22.02	22.50	23.77	23.63	22.89
	波兰	18.16	15.93	16.50	16.64	15.95	15.49	15.53	15.69	16.25	16.80	17.40
	罗马尼亚	16.79	15.27	16.62	18.08	17.95	17.66	17.95	18.96	16.84	15.49	14.58
	塞尔维亚	22.15	22.00	20.23	19.05	18.55						
	斯洛伐克	16.45	15.52	15.15	16.10	15.55	16.72	17.46	18.19	18.28	18.71	18.70
	斯洛文尼亚	19.41	17.80	18.06	17.84	17.87	17.90	18.17	18.49	18.63	18.39	18.63
	波黑	20.30	18.95	19.69	20.31	19.75	19.78	19.94	19.95			
	克罗地亚	20.48	19.60	19.77	19.23	19.75	20.30	19.93	20.84	21.35	21.56	21.96
	阿尔巴尼亚				18.02	17.48	16.50	18.30	18.52	17.60	18.89	18.56
	北马其顿	18.52	17.13	16.87	17.00	16.42	15.67	16.24	16.82	16.95	17.16	17.65
	黑山											

第二章 "一带一路"沿线国家税制比较的宏观视野

续表

年份 经济体	2008	2009	2010	2011	2012	2013	2014	2015	2016	2017	2018
OECD成员国平均	14.89	13.53	13.97	14.43	14.61	15.09	15.38	15.50	15.41	15.84	15.27
欧盟平均	19.09	18.31	18.71	18.76	19.12	19.56	19.65	19.56	19.51	19.68	19.80
世界平均	14.40	13.17	13.45	13.81	13.91	14.21	14.31	14.33	14.23	14.66	14.87

注：①税收入不包括社会保障缴款、行政性基金和收费，退税及错征税款返还已从税收收入中扣除。
②表格空白表示没有获得相关数据。
③东帝汶 2010~2018 年数据分别为：110.18、137.92、149.28、93.88、62.80、36.02、14.95、19.92、25.05，可能不准确，未在表中列示。
④数据截止到 2020 年 10 月 15 日。
资料来源：International Monetary Fund, Government Finance Statistics Yearbook and data files, and World Bank and OECD GDP estimates, https://data.worldbank.org/indicator/GC.TAX.TOTL.GD.ZS?year_high_desc = false, 2018.12.31。

从上表可以看出，2018 年各国税收负担具有以下特点：

（一）中亚及俄蒙 7 国

能够获得该区域 5 个国家的数据，其中俄罗斯、哈萨克斯坦两国的税收负担率低于世界平均水平；乌兹别克斯坦（14.79%）与世界平均数相当；吉尔吉斯斯坦（18.00%）、蒙古国（16.78）高于世界平均水平。

（二）东南亚 11 国

该区域越南（19.07%。注：2013 年数据）、柬埔寨（17.05%）、税收负担率高于世界平均水平，其他国家均低于世界平均水平。

（三）独联体其他 6 国

从税负水平来看，白俄罗斯（14.67%）、阿塞拜疆（12.97%）税收负担率与世界平均水平相当，其余 4 国偏高。从变化趋势来看，十年间白俄罗斯税收负担率一直在下降，从 2008 年的 25.35% 降至 2017 年的 13.02%，在 2018 年提高至 14.67%；其他国家税收负担率有升有降，大体稳定。

（四）南亚 8 国

该区域中印度、斯里兰卡等国的税种较多。各国税收负担具有以下特点：第一，有些国家例如阿富汗、孟加拉国税收负担率非常低，均没有超过 10%。第二，有些国家例如不丹税收负担率变动较大。第三，有的国家的税收负担率呈现逐年上升的趋势。以尼泊尔为例，其税收负担率从 2008 年的 10.44% 到 2018 年达到 20.70%，翻了一倍。

（五）西亚北非 16 国

阿联酋税收负担率不到 1 个百分点、科威特不到 2 个百分点，税收负担率在该区域以及"一带一路"沿线国家中都是非常低的。税收占 GDP 比重如此低，与其特殊的财政收入结构有关。这些国家油气资源丰富，财政收入主要来自油气销售收入，税收收入占比非常低。近年来随着油气价格的下降，阿联酋、沙特等国开征增值税，可以预计，今后这些国家税收收入占 GDP 的比重会有所上升。与以上国家形成鲜明对比的，是 2018 年以色列该指标为 23.07%、土耳其为 17.88%，税负水平较高。

（六）中东欧 16 国

该区域各国税收负担率均超过世界平均水平，是 6 大区域中最高的。其中有 5 国税收负担率超过 20%，分别是：保加利亚（20.18%）、爱沙尼亚（20.88%）、匈牙利（22.95%）、拉脱维亚（22.89%）、克罗地亚（21.96%）。

与沿线国家比较，我国税收负担率处于较低水平，分别低于欧盟平均数、OECD 平均数以及世界平均数。

第二章 "一带一路"沿线国家税制比较的宏观视野

第六节 我国与沿线国家的经贸关系比较

2013年国家主席习近平提出共建"一带一路"倡议以来，我国与沿线国家之间的贸易、投资都得到很大发展。

一、货物贸易[①]

近年来，我国与沿线国家经贸关系越来越密切，表现为货物贸易总额不断增加、占全国货物贸易总额的比重不断提升。

（一）我国与沿线国家货物贸易总体呈现增加态势

2013年我国与沿线国家的货物贸易总额达到10 405.53亿美元，占全国货物贸易总额的25.01%。此后受国际经济低迷的影响，货物贸易总额出现波动，但基本稳定在万亿美元左右，占比呈现提高态势（见图2-1）。2019年，我国与沿线国家的货物贸易规模达到13 440亿美元，占全国货物贸易总额的比重为29.37%。2013~2019年，我国与沿线国家货物贸易规模年均增速为4.36%，高于同期全国1.6%的年均增长速度。

2013~2019年，我国对沿线国家的出口额从5 691.94亿美元增加到7 622.93亿美元，年均增长4.99%，高于全国同期2.07%的增速；占全国出口总额的比重从25.76%增加到30.5%，提高了4.75个百分点。该期间我国从沿线国家的进口额从4 713.59亿美元增加到5 817.32亿美元，年均增长3.5%，高于全国同期1.06%的年均增速；占全国进口的比重从24.17%增加到28.01%，提高了3.84个百分点（见图2-2）。在此期

---

① 无法获得分国别服务贸易数据，这里仅分析货物贸易。

间,我国与沿线国家的贸易均为顺差,其中 2015 年顺差规模最大,为 2 262.58 亿美元。

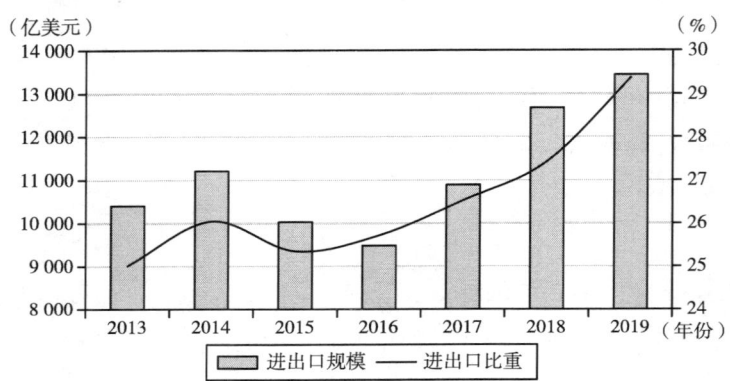

图 2-1 我国与沿线国家货物贸易规模与比重

注:①左纵坐标轴表示规模,右纵坐标轴表示比重。
②资料来源于《中国海关统计年鉴》。

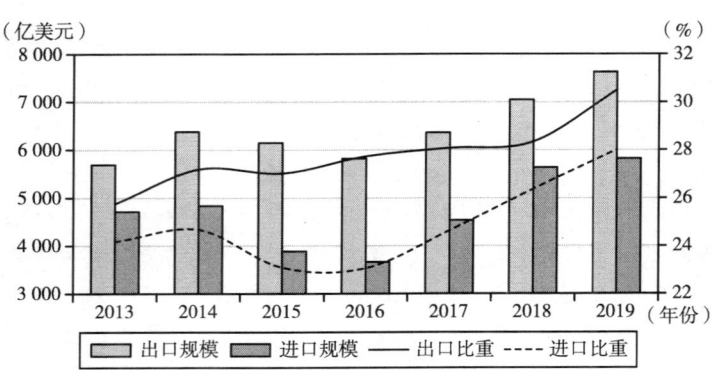

图 2-2 我国与沿线国家的出口、进口规模及其所占比重

注:①左纵坐标轴表示规模,右纵坐标轴表示比重。
②资料来源于《中国海关统计年鉴》。

(二) 我国与沿线国家货物贸易存在不均衡

1. 从金额来看。2013~2019年我国对东南亚11国的货物贸易额从4 436.59亿美元增加到6 416.34亿美元,年均增长6.34%;对西亚北非16国的货物贸易额从2 850.97亿美元增加到2 954.05亿美元,年均增长0.59%;对中亚及俄蒙7国的货物贸易额从1 454.44亿美元增加到1 652.92亿美元,年均增长2.15%;对南亚8国的货物贸易额从963.26亿美元增加到1 361.77亿美元,年均增长5.94%;对中东欧16国的货物贸易额从551.15亿美元增加到869.88亿美元,年均增长7.9%;对独联体其他6国的货物贸易额从149.12亿美元增加到185.29亿美元,年均增长3.69%(见图2-3)。可见,6大区域中,我国与东南亚11国的经贸关系最为密切。

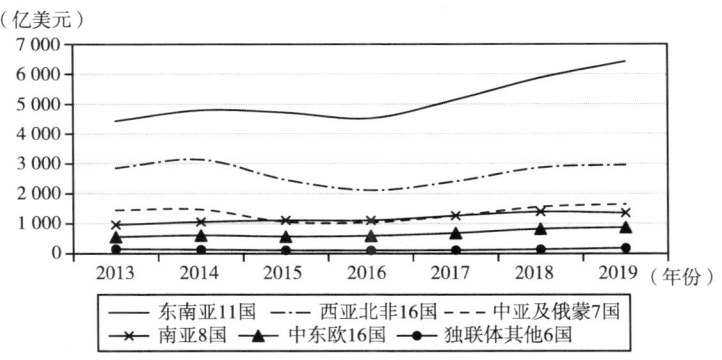

图 2-3 我国与沿线不同区域国家的货物贸易规模

资料来源于《中国海关统计年鉴》。

2. 从占比来看。2013~2019年期间我国与东南亚11国的货物贸易额占沿线国家货物贸易总额的比重从42.64%提高到47.74%,在6大区域中排第1位;排在第2位的是西亚北非16国,占比从27.40%减少到21.98%;排在第3位的是中亚及俄蒙7国，占比从13.98%减少到12.3%；排在第4位的是南亚8国，占比从9.26%增加到10.13%；排在第5位的是中东欧16国，占比从5.3%提高到6.47%；排在第6位的是独联体其他6国，占比从1.43%减少到1.38%（见表2-7）。

表2-7　　我国与6大区域贸易额占我国与沿线国家贸易额的比重

区域	进出口占比（%）		出口占比（%）		进口占比（%）	
	2013年	2019年	2013年	2019年	2013年	2019年
东南亚11国	42.64	47.74	42.89	47.17	42.33	48.49
西亚北非16国	27.40	21.98	21.67	17.81	34.32	27.44
中亚及俄蒙7国	13.98	12.30	13.23	10.18	14.88	15.07
南亚8国	9.26	10.13	13.22	15.07	4.47	3.67
中东欧16国	5.30	6.47	7.12	8.25	3.10	4.14
独联体其他6国	1.43	1.38	1.88	1.52	0.90	1.20

资料来源于《中国海关统计年鉴》。

二、对沿线国家的直接投资

（一）我国对沿线国家直接投资不断增加但有波动

2013～2019年，我国对"一带一路"沿线国家的投资从126.34亿美元增加到225.61亿美元，但波动比较明显。我国对沿线国家投资占全国的比重呈现2014年下降2015年上升、2016年再次下降2017年后再次上升的发展态势。2013年该比例为11.72%，2016年为7.82%，不仅低于国际金融危机爆发前2007年12.25%的水平，也低于国际金融危机爆发后2008年8.1%和

2009年8.01%的水平，2017年、2018年、2019年该比例分别为12.75%、13.22%、16.48%（见图2-4）。

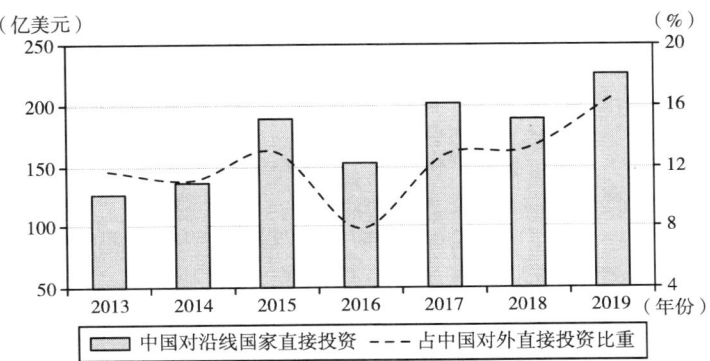

图2-4 我国与"一带一路"沿线国家直接投资流量情况

注：①左纵坐标轴表示规模，右纵坐标轴表示比重。
②资料来源于历年《中国对外直接投资统计公报》《中国统计年鉴》，中国统计出版社。

（二）我国对沿线国家直接投资存在区域间的不均衡

1. 从金额来看。在6个区域中，我国对东南亚11国的投资年度间波动较大，但始终是最多的，最低为2013年的72.69亿美元，最高为2015年的146.38亿美元，（见图2-5的右纵坐标轴）；对中东欧16国的投资快速上升，从2013年的1.03亿美元增加到2019年的43.65亿美元；除了2017年大幅下降外，对西亚北非16国的投资相对平稳；对中亚及俄蒙7国的投资剧烈波动，最高为2017年的37.81亿美元，最低为2019年的2.82亿美元；对独联体其他6国的投资虽然平稳，但是处于低水平，最高金额、最低金额分别为2014年的3.1亿美元、2015年的0.99亿美元（见图2-5）。

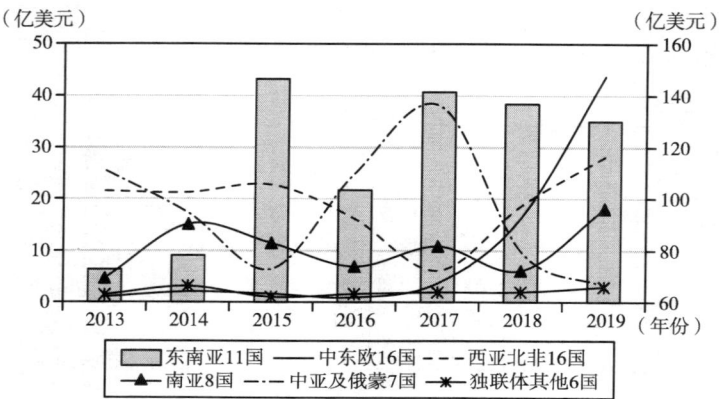

图 2-5 我国对"一带一路"沿线国家的直接投资流量规模

注：①右纵坐标轴表示东南亚 11 国规模，左纵坐标轴表示其他组别规模。
②资料来源于历年《中国对外直接投资统计公报》，中国统计出版社。

2. 从占比来看。我国在东南亚 11 国的投资占我国对沿线国家投资的比重都超过 50%，从 2013 年的 57.53% 变化到 2019 年的 57.65%，最高比重为 2015 年的 77.33%；对中东欧 16 国的投资比重从 2013 年的 0.81% 增加到 2019 年的 19.35%，最低点为 2016 年的 0.6%；对西亚北非 16 国的投资所占比重从 2013 年的 17% 变化到 2019 年的 12.46%，最低点为 2017 年的 3.03%；对南亚 8 国的投资所占比重从 2013 年的 3.66% 变化到 2019 年的 7.99%，最低点为 2018 年的 3.22%；对中亚及俄蒙 7 国的投资所占比重从 2013 年的 19.87% 下降到 2019 年的 1.25%，2014 年、2016 年、2017 年所占比重分别为 12.35%、15.95%、18.74%，2015 年、2018 年占比不超过 5%，波动性较强；对独联体其他 6 国的投资所占比重从 2013 年的 1.13% 变化到 2019 年的 1.3%，总体处于较低水平，均不超过 2.5%，最高值为 2014 年的 2.27%（见图 2-6）。总体来看，我国在沿线国家投资存在区域间的极度不均衡。

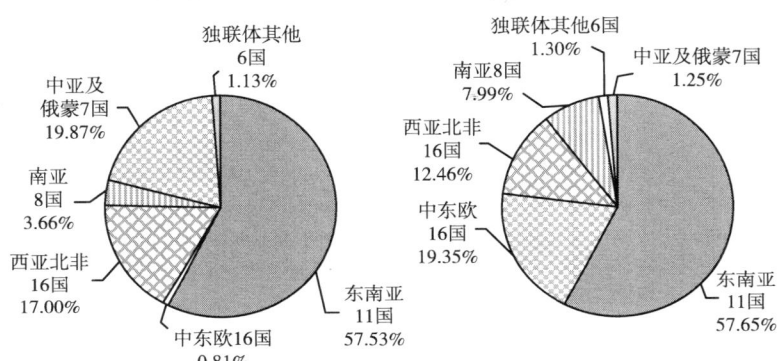

**图 2-6 2013 年、2019 年我国对"一带一路"
沿线国家的直接投资流量结构**

说明：左图、右图分别为 2013 年、2019 年中国对"一带一路"沿线国家直接投资流量结构。

资料来源：《中国对外直接投资统计公报》（2013 年、2019 年），中国统计出版社出版。

三、承包工程

近年来，我国境外承包工程的综合竞争力不断提升，从国际承包工程市场的参与者变为引领者。与此相对应，我国在沿线国家承包工程的营业额也不断增加。

（一）我国在沿线国家承包工程总体规模不断扩大

我国在沿线国家承包工程的营业额从 2013 年的 654.02 亿美元增加到 2018 年的 893.25 亿美元，年均增长 6.43%，高于同期全国 4.27% 的年均增速。2013～2018 年，我国在沿线国家承包工程的营业额占全国总工程营业额的比重分别为 47.69%、45.18%、44.96%、47.65%、50.73%、52.84%，2015 年以后逐年增加态势（见图 2-7）。

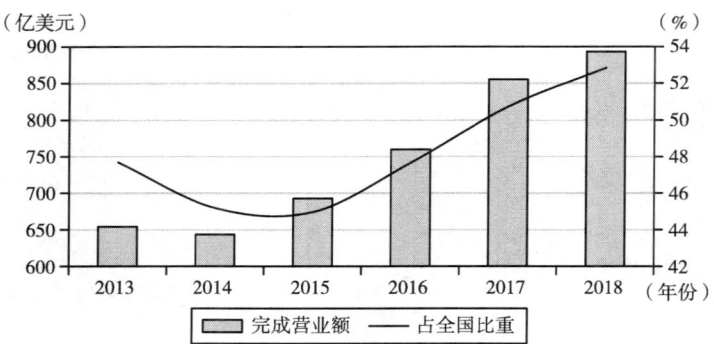

图 2-7 我国在"一带一路"沿线国家的承包工程营业额及占全国总工程营业额比重

资料来源:《中国统计年鉴 2018》,中国统计出版社,2018 年 10 月。

除了营业额的增加,我国境外承包工程的产业链也在延长,目前已经从工程建设延伸至设计咨询、运营维护管理等高附加值的领域。境外承包工程的发展有力地带动了我国原材料、机械设备的出口,促进了人力资源的输出,拉动了电信、物流、金融、保险、航空等相关行业的发展。

(二)我国境外承包工程存在区域间的不均衡

1. 从金额来看。2013~2018 年,我国在东南亚 11 国承包工程的营业额从 210.81 亿美元增加到 347.33 亿美元,年均增长 10.5%;在中东欧 16 国承包工程的营业额从 190.29 亿美元增加到 225.48 亿美元,年均增长 3.45%;在南亚 8 国承包工程的营业额从 129.03 亿美元增加到 214.32 亿美元,年均增长 10.68%;在西亚北非 16 国承包工程的营业额从 6.91 亿美元增加到 14.9 亿美元,年均增长 16.61%。但与此同时,我国在中亚及俄蒙 7 国承包工程的营业额从 93.21 亿美元减少到 71.69 亿美元,年均下降 5.11%;在独联体其他 6 国承包工程的营业额从 23.78 亿美元减少到 19.52 亿美元,年均下降 3.86%(见图 2-8)。

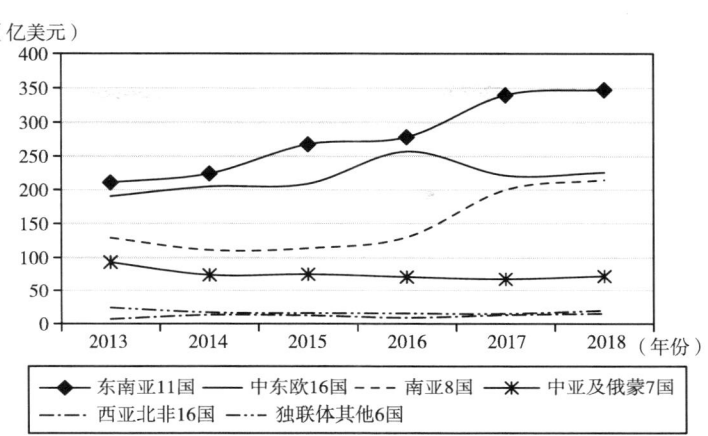

图 2-8 我国对"一带一路"沿线国家的承包工程营业额
资料来源：历年《中国统计年鉴》。

2. 从占比来看。2013年、2018年，我国在东南亚11国承包工程的营业额占我国对沿线所有国家承包工程营业额的比重分别为32.23%、38.88%，增加了6.65个百分点；在南亚8国承包工程营业额的占比分别为19.73%、23.99%，增加了4.27个百分点；在中东欧国家承包工程营业额的占比分别为29.09%、25.24%，减少了3.85个百分点；在中亚及俄蒙7国承包工程营业额的占比分别为14.25%、8.03%，减少了6.22个百分点。我国在西亚北非16国、独联体其他6国承包工程营业额的占比非常小，未超过4%（见图2-9）。

由上可知，我国与沿线国家的贸易、投资及承包工程的规模在不断增加，但存在区域及国家间的不均衡。沿线国家间经济社会发展水平、经济发展所处阶段、营商环境以及税收负担差距非常大，会在不同程度上阻碍货物、资金、人员的自由流动，税收合作也存在较大的难度，因而我国需要及早进行顶层设计，分区域、分国别逐步推进。

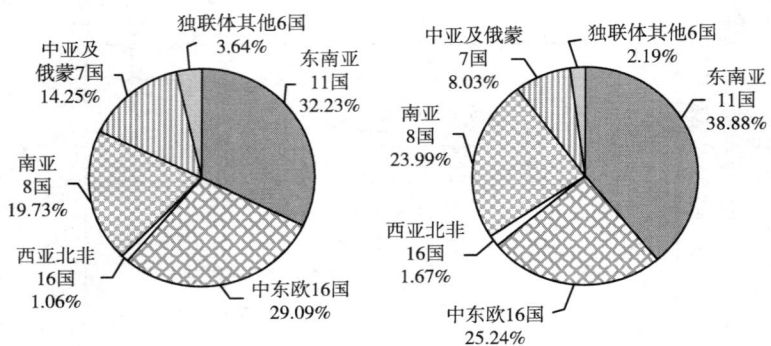

图 2-9　2013 年、2018 年我国在"一带一路"沿线不同区域国家承包工程占比

说明：左图、右图分别为 2013 年、2018 年中国对"一带一路"沿线国家承包工程区域结构。

资料来源：《中国统计年鉴》（2013 年、2018 年），中国统计出版社，2014 年 9 月，2019 年 10 月。

第三章 我国与沿线国家增值税比较

增值税①在筹集财政资金、解决重复征税问题方面优点明显，因而被越来越多的国家采用。从整体来看，实行增值税的"一带一路"沿线国家越来越多，2019年共有53个，分别是：中亚及俄蒙7国、东南亚8国（东帝汶、马来西亚、文莱3国没有引入增值税）、南亚6国（不丹、阿富汗两国没有引入增值税）、独联体其他6国、西亚北非10国（阿曼、科威特、卡塔尔、伊拉克、也门、叙利亚6国没有引入增值税）、中东欧16国。这些国家具有广泛的代表性。第一，从经济发展程度看，既有新加坡等发达国家，也有老挝、柬埔寨等最不发达国家。第二，从类型看，既有实行传统增值税（税率档次较多、税收优惠较多）的国家，例如中东欧各国；也有实行现代增值税（税率档次少、税收优惠较少）的国家，例如沙特、阿联酋等。第三，从区域协调看，既有增值税协调取得了一定成绩的中东欧国家及海湾阿拉伯国家合作委员会（以下简称"海合

---

① 增值税是对货物或服务流转过程的增加值征税，有的国家例如印度、新加坡等将其称为货物与劳务税（Goods and Services Tax, GST）；也有的国家例如缅甸将其称为商业税（Commercial Tax, CT）。本书中统称为增值税。

会",GCC)成员国[①],也有尚未进行任何增值税协调的国家。对沿线国家增值税进行比较,有利于完善我国的增值税制度,有利于提前思索与设计我国与沿线国家进行增值税的协调路径。

第一节 纳税人比较

各国均规定,在本国从事货物与劳务供给(supply)的单位或个人为增值税纳税义务人。但由于增值税比较复杂、遵从成本高,各国一般将纳税人分为一般纳税人与小规模纳税人两个类别。其中,一般纳税人需要进行增值税注册、设置并保管好账簿、进行准确的会计核算;与之相反,由于小规模纳税人员工少、部分企业会计核算不健全,各国都对其推出了多项优惠措施,具体包括:

一、免于注册或免税

沿线国家中,未找到土库曼斯坦、柬埔寨、伊朗的资料,其他 61 国除俄罗斯、乌兹别克斯坦外,均有注册标准(Registration threshold)或征收标准(Collection threshold)的规定。注册标准的含义是,纳税人一定期间内的营业额超过一定标准,必须进行注册;在标准以下的免于注册,但纳税人可以选择进行自愿注册。征收标准的含义是,纳税人一定期间内的营业额超过一定

[①] 海合会成立于 1981 年 5 月,其宗旨是加强成员国之间在各领域内的协调、合作和一体化;加强和密切成员国人民间的联系、交往与合作;推动成员国发展工业、农业、科学技术,建立科学研究中心,兴建联合项目,鼓励私营企业间的经贸合作。资料来源:海湾阿拉伯国家合作委员会,https://www.fmprc.gov.cn/web/wjb_673085/zzjg_673183/xybfs_673327/dqzzhzjz_673331/hwalb_673375/gk_673377/,2019.4.2。

标准的需要缴纳增值税，未达到标准的免税，相当于我国的起征点。

(一) 注册标准

从沿线国家看，一些国家的注册标准有逐步提高的趋势。例如波兰规定，自2017年1月1日起注册标准为20万兹罗提，之前为15万兹罗提；爱沙尼亚规定，从2018年1月1日起注册标准为4万欧元，之前为1.6万欧元，提高幅度非常大。各国提高增值税注册标准的目的，在于降低小企业的遵从成本。总的来看，各国关于注册标准的规定具有以下特点：

1. 对不同行业区别对待。例如菲律宾规定，一般纳税人12个月内的营业额超过300万比索就需要进行增值税注册；但对于广播及电视的特许经营商，其营业额超过1 000万比索才需要注册。

2. 与其他税种挂钩。越南规定，已经完成公司注册、并获得公司执照的新建企业，执照上标明的公司注册号即为税务登记号，不需单独进行增值税注册。土耳其规定，当公司进行公司所得税注册时，税务机关自动完成对该纳税人的增值税注册。沙特在2018年开始实行增值税之前就要求企业进行增值税注册，分为自动注册与自行注册两种。所谓自动注册，是指一家企业（往往是规模比较大的企业）因为需要缴纳其他税，可能已经在税务机关注册过，则该企业被税务机关自动注册为增值税纳税人。而自行注册则是税务机关会向该企业发放通知，企业需要自行登录税务机关网站检查注册信息是否完整与准确。如果没有收到自动注册的通知，则需自行注册。

3. 确定注册门槛的期限不同。大多数国家规定以一年或连续12个月的营业额为标准，个别国家例如摩尔多瓦、保加利亚以企业连续2个月的营业额为标准。

(二) 征收标准

以色列和匈牙利实行征收标准。以色列规定,企业年营业额超过 98 707 新谢克尔需要注册为增值税纳税人,按税法规定计算纳税;如果低于该数额则需要注册为"豁免 VAT 注册的实体(免税交易商)",享受免税优惠。匈牙利自 2017 年 1 月 1 日起执行年营业额 800 万福林的征收标准(之前为 600 万福林),未达到该数额不需缴纳增值税。沿线国家注册/征收标准的规定见表 3-1 至 3-6。

表 3-1　　中亚及俄蒙 7 国注册/征收标准

国家	注册/征收标准
俄罗斯	无注册标准规定
蒙古国	年营业额超过 5 000 万图格里克(销售无形资产的收入不计算在内),必须注册为增值税纳税人;年营业额超过 1 000 万图格里克,可以选择进行自愿注册
哈萨克斯坦	纳税人在年营业额达到 MCI[①]的 30 000 倍(2019 年大概相当于 20 万美元)之后的 10 个工作日之内必须进行注册;未达到标准的纳税人可以选择进行自愿注册
吉尔吉斯斯坦	纳税人连续 12 个月或更少的期限内营业额达到 8 百万索姆,必须注册;未达到上述标准,可以选择进行自愿注册
土库曼斯坦	未找到相关资料
乌兹别克斯坦	无单独的增值税注册规定
塔吉克斯坦	连续 12 个月内营业额超过 100 万索莫尼(大约合 10.6 万美元)

注:①哈萨克斯坦 MCI:MCI 为月度计算指数,由国家银行确定,用于计算行政罚款、结算养老金等。2019 年该指数为 2 525 坚戈。

第三章 我国与沿线国家增值税比较

表 3-2　　　　　　　东南亚 8 国注册/征收标准

国家	注册/征收标准
新加坡	（1）任何一个季度结束之时，在该季度和之前的 3 个季度内，纳税人在新加坡境内营业额超过 100 万新加坡元；（2）在任何时点，如果有理由认为自该时点开始的 12 个月内纳税人的营业额将超过 100 万新加坡元
泰国	年营业额超过 180 万泰铢
柬埔寨	未找到相关资料
印尼	年营业额超过 48 亿印尼盾，必须进行注册；年营业额低于 48 亿印尼盾，不需注册，但可以选择进行自愿注册；自贸区内的企业，不需要进行增值税注册
老挝	从事贸易或生产的企业，如果其年营业额达到 4 亿基普，必须进行注册；低于该数额，自愿注册。只有进行了增值税注册的企业才可以申请退税
菲律宾	12 个月中营业额超过 300 万比索
越南	已经完成公司注册的企业，不需要单独进行增值税注册
缅甸	年营业额超过 5 000 万缅甸元

表 3-3　　　　　　　南亚 6 国注册/征收标准

国家	注册/征收标准
孟加拉国	纳税人年营业额超过 800 万塔卡，强制注册；年营业额低于该数额的，可以选择进行自愿注册
印度	有些州 100 万卢比；有些州为 200 万卢比
马尔代夫	年营业额超过 100 万卢菲亚的纳税人必须进行注册；进口商和提供旅游商品及服务的纳税人，即使年营业额未超过 100 万卢菲亚，也需要进行注册
尼泊尔	年营业额超过或预计超过 200 万卢比；或任何一次性进口货物价值超过 1 万卢比
巴基斯坦	12 个月内的营业额达到 1 000 万卢比

续表

国家	注册/征收标准
斯里兰卡	季度营业额超过300万卢比；或者年营业额超过1 200万卢比；或者预计在未来的季度营业额超过300万卢比；或者预计在未来的12个月内业额超过1 200万卢比；个人或合伙企业从事货物的批发或零售，年营业额超过1 250万卢比

资料来源：斯里兰卡 Srilanka Inland Revenue, http：//www.ird.gov.lk/en/Type% 20of% 20Taxes/SitePages/Value% 20Added% 20Tax% 20（VAT）.aspx? menuid = 1204，2019.2.11.

表 3–4　独联体其他 6 国注册/征收标准

国家	注册/征收标准
乌克兰	在过去的12个月，营业额超过100万格里夫纳
阿塞拜疆	连续12个月营业额超过20万马纳特
亚美尼亚	上一年度或当年，营业额超过115百万特拉姆
格鲁吉亚	在过去的12个月，营业额超过10万拉里
摩尔多瓦	连续2个月的营业额（不含增值税免税项目）超过120万列伊
白俄罗斯	纳税人需要进行公司所得税注册，无单独的增值税注册规定

表 3–5　西亚北非 10 国注册/征收标准

国家	注册/征收标准
埃及	年营业额超过50万镑
以色列①	年营业额超过98 707新谢克尔
黎巴嫩	符合以下条件的，必须注册：在第1个季度到第4个季度之间的任何时点，营业额超过100百万镑；享有免税货物或服务权利的进出口商，不论营业额大小
沙特	年营业额超过375 000里亚尔，强制注册；年营业额超过187 500里亚尔，自愿注册
阿联酋	年营业额超过37.5万迪拉姆

第三章 我国与沿线国家增值税比较

续表

国家	注册/征收标准
约旦	区别对待：货物销售（商业销售），年营业额超过 75 000 第纳尔；劳务提供，年营业额超过 30 000 第纳尔；制造业（工业销售），年营业额超过 50 000 第纳尔等
土耳其	该国没有增值税注册标准的规定。当公司进行公司所得税注册的时候，税务机关自动完成对该纳税人的增值税注册
伊朗	未找到相关资料
巴林	营业额超过 37 500 第纳尔，强制注册；营业额超过 18 750 第纳尔，自愿注册
巴勒斯坦	符合以下条件的，必须注册：（1）大企业：雇员超过 1 人，年营业额超过 12 万谢克尔；（2）小企业：雇员超过 1 人，年营业额不足 12 万谢克尔；（3）银行保险公司等金融机构；（4）进口商

注：①以色列标准为征收标准，如果纳税人想免予注册，必须向税务机关提出申请，税务机关逐案处理。其他各国为注册标准。

以色列、土耳其资料来源：Consumption Tax Trends 2018，VAT/GST and Excise Rates，Trends and Policy Issues，http：//www.oecd.org/tax/consumption－tax－trends－19990979.htm，2019.3.1.

表 3－6　　　　　　　中东欧 16 国注册/征收标准

国家	注册/征收标准
阿尔巴尼亚	年营业额超过 200 万列克
塞尔维亚	年营业额超过 800 万第纳尔
黑山	年营业额超过 18 000 欧元
北马其顿	年营业额超过 100 万第纳尔
波黑	年营业额超过 50 000 马克
捷克	任何连续 12 个月内，营业额超过 100 万克朗；未达到标准的纳税人可以选择自愿登记
斯洛伐克	连续 12 个月内营业额超过 49 790 欧元

续表

国家	注册/征收标准
斯洛文尼亚	在过去 12 个月内，营业额超过 50 000 欧元
保加利亚	连续两个月内，营业额超过 50 000 列弗，包括当前月，不允许自愿注册
拉脱维亚	年营业额超过 40 000 欧元
立陶宛	过去 12 个月内的营业额超过 45 000 欧元
爱沙尼亚	一个日历年度内的营业额超过 40 000 欧元
克罗地亚	上一年度的应纳税营业额为 30 万库纳（约合 40 000 欧元）
罗马尼亚	年营业额超过 5 000 欧元
波兰	年营业额超过 20 万兹罗提
匈牙利	年营业额超过 800 万福林，但该标准为征收门槛，与以色列相同

匈牙利资料来源：Consumption Tax Trends 2018, VAT/GST and Excise Rates, Trends and Policy Issues. http：//www.oecd.org/tax/consumption-tax-trends-19990979.htm, 2019.3.1.

二、简易计税

小规模纳税人适用简易计税法计算纳税。简易计税法下，纳税人直接用销售（营业）额乘以征收率计算应纳税额。例如，越南规定，如果纳税人年营业额少于 10 亿盾，或账簿资料不健全，或从事金银及贵重玉石等经营活动，适用简易计税法。印度对上年度营业额未超过 750 万卢比（特定邦为 500 万卢比）的小企业实行简易征收，征收率因行业而异，其中制造业 2%，餐饮服务业 5%，其他行业 1%；对上年度营业额未超过 200 万卢比（东北部部分特定邦为 100 万卢比）的企业，免征增值税。孟加拉国对没有进行增值税注册的纳税人，适用 3% 的税率（该国称其为"周转税"）。

三、允许采用收付实现制

对于未采用简易计税法的中小企业,阿联酋、沙特、白俄罗斯、保加利亚等国允许其采用收付实现制(Cash accounting basis; or Cash receipts basis)计算应纳税额。收付实现制是与权责发生制(invoice accounting; or accrual method)相对应的概念,无论采用哪种方法,纳税人应纳的增值税均为销项税额与进项税额之差,只不过二者确定销项与进项税额的时间不同。权责发生制下,纳税人销售货物时只要向购买者开出发票即需要缴纳增值税,不管购买者是否已经支付该笔款项;相应地,纳税人购买货物时只要取得购货发票就可以申请进行进项税额抵扣,不管是否支付该笔货款。收付实现制则是纳税人在收到购买者支付的货款之后才计算缴纳增值税;相应地,纳税人购买货物时,只有支付了所购货物的款项才可以进行增值税抵扣。收付实现制免除了小规模纳税人管理增值税发票的义务,降低了其遵从成本。

四、延长纳税申报时间

增值税申报期限有按月、按季度进行等不同方式。沙特规定,所有年营业额低于4 000万里亚尔的企业可以按季度进行申报(高于该数额的需要按月申报)。该规定不仅大幅度减少了纳税人纳税申报的次数,而且延迟了纳税人缴纳增值税的时间。

第二节 税收优惠比较

增值税具有不同于其他税种的特点,完全中性的增值税应该是只有一档税率、征税范围广泛、没有税收优惠的。实践中各国情况复杂,不能做到完全中性,而是对特定货物及劳务实行税收优惠。从享受优惠的环节看,有的是进出口环节,有的是国内销售环节。从享受优惠的主体来看,有残疾人、农民、普通企业或个人等。从税收优惠的方式看,有免税也有低税率或零税率,这里的零税率是指适用于国内销售的零税率,不包括出口、国际运输、以及向使馆或国际组织提供货物等适用的零税率。

从享受优惠的项目看,大概可以分为以下几类:(1)基本生活必需品如食品、药品、农林渔业产品等。对于低收入阶层而言,基本生活必需品在其消费总额中的占比较大,税收优惠可以起到一定的公平作用。(2)具有正外部性效应的货物与服务如教育、文化服务等。这些被称为有益品(merit goods),对其税收优惠意在促进这些货物或劳务的消费,提高国民素质。(3)公共事业性服务如公共交通、邮政、电力、通信等。对其税收优惠意在刺激该类货物的生产和消费,增加社会福利。(4)特定货物或劳务如金融保险、贵金属等。①对金融保险服务实行税收优惠,是因为其抵扣项目少、业务复杂。②对贵金属销售实行税收优惠,是因为其与股票债券等金融工具一样是基本的金融性资产,被频繁交易。例如,新加坡规定,从 2012 年 10 月 1 日起,投资性贵金属(Investment Precious Metals,IPMs)的进口及境内销售免税。所谓"投资性贵金属",是以硬币、条等形式表现的符合一定条件的贵金属,包括金、银、铂金等,对其给予优惠,意在促进黄金提炼技术的发展以及该类货物交易的繁荣①。"一带一路"沿线部分国家对境内销售适用零税率的项目见表 3-7。

---

① 资料来源:IRAS,https://www.iras.gov.sg/irashome/GST/GST-registered-businesses/Working-out-your-taxes/When-is-GST-not-charged/Supplies-Exempt-from-GST/#title5,2019.2.16.

第三章 我国与沿线国家增值税比较

表 3-7　"一带一路"沿线部分国家对境内
销售适用零税率的项目

区域	国家	国内销售适用零税率的项目
中亚及俄蒙	蒙古国	政府或银行定制的、在国内生产的奖牌及货币
	哈萨克斯坦	特殊经济区内特定货物的销售
东南亚	越南	农业设备、化肥、动物饲料
独联体	格鲁吉亚	向热电站供应天然气等
	摩尔多瓦	电力和热力供应；向公众提供的自来水
南亚	马尔代夫	大米、糖、面粉、盐等
西亚北非	沙特	投资性贵金属；医疗设备
	阿联酋	①投资性贵金属（比如99%纯度的金银等）；②新建的住宅，在其建成3年之内首次转让；③特定的教育服务及与之有关的服务与货物的提供；④特定的保健服务及与之有关的服务与货物的提供
中东欧	北马其顿	向中央银行销售贵金属；销售、修理、维护、出租飞机等
	波兰	特定类型帆船的销售；向教育机构销售计算机设备
	阿尔巴尼亚	向阿尔巴尼亚中央银行提供黄金

资料来源：越南，Taxation in Vietnam – Value Added Tax（"VAT"），https：//www.grantthornton.com.vn/insights/articles/chairmans – insights/051616 – taxation – in – vietnam – – – value – added – tax – vat/，2016.5.16。

第三节　进项税额扣除规定比较

增值税计算方法有发票扣税法与账簿法①，目前"一带一

---

①　实行单一税率的国家才能适用账簿法，实行2档及以上税率的国家只能适用发票扣税法。日本自1989年引入消费税（实质为增值税）至2019年10月1日一直实行单一税率，适用账簿法。但该国自2019年10月1日起上调消费税标准税率至10%、对特定货物与劳务适用8%的低税率，账簿法将不能再继续使用。该国预备在一段时间之内实行过渡措施，于2023年10月1日开始实施发票扣税法。

路"沿线国家均对一般纳税人实行发票扣税法,即,应纳税额 = 销项税额 - 进项税额,其中进项税额为企业购买货物等取得的发票上注明的税额。对于进项税额抵扣,各国均有限制性规定。

一、固定资产

根据一国对固定资产进项税额的处理方法不同,可将增值税分为不同的类型。

(一) 单一类型

(1) 生产型增值税。企业购买固定资产所发生的进项税额不允许抵扣,例如蒙古国、乌兹别克斯坦、缅甸等。(2) 收入型增值税。企业购买固定资产所发生的进项税额分期扣除。例如马尔代夫规定,企业一次性购买支出低于 50 万拉菲亚,应在 12 个月内扣除;超过该数额,可在 36 个月内抵扣。可见,该国企业无论购买固定资产价值高低,均需要分期扣除。(3) 消费型增值税。企业购入固定资产所发生的进项税额允许一次性扣除,例如中东欧国家。

(二) 收入型与消费型并用

菲律宾、土库曼斯坦均采用此方法。例如,土库曼斯坦规定,企业购买或自行开发固定资产、未完工项目和无形资产,价值(不含增值税)不超过 1 万马纳特,进项税额可一次性扣除;超过 1 万马纳特,应在后续 2 年内每月均等扣除;对于大型建筑项目、船舶和飞机、铁路运输工具,可在 7 年内每月均等扣除。该种处理方法同时具有收入型与消费型增值税的特征。

(三) 生产型或消费型并用

白俄罗斯规定,企业购入固定资产产生的进项税额可以当期

第三章　我国与沿线国家增值税比较

抵扣，也可以将其资本化计入固定资产价值。企业采用第一种办法，为消费型增值税；采用后一种办法，为生产型增值税。

上述方法中，只有消费型增值税解决了重复征税问题、完全体现了增值税的优点，而其他方法均不能完全解决重复征税问题（见表 3-8）。

表 3-8　　　　　沿线国家的增值税类型

区域	生产型	收入型	收入型与消费型混合	生产型或消费型
中亚及俄蒙 7 国	蒙古国、乌兹别克斯坦		土库曼斯坦	
东南亚	缅甸、老挝①		菲律宾	
南亚		马尔代夫		
独联体其他 6 国				白俄罗斯

注：①老挝：纳税人购买不动产产生的进项税额可以按照 70% 的比例抵扣，未完全解决重复征税问题，本文将其称为"部分生产型增值税"。未找到以下国家关于进项税额抵扣的资料：南亚 8 国：尼泊尔、斯里兰卡；西亚北非 16 国：伊朗、巴勒斯；中东欧 16 国：波黑。这些国家以外的其他"一带一路"沿线国家如未在表中列出，则实行的是消费型增值税。

二、现金购买的货物

哈萨克斯坦规定，用现金购买价值超过 1 000 MCI①（含增值税）的货物或劳务，无论分几次支付，均不允许抵扣。越南规定，用现金购买价值超过 2 000 万盾的货物或劳务，不能抵扣。现金交易不容易留下痕迹，两国为防止增值税流失，对现金购物予以限制。

---

① MCI 为一项指数，由国家预算每年确定具体数额，2019 年为 2 525 坚戈，大约合 6.7 美元。

三、公司所得税中不允许扣除的项目

摩尔多瓦、土耳其将增值税抵扣项目与公司所得税挂钩，即公司所得税中规定不允许扣除的项目，增值税中也不允许进行进项税额抵扣。

四、不通过指定银行付款的购进货物

孟加拉国规定，企业采购价值超过 10 万塔卡的货物时，只有通过在增值税主管税务机关注册认证的银行付款才可进行进项税抵扣。这是因为该国征管比较落后，企业通过指定银行付款税务机关更容易监测，避免增值税流失。但是，该规定会给纳税人带来不便，这是在征管手段落后情况下的无奈之举。

五、其他不允许扣除的项目

各国还规定，以下各项的进项税额不允许抵扣：（1）与生产经营没有直接关系的个人支出及用于非增值税应税项目的支出。（2）餐饮费、招待费、交通费以及购买的客车等更接近最终消费性质的货物和劳务。（3）购买的货物或劳务，取得的是虚假发票，或虽然是真实发票但发票开具不合格的。

第四节　税率比较

"一带一路"沿线国家规模不同、经济发展状况不同，税率差异比较大，下面分区域进行比较。本文将低税率视为税收优惠，将其放在税收优惠部分进行比较研究。

一、中亚及俄蒙7国

该区域7国均在20世纪90年代引入增值税。从税率水平上看,俄罗斯及乌兹别克斯坦(20%)、塔吉克斯坦(18%)、土库曼斯坦(15%)高于我国,蒙古国(10%)、哈萨克斯坦与吉尔吉斯斯坦(12%)低于我国。从税率档次看,除塔吉克斯坦采用1档税率外,其余各国均为2档税率(见表3-9)。

表3-9　　　　　　　　增值税引入时间及税率

国家	增值税引入时间(年)	标准税率(%)	低税率(%)
俄罗斯①	1991	20	10
蒙古国	1998	10	0
哈萨克斯坦	1992	12	0
吉尔吉斯斯坦	1999	12	0
塔吉克斯坦	1992	18	
土库曼斯坦	1992	15	0
乌兹别克斯坦	1992	20	0

说明:表中低税率栏目中的"零税率"是指适用于国内销售的零税率(销售免税,但进项税额准予抵扣),不包括适用于出口及国际运输,以及向使馆、国际组织提供货物等适用的零税率。

注:①俄罗斯:2019年标准税率提高到20%,之前税率为18%。

二、东南亚11国

东帝汶、马来西亚、文莱没有实行增值税。其中,东帝汶对进口货物征收 2.5% 的销售税（sales tax）；对宾馆、饭店、酒吧、电信等服务征收 5% 的劳务税（service tax），月营业收入低于 500 美元的免税①。马来西亚比较特殊，该国 2015 年由就货物与劳务流转全额征收的销售与劳务税（sales and service tax, SST））改为增值税（Goods and Services Tax, GST），但从 2018 年 9 月起又改为实行 SST②。文莱没有开征增值税，也没有开征任何其他形式的货劳税③。

该区域共 8 国实行增值税。其中除老挝 2010 年引入增值税外，其他国家均在 20 世纪 80、90 年代引入。从税率水平看，各国普遍较低，其中，缅甸 5%④，新加坡与泰国均为 7%，柬埔寨、印尼、老挝与越南均为 10%，菲律宾 12%。从税率档次看，泰国与柬埔寨 1 档，新加坡、老挝、菲律宾 2 档，越南与缅甸 3 档，印尼多档。从税收权限看，印尼法律允许政府在 5% ~ 15% 的范围内自行确定税率，但是该国自 1985 年开始实行增值税，政府一直没有变动过税率（见表 3 – 10）。

---

① 两个税种资料均来自该国财政部（Timor Leste Ministry of Finance）网站，其中销售税的下载网址是：https：//www.mof.gov.tl/taxation/import – duty – and – sales – tax/?lang = en；劳务税的下载网址是：https：//www.mof.gov.tl/taxation/services – tax/?lang = en，2018.8.30。

② Malaysian sales and service tax，https：//www.avalara.com/vatlive/en/country – guides/asia/malaysia.html, 2019. 2. 1.

③ Comparing Tax Rates Across ASEAN, https：//www.aseanbriefing.com/news/2018/07/26/comparing – tax – rates – across – asean.html, 2018. 7. 26.

④ 缅甸自 1990 年开始征收具有增值税的性质的"商业税（Commercial Tax, CT）"，国内销售适用的税率分为 3 档：销售货物与提供服务，税率 5%（但销售黄金珠宝首饰，税率 1%）；开发及销售建筑物、提供国内航班服务，税率 3%。出口货物绝大多数适用零税率，但个别货物要被征税，其中原油税率 5%；电力税率 8%。

表 3-10　　　　　　　增值税引入时间及税率

国家	增值税引入时间（年）	标准税率（%）	低税率（%）	高税率（%）
新加坡	1994	7	0	
泰国	1992	7		
柬埔寨	1999	10		
印尼①	1985	10	0	10～125
老挝	2010	10		
菲律宾	1988	12	0	
越南	1999	10	0，5	
缅甸	1990	5	3，1	

注：①印尼：除了10%的标准税率，有的货物（特定阶层消费的货物，或者显示身份的作用大于使用效用的货物，比如某些家用电器、运动器材、机动车、豪华住宅等）还适用10%～125%的附加税。该税在生产或进口环节征收，只征一次，每个月与增值税一起计算缴纳。关于零税率，同表3-9。

三、独联体其他6国

该区域6国均在20世纪90年代引入增值税，税率较高，分别为18%、20%。从税率档次看，亚美尼亚1档，阿塞拜疆、格鲁吉亚2档，乌克兰3档，白俄罗斯与摩尔多瓦4档。标准税率之外的税率，除白俄罗斯有1档高税率25%（适用于提供电信服务）外，其余皆为低税率（见表3-11）。

表 3-11　　　　　　　增值税引入时间及税率

国家	增值税引入时间（年）	标准税率（%）	低税率（%）	高税率（%）
白俄罗斯	1991	20	0，10	25
阿塞拜疆	1992	18	0	
亚美尼亚	1993	20		

续表

国家	增值税引入时间（年）	标准税率（%）	低税率（%）	高税率（%）
格鲁吉亚	1993	18	0	
乌克兰	1992	20	0，7	
摩尔多瓦	1998	20	10[①]，8，0	

注：①摩尔多瓦：自2018年10月1日起引入10%的低税率。关于零税率，同表3-9。

四、南亚8国

该区域中不丹、阿富汗尚未开征增值税。不丹在货物/劳务的销售及进口环节征收销售税，其中酒精饮料和烟草产品适用50%~100%的税率，其他货物与劳务适用0~20%的税率。阿富汗预备在2020年12月21日征收税率为10%的增值税，目前该国按照公司营业收入总额的4%~10%征收营业税（Business Receipt Tax，BRT），税率因行业及企业规模的不同而不同。

该区域共有6国实行增值税。从税率水平看，马尔代夫（6%）是各国中税率最低的；尼泊尔（13%）与我国相同；印度2档标准税率，其中一档低于我国、一档高于我国；其他国家税率均高于我国。从税率档次看，尼泊尔与斯里兰卡2档，马尔代夫3档，印度、孟加拉国、巴基斯坦为多档（见表3-12）。

表3-12　　　　　　增值税引入时间及税率

国家	增值税引入时间（年）	标准税率（%）	低税率（%）	高税率（%）
孟加拉国[①]	1991	15	2，4.5，5，6，10	10~500[①]
印度	2017	12 18	0，5	28

续表

国家	增值税引入时间（年）	标准税率（%）	低税率（%）	高税率（%）
马尔代夫	2011	6	10	12
尼泊尔	1997	13	0	
巴基斯坦	1990	17	0，2	18~25
斯里兰卡②	1998	15	0	

注：①孟加拉国：增值税税目中，部分货物（奢侈品）税率从10%到500%不等。②斯里兰卡：从2017年11月1日起，标准税率从11%提高至15%。斯里兰卡财政部表示提高税率是为了弥补对82项生活必需品开始实施免税造成的收入损失。可见，改革遵循了不减少税收收入的原则，但改革后不同纳税人的税收负担发生了变化。该资料来自国家税务总局网站，http：//www.chinatax.gov.cn/2013/n31886/n37074/n37075/c2525854/content.html，2019.4.6。关于零税率，同表3-9。

五、西亚北非16国

（一）阿曼等6国没有实行增值税

该区域中，6国没有实行增值税。其中，阿曼、卡塔尔、科威特3国没有开征任何形式的货劳税，伊拉克、也门、叙利亚没有开征增值税但有其他形式的货劳税。

伊拉克实行就货物与劳务全额征收的销售税，不同的货物或劳务适用不同的税率。其中，烟酒（300%）、汽车等（15%）、手机充值卡和互联网（20%）、豪华餐厅与酒店（10%）①。也门实行一般销售税（General Sales Tax），标准税率为5%，卷烟等适用高税率（90%），出口等适用零税率，金融保险、教育服务、公共交通服务免税。叙利亚对特定货物实行消费税，税率1.5%~40%。

---

① 该国没有消费税，销售税也在发挥消费税的作用。

(二) 以色列等 10 国实行增值税

该区域各国引入增值税的时间相差特别大。其中以色列最早（1976 年），其次是土耳其（1984 年），第三为埃及（1991 年）。其余国家均在 21 世纪引入增值税，其中，沙特与阿联酋 2018 年引入，巴林 2019 年引入。

从税率水平看，阿联酋、巴林与沙特（5%）、伊朗（6% + 3%）①、黎巴嫩（11%）低于我国，埃及（14%）、约旦②与巴勒斯坦（16%）③、以色列（17%）④、土耳其（18%）高于我国。

从税率档次看，巴勒斯坦 1 档，黎巴嫩、以色列、巴林、沙特与阿联酋均为 2 档，档次较少；埃及与约旦 5 档，档次最多；土耳其与伊朗 3 档（见表 3 – 13）。

表 3 – 13　　　　　增值税引入时间及税率

国家	增值税引入时间（年）	标准税率（%）	低税率（%）	高税率（%）
埃及	1991	14	0，5	15，30
伊朗	2008	6 + 3		12 + 3，20 + (5 或 10)

---

① 伊朗在征收增值税的同时，还征收 3% 的附加税，适用于除油类产品以外的所有货物（包括香烟及烟草制品）。油类产品附加税税率为 5% 或 10%，依据种类来定。

② 约旦开征销售税（GST），包含一般税（GT）以及特别税（ST）两种税。如果所销售的货物（比如啤酒、香烟、机动车）或提供的服务适用特别税，则特别税 ST 是 GT 税基的一部分。可见该国的特别税与我国消费税性质相同，只不过在该国特别税与增值税为一个税种。

③ 巴勒斯坦没有增值税法，其适用的是以色列 1985 年的增值税法。

④ 以色列增值税税率 17%，但对特殊行业适用特殊的征税方法：金融机构就其工资与利润之和缴纳 17% 的增值税等价税（VAT – equivalent taxes），非营利组织就其工薪缴纳 7.5% 的与增值税等价的工资税（VAT – equivalent tax, wage tax）。

第三章　我国与沿线国家增值税比较

续表

国家	增值税引入时间（年）	标准税率（%）	低税率（%）	高税率（%）
以色列	1976	17	0	
约旦	2001	16	0, 4, 10	26
黎巴嫩	2002	11	0	
沙特	2018	5	0	
土耳其	1984	18	1, 8	
阿联酋	2018	5	0	
巴林	2019	5	0	
巴勒斯坦①	—	16		

注：①巴勒斯坦：适用以色列 1985 年通过的增值税法（有些条款除外），但未找到其开始实行增值税时间的资料。关于零税率，同表 3-9。

六、中东欧 16 国

该区域各国均实行增值税，引入增值税的时间分别在 20 世纪八九十年代与 21 世纪初。第一，从税率水平看。各国税率在 6 大区域中属于最高的，波黑（17%），北马其顿（18%），罗马尼亚（19%），爱沙尼亚、塞尔维亚、斯洛伐克、阿尔巴尼亚与保加利亚（20%），捷克、拉脱维亚、立陶宛与黑山（21%），斯洛文尼亚（22%），波兰（23%）、克罗地亚（25%）、匈牙利（27%），均高于我国。其中，匈牙利 27% 的税率不仅在沿线国家中最高，在世界各国中也最高。第二，从税率档次看。波黑 1 档，北马其顿、塞尔维亚、斯洛伐克、斯洛文尼亚与保加利亚 2 档，波兰 4 档，其余 9 国均为 3 档（见表 3-14）。

表 3-14　　　　　增值税引入时间及税率

国家	增值税引入时间（年）	标准税率（％）	低税率（％）
波黑	2006	17	
克罗地亚	1998	25	5,13
捷克	1993	21	10,15
爱沙尼亚	1991	20	0,9
北马其顿	2000	18	5
匈牙利	1988	27	5,18
拉脱维亚	1995	21	5,12
立陶宛	1994	21	5,9
黑山	2003	21	0,7
波兰①	1993	23	0,5,7*
罗马尼亚	1993	19	5,9
塞尔维亚	2005	20	10
斯洛伐克	1993	20	10
斯洛文尼亚	1999	22	9.5
阿尔巴尼亚	1995	20	6,0
保加利亚	1994	20	9

注：①波兰：自 2018 年 12 月 31 日起适用 7% 的低税率，之前是 8%。关于零税率，同表 3-9。

第五节　留抵税额处理方法比较

由于购入固定资产、购买季节性原材料及其他原因，纳税人可能会出现销项税额小于进项税额从而产生留抵税额的情形。各国处理办法有3种:一是退税①,二是用于抵顶当期应该缴纳的所得税等其他税种的税款,三是结转到下期继续抵扣。上述方法中,无论退税还是抵顶当期企业应该缴纳的其他税款均有利于提高企业的流动性,而向以后年度结转相当于占压了企业的部分资金,不利于企业的经营。总的来看,沿线国家留抵税额的处理办法具有以下特点:

一、单独适用一种方法或综合适用几种方法

"一带一路"沿线绝大多数国家对留抵税额给予退税或将退税与抵顶、向以后年度结转结合起来使用。在综合适用几种方法的国家中,有的规定了各种方法的使用顺序例如先抵顶再退税,有的国家没有规定使用顺序,由企业任意选择(见表3-15)。

表3-15　　　　沿线国家留抵税额处理办法

处理办法	区域及国家
退税(8国)	(1)东南亚11国:新加坡(延期退税支付利息)、印尼(延期退税支付利息);(2)南亚8国:印度、巴基斯坦①;(3)独联体其他6国:亚美尼亚、摩尔多瓦;(4)西亚北非16国:以色列;(5)中东欧16国:捷克
抵顶或退税(4国)	先抵顶再退税: 中东欧16国:立陶宛 无顺序规定: (1)中亚及俄蒙7国:俄罗斯、土库曼斯坦。(2)中东欧16国:爱沙尼亚

---

① 世界上大多数国家对出口予以退税,这里不做研究,只研究国内销售销项税额小于进项税额的退税。

续表

处理办法	区域及国家
结转或退税（22 国）	先结转再退税： （1）东南亚 11 国：越南、柬埔寨、泰国；（2）南亚 8 国：孟加拉国②、尼泊尔③；（3）独联体其他 6 国：阿塞拜疆；（4）西亚北非 16 国：埃及、约旦、黎巴嫩。中东欧 16 国：波黑、罗马尼亚（延期退税支付利息）、斯洛伐克、阿尔巴尼亚、保加利亚 结转或退税，无顺序规定： （1）独联体其他 6 国：白俄罗斯；（2）西亚北非 16 国：沙特；（3）中东欧 16 国：克罗地亚、北马其顿、匈牙利、波兰（延期退税支付利息）、塞尔维亚、斯洛文尼亚（延期退税支付利息）
抵顶、结转或退税（6 国）	先抵顶、结转、再退税： （1）独联体其他 6 国：格鲁吉亚；（2）中东欧 16 国：拉脱维亚 抵顶、结转或退税： （1）中亚及俄蒙 7 国：蒙古国；（2）独联体其他 6 国：乌克兰（延期退税支付利息）；（3）西亚北非 16 国：土耳其、阿联酋
结转（4 国）	（1）中亚及俄蒙 7 国：吉尔吉斯斯坦；（2）东南亚 11 国：老挝、菲律宾；（3）南亚 8 国：马尔代夫（企业停止经营后实行退税，名为退税，实为结转）
向以后年度结转或作为经营费用扣除（1 国）	东南亚 11 国：缅甸

说明：未找到以下国家关于留抵税额处理办法的资料：中亚及俄蒙 7 国：哈萨克斯坦、乌兹别克斯坦、塔吉克斯坦；南亚 8 国：斯里兰卡；西亚北非 16 国：巴勒斯坦、伊朗、巴林；中东欧 16 国：黑山。表中列出了能够找到资料的 45 个实行增值税国家关于留抵税额的处理办法。

注：①巴基斯坦：税法中规定退税，但实践中企业往往拿不到退税。

②孟加拉国资料来源：National Board of Revenue, Bangladesh, http：//nbr. gov. bd/faq/vat – faq/eng。

③尼泊尔资料来源：NBSM, Nepal Tax Guide 2016, http：//www. nbsm. com. np/assets/kcfinder/upload/files/Publication/Nepal% 20Tax% 20Guide% 202016. pdf。

二、满足一定条件才可退税

阿尔巴尼亚、罗马尼亚、匈牙利、拉脱维亚、保加利亚、黎巴嫩等国规定，留抵税额超过一定数额才给予退税。（1）阿尔巴尼亚规定，留抵税额应首先向以后月份结转。如果连续结转3个月仍未抵扣完、并且累积的未抵扣完的进项税额超过40万列伊，则纳税人有权申请退税，退税期限为60天。（2）罗马尼亚规定，未抵扣完的进项税额超过5 000列伊才予以退税。（3）匈牙利规定，企业满足下列条件，才可以申请退税：①如果纳税人按年提交纳税申报表，未抵扣完的税额超过5万福林；②如果纳税人按季提交纳税申报表，未抵扣完的进项税额超过25万福林；③如果纳税人按月提交纳税申报表，未抵扣完的进项税额超过100万福林。不满足上述条件的纳税人，其未抵扣完的进项税额向以后年度结转。（4）拉脱维亚规定，纳税人满足下列条件，予以退税：①适用零税率，以及销售地点不在该国的货物的销售额占纳税人全部销售额的比重超过90%。②未抵扣完的进项税额超过1 500欧元，并且适用零税率、低税率以及销售地点不在该国的货物的销售额占纳税人全部销售额的比重超过20%。③未抵扣完的与购入固定资产有关的进项税额超过150欧元，并且纳税人提出退税申请。④因购买木材，废金属，电子产品（如手机，计算机硬件，集成电路，游戏机）等产生的未抵扣完的进项税额超过1 500欧元。⑤未抵扣完的进项税额超过5 000欧元。（5）保加利亚。未抵扣完的进项税额必须连续向后结转2个月，如果仍未抵扣完，则在其提交纳税申报表之日起30日内给予退税。（6）黎巴嫩以一个季度为区间来判断销项税额是否小于进项税额，如果销项税额小于进项税额，则未抵扣完的部分可以结转到下期继续抵扣；如果年度结束纳税人未抵扣完的进项税额超过5万镑，则纳税人可在20天之内向税务机关申请退税。

三、规定退税期限

很多国家规定了退税期限。蒙古国规定,纳税人应首先向主管税务机关提交增值税退税申请,由其进行评审、确认期末余额,并将处理建议在 15 个工作日之内提交给蒙古国税务局(Mongolian Tax Authority,MTA)。MTA 在 7 个工作日之内审核纳税人的申请以及主管税务机关的建议,审核完成后在 2 个工作日内将其意见以及纳税人名称、注册号、银行账户、退税数额等信息提交给财政部,财政部在收到 MTA 意见之后的 45 天之内进行退税。但蒙古国同时规定,当月/季度/年度退税不能超过月/季度/年度全部增值税收入的 30%。塞尔维亚规定,在纳税人提交当期纳税申报表截止日期后的 45 天内进行退税。印尼、匈牙利根据纳税人的纳税信誉确定退税期限。例如,匈牙利将纳税人分为明显不遵守税法的"风险纳税人(risky taxpayers)"及"可信任纳税人(trusted taxpayers)"两种,前者的退税期限为 75 天,后者的退税期限为 30 天。

在规定有退税期限的国家中,各国的执行效果不同。总的来看,中东欧国家遵守退税期限规定,退税比较及时;而哈萨克斯坦、蒙古国、俄罗斯、摩尔多瓦等虽有退税期限规定退税却不及时,这也是发展中国家营商环境欠佳的一个表现。

四、对延期退税支付利息

有的国家对未及时退还的税款支付利息(见表 3 – 15)。例如乌克兰认为未按时退还的增值税是国家的债务,按照乌克兰国家银行利率的 1.2 倍计算利息付给纳税人;斯洛文尼亚延期退税的利息率为每天 0.0247%、印尼为每月 2%。政府对延期退税支付利息与纳税人不及时纳税需要支付利息是一个性质,表明纳税人与税务机关处于对等地位，是对纳税人权利的一种保护。

五、先审计后退税

为确保退税款安全，沿线很多国家规定先审计后退税，并且规定了审计期限。例如，印尼规定，税务审计必须在退税申请提出之日起一年内完成，经审计确认退税申请有效的，税务机关向申请人发送税务审计评估函，并自该函发出之日起一个月内给予退税。

有两种情形可以先退税后审计：（1）信誉好的纳税人。印尼对"合规纳税人"、俄罗斯对"信誉好的纳税人"（所谓"合规纳税人"或"信誉好的纳税人"，是指其没有应缴的欠税、罚款或罚金等抵销退税数额的行为）实行先退税后审计。如果审计发现其所申请退税不实，则追回所退税款，并对其进行处罚。该种方式下，企业可以更早地获得资金，但政府风险增大，如果经过审计纳税人的退税申请不合规，税务机关还需要将该笔款项追回。（2）退税数额较小。罗马尼亚规定，如果纳税人进行了增值税注册、并且申请退税额不超过 45 000 列伊，则免于审计。

六、对出口与留抵税额区别对待

前已述及，一些国家规定了留抵税额退税的条件，企业满足条件才可退税，但关于出口退税的规定则较为宽松。例如保加利亚规定，纳税人年度内出口销售额超过年销售额的 30%，则不必要经过向后结转 2 个月的程序，并且退税期限也少于 30 天；塞尔维亚规定，如果纳税人的主要业务是出口，则 15 天内退税；阿尔巴尼亚出口企业获得退税的期限为 30 天。

第六节 我国与沿线国家增值税比较

一、我国与沿线国家增值税比较

(一) 税收优惠项目的性质与各国类似

我国在进口环节及国内销售环节均设有税收优惠,优惠手段既有免税也有低税率,优惠项目包括生活必需品(粮食等农产品、天然气、饲料、化肥等)、有益品(图书、电子音像制品等)、公共服务(邮政、运输、基础电信服务等)、金融服务等。我国的税收优惠环节、优惠手段、优惠项目类型与"一带一路"沿线国家一致。

此外,我国在"营改增"改革过程中,为了保证试点的顺利推行、确保所有行业税负只减不增,采取了一些过渡性措施,包括允许提供特定服务(包括公共交通运输服务、电影放映服务、仓储服务、装卸搬运服务、收派服务和文化体育服务等)的一般纳税人适用简易计税法,征收率为3%。

(二) 加计扣除是我国的特色

我国允许企业购入固定资产所发生的进项税额从销项税额中扣除,说明实行的是消费型增值税,与沿线大多数国家一致。另外我国关于增值税进项税额扣除的一般限制性规定,如纳税人购入的货物如果不是用于生产应税货物则不允许扣除等,也与沿线大多数国家类似。但我国对农产品、部分服务业实行的加计扣除政策是我国独有的,包括沿线国家在内的世界其他国家均没有实行该项政策。

（三） 税率处于中等水平

与沿线国家相比，我国现行税率虽然低于中东欧国家，但还远远高于东南亚以及西亚北非的一些国家。从税率档次看，沙特、阿联酋、巴林等国仅仅有2档税率，而我国有3档税率，没有充分体现增值税的中性特征。

（四） 允许新增留抵税额退税符合国际惯例

为助力经济高质量发展、释放企业活力，2018年我国对装备制造、研发服务、电网等符合条件的企业在一定时期内未抵扣完的进项税额，实行了一次性退还，已经实现退税1 148亿元[①]。2019年4月1日起我国将该制度推广到所有纳税人，对符合条件的纳税人均给予退税，退税额为应税额的60%。2019年6月我国开始对先进制造业实行全额退税，退税条件也更为宽松。

与沿线国家比较，（1）沿线绝大多数国家允许留抵税额退税或将退税与结转、抵顶其他税种税款结合使用，我国允许留抵税额退税实现了与世界接轨，更有利于吸引外资。（2）我国有退税条件的要求，沿线一些国家也有类似规定，这是在公平与效率之间权衡的结果，目的在于降低行政管理成本。

（五） 规定了征收标准（起征点）体现了对小企业的照顾

我国没有注册标准的规定，但有与以色列、匈牙利等国征收标准类似的起征点的规定，对营业额未达到起征点（月营业额10万元）的企业实行免税。最近几年来，我国不断提高征收标

---

① 2019年3月27日，国务院新闻办公室举行深化增值税改革政策例行吹风会。国家税务总局副局长孙瑞标在回答记者提问时引用的该项数据。http：//www.scio.gov.cn/32344/32345/39620/40124/zy40128/Document/1650923/1650923.htm，2019.4.9。

准，享受优惠的小企业越来越多。我国也允许小企业采用简单计税方法计算应纳税额，体现了对小企业的照顾。

二、我国增值税尚存在一些问题

（一）税率档次还需要进一步简化

我国增值税一般纳税人适用的税率中，9%（提供生产性服务）与6%（提供生活性服务）这两档税率的适用范围非常广泛，与13%（销售货物）税率的适用范围相当，其实质为"多档标准税率"。而沿线大多数国家或者实行"单一税率"，或者实行一档标准税率加1~2档适用范围有限的低税率，其实质为"主辅型税率"。相比之下，我国现行税率存在以下不足之处："单一税率"模式下，所有项目适用同一税率，不需要解释和界定税目；"主辅型税率"模式下，只需界定适用于低税率的税目即可。我国"多档标准税率"模式下，需要详细界定每一个税率所包含的税目的范围，而实践中有的行业边界不清晰、有的业务处于"中间地带"，适用税率难以明确界定。企业为遵守税法，需要人为拆分各类销售收入，这种拆分不见得符合企业的经营实质，增加了企业的遵从成本。

（二）进项税额扣除中的加计扣除破坏了增值税链条的完整

前已述及，加计扣除政策是我国独创的，不仅"一带一路"沿线国家没有该项政策，世界上其他实行增值税的国家均没有该项政策。我国推出独具特色的加计扣除制度，目的在于减少改革阻力，但破坏了增值税链条的完整性。

（三）留抵税额退税政策还需要进一步完善

我国留抵税额退税处于试点阶段，试点方案仍然存在以下问题：（1）我国尚未明确考核期跨年情形下企业信用等级的适用问题。例如，企业享受退税的条件之一是"纳税人 2019 年纳税信用等级为 A 级或者 B 级"，并以 6 个月（按季纳税的，为 2 个季度）为考核期。若考核期跨年，纳税人涉及 A 级、B 级之外的评级如何处理？（2）我国留抵税额退税负担方式的效果还需要进一步观察。我国增值税是共享税，中央、地方五五分成，留抵税额退税会影响不同地区之间增值税的分配。例如，A 地的企业甲从 B 地的企业乙购货，乙企业销售收入缴纳的增值税一半留给了 B 地、一半上缴给中央。在 A 地甲企业产生留抵税额需要退税的情况下，如果由中央财政负担退税，中央财政只获得增值税收入的一半；如果由 A 地负担退税，A 地财政未从这笔进项税中获得任何收入。无论由谁负担，都会影响中央、地方以及地方不同省份之间的财力分配。刘怡、耿纯（2018）用 2010 年和 2011 年企业层面的税务调查数据对我国的留抵税额规模及地区分布进行了估算，发现东部地区留抵规模最大，约占全国总体留抵税额的 60%；而中西部地区留抵规模较小，分别占全国总体留抵税额的 20% 左右。虽然是前几年的数据，但也反映出我国留抵税额分布的不均衡。如果处理不当，势必影响各地区之间的分配格局。在退税规模小的情况下，这个问题还不突出；一旦退税规模变大，该问题就会显现出来。我国的留抵税额退税负担方式刚刚公布，其对各地财力的影响如何，目前尚未可知。（3）沿线一些国家对延期退税支付利息，我国尚无此项规定，影响企业的经营成果。

（四）过渡性税收优惠的存在破坏了增值税链条的完整

增值税的首要职能是筹集财政资金，税收优惠反映的是其调节收入分配的派生职能，以实现一国的社会目标。我国大量过渡性政策的存在一定程度上破坏了增值税的抵扣链条，影响了增值税优越性的发挥。

三、我国增值税的改革对策

我国国家税务总局局长王军在 OECD 第 4 届增值税全球论坛上发表的主旨演讲《营改增：增值税改革的中国样本与经验》中，就发挥税收对世界经济发展的推动作用提了 3 点倡议，其中首先就是要加快完善现代增值税制度。现代增值税制度具有课税范围广、税率档次少和税收优惠比较少的 3 个显著特征，有利于体现增值税的中性原则、减少税收对企业投资及生产决策产生的负面影响、促进经济增长。我国现行税制与现代增值税制度还有差距，应该进一步进行改革。

（一）简化税率

2019 年的《政府工作报告》要求深化增值税改革，继续向推进税率 3 档并 2 档、税制简化方向迈进。税率档次简并及税制简化不仅可以缓解行业的增值税税负差别、减少企业会计核算与纳税申报的工作量，还可以减少企业的留抵税额。

（二）规范税收优惠

为减少增值税对市场经济行为的扭曲、降低征纳双方的成本，我国应全面清理过渡性税收优惠以及对一般纳税人适用的简易计税法等政策措施，以体现增值税的中性特征。规范增值税优惠，不仅有利于打通增值税链条，也有利于解决企业留抵税额数额过大的问题。

（三）完善留抵税额退税办法

我国应细化申请退还留抵税额的企业适用信用等级的相关规定，积极争取将先进性制造业适用的全额退税办法尽快在全国推行。为应对其可能会对我国的税收管理带来的挑战，我国应该加强对该项工作的管理，可以考虑实行先审计后退税的办法。另外，留抵税额退税的负担方式刚刚明确，我国应及时追踪各地负担留抵税额对其财力的影响情况，为以后修正负担方案提供依据。

（四）条件成熟后取消加计扣除

不同税种有不同定位，增值税的定位就是筹集财政收入。因此应保持增值税中性，不使企业行为产生扭曲。加计扣除是为了顺利推进增值税改革而实行的权宜之计，我国规定该项政策只实行3年，建议期满后取消该项政策。

第四章 我国与沿线国家公司所得税比较

沿线各国均征收公司所得税①，其中绝大多数国家在全国范围内适用该税，但西亚北非个别国家仅仅对特定地区、特定企业适用该税。

第一节 纳税人比较

根据各国征税范围的不同，可以将公司所得税分为两种类型：属人税制（Worldwide Tax System）与属地税制（Territorial Tax Systems）。属人税制下，纳税人取得的境内外所得均需缴纳公司所得税，为解决重复征税问题，其在境外缴纳的税款可以在本国抵免。属地税制下纳税人来自境外的所得只需在东道国纳税，居住国免税。

实践中还有一些国家实行属人税制，但对其符合条件的境外股息所得、资本利得免税。这里的"条件"是指居民企业持有境外关联企业的股份超过一定比例、持有该股份的时间超过一定

---

① 公司所得税是对纳税人获得的所得所征的税款，我国将该税称为企业所得税，也有的国家将其称为利润税（Profits tax，PT），本书统称为公司所得税。

期限等，又被称为"参与免税（participation exemption）"①。不符合条件的境外股息所得需要在本国纳税，其在境外缴纳的税款通过税收抵免解决。这类国家的税制兼具属人与属地特征，本书对实行参与免税的国家单独列出。

与属人税制、属地税制紧密联系的，是对居民的判定。在实行属人税制的国家，居民负有无限纳税义务。各国判定居民的标准不同，分别有注册地标准、实际管理机构所在地标准等。

一、中亚及俄蒙7国

该区域各国实行属人税制，其中俄罗斯有"参与免税"的规定，免税的条件是俄罗斯公司必须持有被投资外国公司至少50%的股份、持有期限必须在365天以上、并且被投资外国公司不是列于"黑名单"国家的居民纳税人。不符合条件的境外所得需要与境内所得一起汇总纳税，并采用抵免法来消除重复征税。其他国家均无参与免税的规定。

该区域各国居民的判断标准分为3个类别：一是根据该国法律注册设立。实行该项标准的国家有乌兹别克斯坦、吉尔吉斯斯坦两国。二是实际有效管理机构所在地在该国，俄罗斯实行该项标准。三是根据该国法律注册设立或实际有效管理机构在该国。蒙古国、哈萨克斯坦、塔吉克斯坦、土库曼斯坦四国实行该项标准。

---

① 也有人认为参与免税就是属地税制，例如 PWC, Evolution of Territorial Tax Systems in the OECD, http：//www.techceocouncil.org/clientuploads/reports/Report%20on%20Territorial%20Tax%20Systems_20130402b.pdf, 2013.4.2. 本书认为二者还是存在一定差异，因而将实行属地税制的国家与实行参与免税的国家单列。

二、东南亚 11 国

(一) 征税范围

该区域 11 国均开征公司所得税,课题组未找到缅甸关于境外股息所得免税与否的资料。余下 10 国中,两国实行属地税制(新加坡与马来西亚①);7 国(越南、菲律宾、老挝、柬埔寨、文莱、东帝汶、印尼)对企业境内外所得均征税、无参与免税规定;1 国(泰国)对企业境内外所得均征税、但有参与免税规定②。

(二) 居民身份判定

在 11 国中,越南、老挝企业所得税中没有"税收居民"的概念,但实践中根据该国法律设立的企业,需要就其全球所得缴纳企业所得税。

其余 9 国判断居民的标准分为 3 类:(1) 根据一国法律注册设立(包括泰国、菲律宾、缅甸、东帝汶 4 国)。(2) 实际管理机构设在该国(包括马来西亚、新加坡、文莱 3 国)。例如,新加坡规定如果企业实施管理与控制活动的地点在该国,则被认定为居民。所谓实施管理与控制活动的地点,通常是指董事会开会的地点。(3) 根据一国法律注册设立或实际管理机构设在该国(包括印尼、柬埔寨两国)。

---

① 马来西亚对企业的境外所得免税,但从事金融、保险、海运或空运的企业除外。因而,该国实行的不是完全的属地税制。

② 该国规定,居民公司持有有选择权的股份不低于25%、持有期限不少于6个月,股息所得免税;但资本利得要被征税。

三、独联体其他 6 国

该区域 6 国均实行属人税制、且均没有参与免税的规定。各国判断居民的标准分为 3 类:一是根据一国法律注册设立(乌克兰、白俄罗斯、亚美尼亚 3 国)。二是实际有效管理机构设在该国(摩尔多瓦)。三是根据一国法律设立或实际有效管理机构设在该国(格鲁吉亚、阿塞拜疆两国)。

需要指出的是,格鲁吉亚自 2017 年 1 月 1 日起对企业的分配利润征税、对留存收益不征税(但金融保险机构继续实行旧制度至 2023 年,旧制度规定在利润产生时征税),其实质为递延纳税,即将企业的纳税期限后延。该方法有利于激励投资,但如果税率不变,会减少一国的财政收入①。

四、南亚 8 国

该区域 8 国实行属人税制,其中印度、斯里兰卡有"参与免税"的规定。印度规定,居民纳税人持有境外关联企业的股份超过 26%,则其来自境外关联企业的股息适用 15% 的税率;来自于境外关联企业的资本利得免税。斯里兰卡规定,居民纳税人持有非居民企业至少 10% 的股份(不包括可赎回股份)并且对非居民企业拥有控制权(直接或间接拥有被投资公司至少 10% 的选举权),即为"显著参与(Substantial participation)",则股息免税。

---

① 乌克兰 2018 年曾提出改革方案,计划从 2019 年 1 月 1 日起对年所得不超过 2 000 万格里夫纳(约 710 万美元)的中小企业改按分配利润征税,对年所得超过中小企业标准的法律实体仍按其实现利润征税。但 2018 年 11 月 29 日,乌克兰议会税收和海关政策委员会主席宣布推迟改革,主要原因是考虑改革会导致税收收入大规模减少。

孟加拉国、巴基斯坦、尼泊尔、阿富汗、不丹、马尔代夫 6 国无参与免税规定，企业境外所得的纳税规定与境内所得相同。

各国判断居民与否的标准基本相同，即根据该国法律注册设立或实际管理控制机构在该国。

五、西亚北非 16 国

（一）征税范围

该区域中，阿联酋、科威特、卡塔尔、巴林、叙利亚、巴勒斯坦、黎巴嫩 7 国实行属地税制；阿曼、也门、沙特、伊朗、以色列、伊拉克 6 国对企业全球范围内的所得征税，无"参与免税"规定；土耳其、以色列、埃及 3 国对企业全球范围内的所得征税，有"参与免税"规定。例如，土耳其规定居民企业获得的境外股息免税，条件是其持有境外企业的股份超过 10% 并且持有时间超过 1 年、境外公司适用的公司所得税税率不低于 15%（金融公司不低于 20%）。埃及对居民企业获得的来自境内外的股息给予 90% 的免税（dividend exemption，DIVEX），前提条件是居民企业持有被投资公司超过 25% 的股份、持有时间超过 2 年。

（二）公司所得税的特点

该区域一些国家仅仅对与油气有关的所得征税，或虽对所有货物与劳务征税，但对油气所得适用高税率。总的来看，该区域各国公司所得税具有以下特点：

1. 征税范围比较窄。又可分为两类：（1）有些国家不是在全国范围内征收公司所得税并且不是对所有行业征收。以阿联酋为例，7 个酋长国（即阿布扎比、迪拜、沙迦、阿治曼、乌姆盖万、哈伊马角和富查伊拉）中的 5 个已开征了公司所得税，但只对石油和天然气开采和生产企业、外国银行分支机构等适用，对其他企业不适用。（2）有些国家的公司所得税是在全国范围内征收但不是对所有行业征收。例如，巴林只对经营与石油有关的产品的企业征税。

2. 对石油销售所得适用高税率。例如，阿联酋对外国银行分支机构适用 20% 的税率，但石油和天然气开采和生产企业适用最高边际税率为 55% 的累进税率。阿曼标准税率 15%，但对石油企业适用 55% 的高税率。埃及标准税率 22.5%，但中央银行（Central Bank）、苏伊士运河局以及埃及石油局适用 40% 的税率；油气开采生产企业适用 40.55% 的税率。

（三）居民判断标准

该区域中，阿联酋、黎巴嫩、阿曼、科威特、巴林 5 国在税法中没有关于居民的定义，但实践中形成了一套判断企业是否为居民的标准。其中，阿联酋、科威特两国在实践中认为，那些根据该国法律组建的符合条件的企业为该国的居民；阿曼规定，一个外国企业如果 12 个月内在阿曼从事咨询及服务的时间超过 90 天或在阿曼境内设有独立机构，则被认定为常设机构；巴林规定，一个企业在该国从事与石油有关的经营活动，包括销售产自于巴林的原油或其他天然碳氢化合物、以及销售在该国加工完成的原油或其他天然碳氢化合物的产成品及半成品（不论原油的产地在何处），无论其注册地点在何处，均需纳税。黎巴嫩规定，纳税人需就其来自黎巴嫩的所得纳税，境外分支机构汇回黎巴嫩的利润免税。

11 国税法对居民进行了明确界定。这些标准可以分为 4 类：（1）根据该国法律设立（伊朗）。（2）实际管理机构设在该国（叙利亚）。（3）根据该国法律设立或实际管理机构设在该国（沙特、土耳其、以色列、卡塔尔、伊拉克、巴勒斯坦 6 国）。（4）根据该国法律设立、实际管理机构设在该国或政府等部门拥有 50% 以上的资本（埃及、也门、约旦 3 国）。

六、中东欧 16 国

(一) 征税范围

该区域除塞尔维亚、北马其顿、黑山 3 国外,其余各国均实行属人税制及"参与免税",但各国关于企业享受"参与免税"的程度、享受条件的规定不同。

捷克规定,居民公司获得的境外股息所得,如果符合下列条件则予以 100% 免税:(1) 股息来自 EU、经济共同体 (EEA)[①]成员国,或与捷克签订有税收协定的国家。(2) 捷克母公司持有至少 10% 的份额,持有时间至少超过 1 年。(3) 如果是来自非 EEA 成员国,发放股息的企业适用的公司所得税税率不能低于 12%。该国对企业来自境外的资本利得不予免税。

爱沙尼亚、拉脱维亚、斯洛文尼亚、罗马尼亚等不仅对居民企业获得的符合条件的境外股息免税,还对其因转让境外关联企业股份而获得的资本利得予以免税。其中,爱沙尼亚、拉脱维亚股息与资本利得的免税比例均为 100%;斯洛文尼亚股息免税比例 95%;资本利得免税比例 47.5%[②]。

(二) 征税模式

该区域各国征税模式分为两种:一是"爱沙尼亚模式 (Estonian - style system)",爱沙尼亚与拉脱维亚适用,只就企业的分配利润部分纳税。公司向雇员支付的实物福利被认定属于利润分配,应该纳税。二是传统模式。该区域其他国家适用,对企业

---

① EEA 成员国的范围:EU 成员国加冰岛、列支敦士登、挪威 3 国。
② Tax Foundation, Designing a Territorial Tax System: A Review of OECD Systems, https://files.taxfoundation.org/20170822101918/Tax - Foundation - FF554 - 8 - 22.pdf, 2019.4.5.

第四章 我国与沿线国家公司所得税比较

年度实现的利润征税。

(三) 居民判断标准

该区域各国居民判断标准分为两类：(1) 根据该国法律注册设立。包括：保加利亚、立陶宛、爱沙尼亚、波黑 4 国。(2) 注册地或实际管理机构所在地。包括波兰、罗马尼亚、捷克、斯洛伐克、匈牙利、拉脱维亚、斯洛文尼亚、克罗地亚、阿尔巴尼亚、塞尔维亚、北马其顿、黑山 12 国。

第二节 税收优惠比较

为促进某些行业或地区的发展，沿线一些国家在公司所得税中设计了税收优惠。总的来看，可以分为以下几类：(1) 投资优惠。目的在于吸引外资，解决本国经济发展中资金不足的问题。(2) 地区优惠。又可分为两类：第一类是设立经济特区、自由贸易区或是与我国共建经贸合作区，对区内企业给予优惠，达到吸引外资、促进产业升级的目的，并以其来带动全国其他区域的发展。第二类对经济不发达地区给予优惠，意在加快这些地区的发展速度，实现区域均衡发展[①]。(3) 行业优惠。各国一般结合本国产业发展情况对金融保险业、远洋运输业或农业等给予优惠，意在促进这些行业的发展。(4) 创新优惠。创新包括两个环节：研发环节（投入端）、成果转化环节（产出端）。相应地，税收优惠分为两种类型：一是研发环节优惠，优惠方式有加

---

① 一些国家设立特殊区域例如创新工业园，对区内符合条件的企业给予优惠。该优惠的目的在于激励创新，本书将其放在"创新优惠"部分；一些国家设立文化创意产业园区，对区内符合条件的企业给予优惠。该园区设立的目的在于激励文化创意产业的发展，本书将该类优惠放在"行业优惠"部分。

计扣除、税收抵免等;二是成果转让环节优惠,优惠方式为对企业的知识产权(Intellectual Property,IP)转让所得给予减免税,又被称为"专利盒"。(5)环保优惠。环保是各国追求的目标,一些国家根据自身情况及财力对企业环保投资给予一定的优惠。(6)出口优惠。一些国家为促进本国出口,对符合一定条件的出口企业给予优惠。对于 WTO 成员国来讲,该项优惠不符合WTO 规则。(7)雇用特殊员工优惠。一些国家对雇用老年人、女性、少数民族员工、残疾员工的企业给予优惠,目的在于激励企业更多地雇用这些员工。(8)总部优惠。总部是资本配置和管理决策中心,各国均对总部持欢迎态度,一些国家对总部企业给予优惠。(9)中小企业或新建企业优惠。这些企业规模小或经营时间短、抗风险能力弱,各国一般给予低税率优惠,或规定其可以按照简便计算法计算纳税。无论哪种优惠方法,均涉及税率,因而本文将该项优惠放在"税率"部分。需要指出的是,很多国家与其他国家签订协议,双方对对方空运企业及员工来自本国境内的所得免税,该类优惠不再列出。

一、税收优惠的理论依据及效应

税收优惠能够发挥作用,是因为其能够影响纳税人的切身利益从而影响其行为。税收优惠的作用机理相同,下面以激励创新税收优惠为例来进行分析。实践中,创新的主体有企业、研究机构、大学等,其中企业在一国创新体系中占有重要地位。为充分发挥企业在创新中的作用,各国纷纷推出税收激励措施,最为常用的是企业所得税。

(一)激励企业创新的税收优惠政策

企业创新的目的在于提高自身产品的竞争力,最终转化为收益。创新分为两个阶段:第一阶段是企业投入人力、物力进行研发,结果有两个:一个是研发成功,取得专利权、版权等权益,企业将成果进行转让或者自用,研发有了回报。二是研发失败,企业前期的研发投入没有获得回报,发生的成本被称为"沉没成本"。见图4-1。

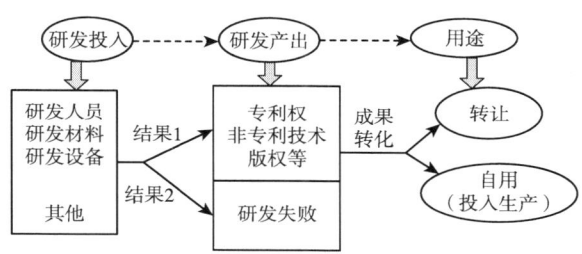

图4-1 创新的两个阶段

转引自:研发费税前扣除与高新技术企业认定政策解读[EB/OL]. http://www.sz.gov.cn/cn/xxgk/zcjd/201209/t20120925_2022916.htm,2019.1.1。

在创新的两个阶段,政府都可以运用税收手段进行激励。在第一阶段,政府可以运用加计扣除、税收抵免等手段来激励企业增加研发投入。在第二阶段,政府可以运用"专利盒"制度来激励企业进行成果转让。知识产权流动性大,极易流向低税率地区。过去的时间里,这种流动时常发生。"专利盒"制度通过对符合条件的IP转让所得给予减免,达到激励企业创新、增强税制竞争力的目的,同时也促使企业将IP所有权留在本国的税收管辖权范围之内。

(二)税收优惠激励创新的理论依据

1. 解决市场失灵的需要。在没有税收优惠政策激励的情况下企业创新投入普遍不足,原因有二:(1)创新具有外溢效应,社会回报率大于私人回报率。在没有政府干预的情况下,企业对创新的投入低于社会最优水平。(2)创新具有不确定性以及信息不对称性,股东要求企业的投资短期就要获得回报,竞争压力的存在也使企业不愿意运用有限的资源进行风险性高的创新。为了提高企业创新水平,政府必须进行干预,其能够运用的政策工具之一是税收。

2. 提高税制竞争力以应对税收竞争的需要。学者们通过研究发现,影响企业创新的税收因素很多,包括:税制、人力成本等。到底在哪里进行研发活动,企业是将一系列因素综合起来考虑的。在经济全球化的今天,研发活动以及 IP 的流动越来越强。总部位于美国、欧洲、日本的大型跨国企业研发投入占到全球研发投入总额的 90% 以上,他们正越来越频繁地在国外部署研发活动[1]。各国纷纷推出针对创新的税收优惠,以提高本国税制的吸引力。

(三) 税收优惠制度激励创新的效应

激励创新的税收优惠,其效应表现为以下几个方面:一是促使企业进行更多的创新活动;二是增加高薪工作岗位——创新不仅仅可以在高科技行业产生更多的工程师以及管理者岗位,也可在制造业和低技术服务业中为工人产生较高工资的工作岗位[2]。三是促进经济增长。国务院发展研究中心课题组(2013)发现研发投入强度与经济增长存在显著的正相关关系,而且在工业化和后工业化过程中持续上升[3]。下面分别比较不同区域国家实行的税收优惠。

---

[1] Laura Tyson and Greg Linden, The Corporate R&D Tax Credit and U. S. Innovation and Competitiveness, http://www.cciee.org.cn/WebSite/usa/Upload/File/201207/20120717203427826500.pdf, 2012.

[2] Robert D. Atkinson & Scott Andes, "Patent Boxes: Innovation in Tax Policy and Tax Policy for Innovation", http://www.itif.org/files/2011-patent-box-final.pdf, 2011.10.1.

[3] 国务院发展研究中心课题组:"从增长阶段看中国创新水平的进展和差距",《国研网》,2013 年 12 月 21 日。

二、中亚及俄蒙7国

该区域各国经济不太发达,税收优惠有地区优惠、投资优惠等。

(一)各国普遍实行投资优惠

由第二章已知,该区域各国经济不发达,资金缺乏,因而对投资实行税收优惠。哈萨克斯坦规定,如果满足特定条件,则企业购买、安装与装配机器设备所发生的费用,以及生产用建筑物、机器设备的后续改造升级费用,可以在费用发生的当期全部扣除,也可自资产投入使用起3年内扣除。乌兹别克斯坦规定,如果外国投资者以现金形式的出资不少于5百万美元,则自其注册成立之日起给予10年的税收稳定待遇。塔吉克斯坦对新投资企业给予优惠,优惠幅度与投资额大小有关(见表4-1)。

表4-1　　　　　塔吉克斯坦投资税收优惠

投资额(万美元)	免税期限
20~50	2年
50~200	3年
200~500	4年
超过500	5年

(二)各国普遍在本国设立经济特区与自由贸易区

该区域各国均设立了经济特区或自由贸易区,对区内企业给予税收优惠,优惠一般与投资额挂钩。以蒙古国为例,其除了在境内设立了经济特区、自由贸易区,还设立了"政府指定区域",对区域内的企业给予"税收稳定"待遇。

1. 经济特区。在蒙古国经济特区从事基础设施建设、投资额在 50 万美元以上的企业；以及投资额在 30 万美元以上从事宾馆、仓库建设的企业，可以享受减半征税的优惠。

2. 自由贸易区。蒙古国自由贸易区法于 2015 年 3 月 16 日生效，规定自由贸易区不仅仅限于设立在边境口岸，也可设立在政府认可的其他地区。区内企业投资额超过一定规模、并且投资于政府鼓励的行业，可以享受减免税优惠，但最大减免税数额不得超过企业投资额的一半。自由贸易区内的企业因使用创新和改进的技术而获得的经营所得，在其开始生产经营的 5 年之内免税。

3. 政府指定区域。蒙古国对在"政府指定地区（中部地区、杭爱地区、东部地区和西部地区等）"经营的企业，给予"税收稳定"待遇。所谓"税收稳定"，是指该国为提升外国投资者的信心，向一些企业发放"稳定证书"，获得了稳定证书的企业可以在一定期限之内适用稳定的税率（包括公司所得税、关税、增值税、矿产资源补偿费等），具体期限依据投资数额、投资行业、投资区域而定。在稳定证书的有效期内，如果一般税法中规定的税率对投资者有有利，则企业有权利适用一般税法中规定的税率。企业获得稳定证书应满足的条件有：投资达到一定数额；已经通过环境影响评估；投资应该产生新的稳定的就业岗位；投资利于技术创新。如果对烟草进行投资，则不能享受该项优惠。

（三）各国设定行业或项目优惠

该区域各国根据本国经济发展特点，推出了行业税收优惠，包括：油气部门优惠（蒙古国、乌兹别克斯坦等）、农业优惠（蒙古国、吉尔吉斯斯坦、塔吉克斯坦、哈萨克斯坦[①]）、纺织行

[①] 该国标准税率 20%，但对农业及水产养殖适用 10% 的低税率。

业优惠（乌兹别克斯坦、吉尔吉斯斯坦等）、基础设施建设优惠（塔吉克斯坦）、文化创意产业优惠（俄罗斯①）等。

（四）一些国家给予创新优惠

该区域俄罗斯、蒙古国、吉尔吉斯斯坦等设有创新优惠，但优惠方式不同。

1. 俄罗斯创新优惠分为两种类型：（1）全国范围内适用的加计扣除政策。该国规定，企业发生的研发支出，按照150%加计扣除。（2）特定区域内适用的综合性创新优惠。2018年7月24日俄罗斯发布法律，规定斯科尔科沃（Skolkovo）创新中心②的居民纳税人可以享受为期10年的税收优惠，包括免征公司所得税（最高不超过10亿卢布）、公司财产税、土地税，以及减按14%税率征收社会保障税③。

2. 吉尔吉斯斯坦对创新工业园（Innovative Technologies Park）内符合条件的企业给予综合性税收优惠，包括免于征收公司所得税、财产税、增值税等；对创新工业园内企业的员工个人获得的所得，给予适用5%低税率的优惠（该国雇佣所得适用的标准税率为10%）。

3. 蒙古国规定，创新企业可以享受3年免税优惠。

（五）一些国家实行环保优惠

乌兹别克斯坦规定在2021年1月1日前对经营温室大棚等

---

① 2018年7月25日，俄罗斯推出动画电影科技园区税收优惠政策，并将相关动画电影制片厂指定为优先投资项目。具体内容是：科技园区内的企业适用12.5%的企业所得税税率（该国标准税率为17%），免征企业财产税，并减按核定税额的0.7%征收土地税。

② 斯科尔科沃创新中心位于莫斯科市郊，被称为俄罗斯"硅谷"，是俄罗斯2010年确定的国家级高新技术孕育基地。

③ 俄罗斯社会保障税2018年综合税率为30%（包括养老保险税22%、联邦医疗保险税5.1%和社会保险基金2.9%）。

温室综合体（greenhouse complexes）的企业免征公司所得税、统一社会税（unified social tax），条件是其将免税款再投资于技术和装备的现代化开发。

（六）一些国家实行出口优惠

乌兹别克斯坦根据企业出口额占全部销售额的比重给予减免税优惠：如果出口额占全部销售额的比重 15%～30%，税率降低 30%；如果占比超过 50%，则税率降低 50%。

（七）一些国家设有可选择最低税（AMT）

该税与公司所得税并用，企业分别按照税法规定计算应纳的公司所得税以及 AMT（与公司所得税相比，税收优惠项目少、税率低），取二者数额较大者纳税。AMT 的目的在于避免企业因利用多项税收优惠而税负特别低的情况出现。

实践中，AMT 的存在确实可以起到保障一国财政收入的作用。美国 2018 年税改中为简化税制、降低企业税负而取消了 AMT，预计 2018～2027 年将减少 6 955 亿美元的联邦收入[①]。

7 国中，乌兹别克斯坦、塔吉克斯坦设有可选择最低税，其他 5 国没有实行该税。

三、东南亚 11 国

东南亚 11 国中绝大多数国家设有税收优惠，包括研发优惠、特定产业优惠、投资优惠、出口优惠等。

---

① Joint Committee on Taxation. Estimated Revenue Effects of H. R. 1. The Tax Cuts and Jobs Act. Scheduled for Makeup by The Committee on Ways and Means on November 6, 2017 ［EB/OL］. https：//republicans - waysandmeansforms. house. gov/uploadedfiles/jct. pdf, 2019. 4. 3.

(一) 采取多种形式激励投资

印尼、新加坡、柬埔寨等综合运用各种手段激励企业投资，包括：投资宽免、加速折旧、低税率等。例如，印尼规定，(1) 企业向特定行业投资，每年可以从应纳税额中减除投资额的 5%、共可以减除 6 年，总计减除 30%；可以采用加速折旧法计提折旧。(2) 特定行业以及边远地区的企业，亏损向以后年度结转年限为 10 年（其他企业的亏损结转年度为 5 年）等。

(二) 一些国家建有经济特区并给予优惠

印尼、缅甸、老挝均设有地区优惠。例如老挝将国家划分为 3 类地区（地区 1，地区 2，地区 3），将投资活动分为 3 种类型（促进活动 1，促进活动 2，促进活动 3），并根据企业投资区域以及从事经营活动的不同，给予其免税 1~10 年的优惠，免税期限自企业开始生产经营之日起计算。如果企业生产新产品、进行研发、产生新技术，所得税的免税期限自其获得利润的年度起开始计算。

(三) 一些国家给予特定行业税收优惠

新加坡、印尼、马来西亚、菲律宾激励信息技术（IT）等高新技术的发展。除此以外，新加坡对海运业、金融业给予优惠；印尼对从事再生能源生产、海运、农林渔业产品加工的企业等给予优惠；马来西亚对从事制造业、经营伊斯兰金融的企业以及节能与环保企业等给予优惠；越南对从事种植、饲养、水产养殖和盐生产的企业给予免税。

(四) 一些国家实行创新优惠

该区域印尼、马来西亚、泰国、越南、新加坡均设有激励创新的税收优惠，分为以下几种类型：

1. 在研发环节给予加计扣除优惠。印尼、马来西亚规定，企业研发费用可以双倍加计扣除。泰国的优惠更为慷慨，规定企业研发支出可以按照300%扣除；向经过泰国投资促进委员会（BOI）批准的技术与人力资源开发基金捐赠，允许全额扣除；向国内企业支付技术开发许可费，按照200%扣除；进行先进技术培训发生的费用，按照200%扣除等。

2. 研发环节的加计扣除优惠与成果转化环节的免税优惠并用。新加坡规定，在研发环节，企业发生在新加坡境内的研发支出，2019~2025年期间可按实际发生额的250%从税前扣除[①]；发生在境外的支出，按照实际发生额的100%从税前扣除[②]。在成果转化环节，新加坡实行知识产权开发激励（Intellectual Property Development Incentive，IDI），对企业转让IP获得的所得给予减税优惠。

3. 设立研发基金。越南允许符合条件的企业在不超过上一年度利润10%的比例内设立研发基金，该基金可以在税前减除。

（五）一些国家给予出口优惠

缅甸外国投资法协会（Union of Myanmar Foreign Investment Law，MFIL）规定，特定地区的企业出口获得的符合条件的所得可以享受不超过50%的减税。"一带一路"沿线国家中，不仅东南亚一些国家，其他区域的一些国家也有类似优惠。其与WTO规则相违背，我国早已经取消该类优惠。

（六）一些国家对雇用特定类型员工的企业给予优惠

泰国、越南、文莱为了促进特定人群就业，对雇用特定类型

---

① 而2018年是按照实际发生额的150%扣除，说明该国自2019年起加大了研发激励力度。

② 该项扣除一直是据实扣除，没有变动。

员工的企业给予公司所得税优惠。泰国规定,企业雇用60岁以上的老龄雇员发生的成本可以在公司所得税前双倍扣除。越南规定,从事制造、建筑和运输活动的企业,如果其雇用若干女性和/或少数民族员工,可以获得额外减税优惠。文莱规定,企业雇用本地员工的时间超过36个月,则员工工资的50%可以进行税收抵免,前提条件是每个员工每月工资不超过3 000文莱元。

(七)泰国对总部给予优惠

自2019年12月29日起,泰国实行国际商业中心(IBC)制度,替代之前实行的总部优惠①。IBC是为应对《有害税收实践——2017年优惠政策进展书》(Harmful Tax Practices—2017 Progress Report on Preferential Regimes)而推出的,该进展书认为泰国之前实行的总部优惠为"有害税收实践"。新的优惠提高了享受优惠的总部的门槛,两个制度的差别见表4-2。

表4-2 泰国国际商业中心(IBC)制度与原总部优惠的区别

主要税收优惠及条件	总部优惠 (IHQ/ITC/TC)	国际商业中心制度(IBC)
公司所得税(CIT)	—	—
来自于泰国国内外关联企业的符合条件的服务费所得、特许权使用费所得	0%(国外)10%(国内)	8%、5%、3%(国内外所得),优惠期限15年。条件:每年国内支出至少分别为6 000万泰铢、3亿泰铢、6亿泰铢①
国内外的股息所得	免税(仅限于国外股息所得)	免税(国内外股息所得)

---

① 之前享受优惠的总部分为以下几类:区域运营总部(ROH)I和II、国际总部(IHQ),财务中心(TC)和国际贸易中心(ITC)。

续表

主要税收优惠及条件	总部优惠（IHQ/ITC/TC）	国际商业中心制度（IBC）
资本利得	免税	正常的企业所得税税率
贸易所得	免税	正常的企业所得税税率
预提税（WHT）	—	—
派发给海外的股息	免税	免税
支付给海外的利息	免税	免税
特殊营业税（SBT）	—	—
符合条件财务中心（TC）的所得	免税	免税
个人所得税（PIT）	—	—
符合条件的外籍人士	15%	15%
享受优惠的外籍人士，其工作的企业必须符合下列条件：	—	—
实收资本的最低标准	1 000万泰铢	1 000万泰铢
国内支出的最低标准	1 500万泰铢	6 000万泰铢
雇员最低数量标准	没有	10个（财务中心为5个）

注：①新建IBC有最低支出要求（见上面表格）。但如果由区域运营中心Ⅰ转为国际商业中心，无最低国内支出要求即可享受税收优惠；由国际运营中心Ⅱ和国际总部转为国际商业中心，则需要满足每个会计年度至少在国内支出1 500万泰铢的条件，才可享受8%的低税率优惠。

资料来源：根据 EYGlobal Tax Alert. Thailand enacts International Business Centers regime to replace existing incentive regimes［EB/OL］. https://www.ey.com/gl/en/services/tax/international – tax/alert – thailand – enacts – international – business – centers – regime – to – replace – existing – incentive – regimes, 2019.1.7. 以及 EY Global Tax Alert. Thailand Introduces International Business Center Regime to Replace Existing Incentive Regimes ［EB/OL］. https://www.ey.com/gl/en/services/tax/international – tax/alert – – thailand – introduces – international – business – center – regime – to – replace – existing – incentive – regimes, 2018.10.16 归纳整理。

(八) 为避免优惠被滥用有 4 国推出可选择最低税

菲律宾规定，从公司开始经营的第 4 年征收可选择最低税，应纳税额为公司总所得的 2%。柬埔寨规定，当企业不能很好地保存账簿记录时，按照年营业额的 1% 计算缴纳可选择最低税（包含公司所得税以及除增值税以外的其他税种）。泰国对所得超过 50 万泰铢的企业适用可选择最低税，税率 12%。马来西亚对特定类型的企业有可选择最低税的规定，但未找到具体政策内容。

四、独联体其他 6 国

该区域各国税收优惠可以分为以下几类：

(一) 投资优惠

白俄罗斯自 2019 年 1 月 1 日起提高公司所得税投资扣除优惠力度。其中，建筑物的投资扣除率从 10% 提高至 15%，设备的投资扣除率从 20% 提高至 30%。阿塞拜疆规定，持有"投资促进证书"的企业自其获得证书之日起 7 年内，可以享受免税 50% 的优惠。

(二) 区域优惠

该区域各国均设立了自由经济区（或自由工业区）、工业与技术园区等，并对区内企业给予优惠。其中白俄罗斯除了对自由经济区、工业园区（例如巨石工业园，Great Stone Industrial Park）、高科技园区（The Park of High Technologies）内的企业给予优惠，还对设在农村地区、中小城镇的企业给予优惠。

(三) 行业优惠

各国根据本国经济特点及未来发展方向，推出本国税收优惠项目,对其实行减免税,可以分为以下几个类型:(1)农业优惠(阿塞拜疆、亚美尼亚、摩尔多瓦、乌克兰等)。(2)IT 优惠(亚美尼亚、乌克兰、摩尔多瓦等)。(3)文化教育事业优惠(白俄罗斯)。(4)油气行业优惠(阿塞拜疆)。(5)部分制造行业优惠(白俄罗斯、亚美尼亚)。

(四)创新优惠

该区域除白俄罗斯规定企业取得的与知识产权有关的所得免税外,未找到其他国家实行创新优惠的资料。这与各国经济不太发达、创新能力有限有很大关系。

(五)环保优惠

乌克兰与亚美尼亚推出了环保优惠。其中乌克兰规定,特定节能设备生产企业国内销售自产设备取得的所得的 80%,可以享受免税优惠,前提条件是企业将免税额用于再投资以扩大生产;致力于开发、实施与利用节能技术的企业(以国家注册名单为准)可享受 50% 的税收减免优惠,税收优惠期限为 5 年,从公司通过节能技术获利的当年算起。亚美尼亚对特许从事电能生产的企业给予免税优惠。

(六)出口优惠

亚美尼亚规定,企业产品全部出口并且年营业额超过 500 亿特拉姆,享受 2% 的低税率;年营业额超过 400 亿但未达到 500 亿特拉姆,适用 5% 的低税率。该国是 WTO 成员,这种优惠与 WTO 规则是相违背的。

(七)雇用特殊员工优惠

白俄罗斯对残疾人雇员超过雇员总人数 50% 企业给予免税优惠;阿塞拜疆对符合条件的雇用残疾人的企业给予减半征税的

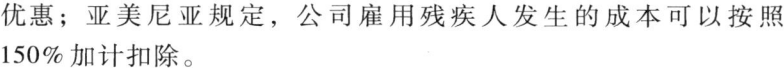

优惠;亚美尼亚规定,公司雇用残疾人发生的成本可以按照150%加计扣除。

(八) 可选择最低税

该区域各国均没有可选择最低税的规定。

五、南亚8国

该区域各国税收优惠分为以下几个类别:

(一) 投资优惠

巴基斯坦规定,境内外投资者投资于高科技企业、出口企业、优先发展行业的企业、以及投资于农业等,给予优惠。阿富汗对符合条件的投资给予8年或更长期限的免税。

(二) 区域优惠

印度、尼泊尔、孟加拉国、马尔代夫设有地区优惠。例如,印度对在自由贸易区、技术园区内经营的企业给予免5减5的税收优惠。尼泊尔允许设在偏远、不发达地区的企业按照其所适用税率的10%~30%纳税,对在科技园区从事软件开发、数据处理等的企业给予50%的免税,并对不同经济特区内的企业给予不同的税收优惠:(1) 经济特区位于喜马拉雅地区及政府指定的山区。区内企业自开始生产经营年度起享受10年免税的优惠;接下来的10年(即11~20年)享受50%免税的优惠。(2) 经济特区位于上述地区之外的其他地区。区内企业自开始生产经营年度起5年内享受100%免税优惠;从第6年起企业可以享受的优惠视情况来定:如果企业使用国产原材料超过60%,可以在未来10年(即6~15年)享受免征50%公司所得税的优惠;否则在未来 5 年（即 6~10 年）享受免征 50% 公司所得税的优惠①。

（三）行业优惠

该区域的行业优惠包括：（1）农业及畜牧业优惠（印度、阿富汗、巴基斯坦）。（2）文化创意产业优惠。阿富汗规定，根据该国法律设立并专门从事教育、文化、文学、科学或慈善的组织免征所得税。（3）基础设施建设优惠（印度）。（4）旅游业优惠。印度对宾馆及旅游业从业者的经营所得给予优惠；不丹对在 2017 年 5 月~2020 年 12 月期间新建的旅游宾馆取得的所得给予 10 年免税的优惠。（5）海运优惠。以印度为例，远洋运输在国民经济中占有重要地位，其国际贸易的 90% 是通过海运运输的②。但近年来该国出现了船舶注册数量减少、海运能力降低的问题。在这样的背景下，印度引入吨税（也被称为吨所得税），海运企业可以自由选择适用公司所得税还是吨税③。吨税与海运

---

① Nepal introduces a new legislation on special economic zone [EB/OL]. http://pioneerlaw.com/news/nepal-introduces-a-new-legislation-on-special-economic-zone, 2017. 2. 12.

② Indin Shipping Industry, https://www.indianmirror.com/indian-industries/shipping.html, 2019. 4. 5.

③ 吨税的计算步骤：第一步：计算船舶每天的利润。吨税中船舶利润的计算原理类似于超额累退税率，即船舶的净吨位越高，其适用的超额累进比例越低。第二步：用该船舶每天的利润乘以该船舶的运营天数，得出该艘船舶的年利润。第三步：用该艘船舶的年利润乘以公司所得税税率，计算出应该缴纳的吨税。如果公司有多艘船舶，则将计算出的每艘船舶的年利润相加再乘以公司所得税税率即可。印度吨税应税利润的确定：符合条件的船舶，其净吨位不超过 1 000 的部分，每 100 吨每天 70 卢比；1 000-10 000 吨的部分，700 卢比 + 吨位中超过 1 000 吨不足 10 000 吨的部分 × 每 100 吨每天 53 卢比；1 万~2.5 万吨的部分，5 470 + 吨位中 10 000 吨-25 000 吨的部分 × 每 100 吨 42 卢比；超过 25 000 吨的部分，11 770 + 吨位中超过 25 000 吨的部分 × 每 100 吨 29 卢比。

企业船舶净吨位挂钩，一般情况下税负低于公司所得税[①]，利于海运企业的发展。(6) 采掘业优惠（不丹）。(7) 总部优惠。斯里兰卡规定，2017年10月1日以后在该国建立总部或地区总部的，免税3年。

(四) 创新优惠

印度、斯里兰卡、孟加拉国均有创新优惠。其中，斯里兰卡允许企业的研发支出100%加计扣除；孟加拉国对设立在高新技术园区的企业给予减免税优惠[②]。印度在研发环节及成果转化环节均设有税收优惠：在研发环节，企业发生的境内研发支出以及向特定组织支付的研发支出可以按照发生数额的200%扣除；在成果转化环节，符合条件的纳税人获得的在印度研发并注册的专利特许权使用费所得，适用10%的低税率（另需缴纳附加费和地方税）。

(五) 环保优惠

尼泊尔、印度、不丹推出激励环保的税收优惠。其中，尼泊尔对水电、太阳能、风能发电、生物能源项目等给予免10减5的税收优惠；印度对废物加工企业给予优惠；不丹规定在2017年5月8日至2020年12月31日期间，企业引入现代环保技术发生费用的15%可以获得退税。

---

① 如果公司选择适用吨税，即使其出现亏损也要纳税；相反，如果其选择适用公司所得税，亏损时无须纳税。

② 与其他国家允许研发费用加计扣除不同，不丹规定研发费用据实扣除或资本化分3年扣除。具体规定是：研发费用不超过营业额的2%时，可以据实扣除；如果超过营业额的2%，则研发支出全额（full amount）资本化，分3年扣除。可见，该国不仅不能加计扣除，甚至有的费用在发生的当年不能全部扣除。

（六）出口优惠

尼泊尔、孟加拉国、不丹对出口给予优惠。其中，尼泊尔对生产性出口企业给予25%的退税；孟加拉国对企业的出口所得给予减半征税的优惠；不丹对在2017年5月8日至2020年12月31日期间新建的制造企业及IT服务企业获得的外汇所得给予10年免税的优惠。

（七）促进就业优惠

尼泊尔、不丹均对增加本国居民就业的企业给予优惠。其中尼泊尔规定，一般企业（信息通讯技术企业除外）纳税年度内解决超过500个尼泊尔公民的就业问题，按原税率的90%纳税；从事信息通讯技术的企业，如果其解决100个尼泊尔公民的就业问题，按原税率的90%纳税；解决300个、500个、1000个公民的就业问题，分别按原适用税率的80%、75%、70%计算纳税。不丹规定，企业在2017年5月8日至2020年12月31日期间解决超过20个不丹国民的就业问题，可以给予其10%的退税。

（八）可选择最低税

孟加拉国、巴基斯坦、印度3国有可选择最低税的规定。

巴基斯坦规定，自2018年起，当一个企业根据公司所得税法计算出来的应纳税额低于其年度营业额的1.25%时，必须缴纳可选择最低税，应纳税额=年营业额×1.25%。

印度规定，如果公司所得税的应纳税额低于其账面利润的18.5%，则需要缴纳可选择最低税，应纳税额=账面利润×18.5%。另外，企业还需要缴纳附加税，加上附加税后企业的实际税率分别为20.58%（附加税税率为7%时）以及21.55%（附加税税率为12%时）。

孟加拉国可选择最低税根据企业总收入的 0.6% 计算，但对于烟草制品企业，该比例为 1%；对于移动电话经营企业，该比例为 2%。

六、西亚北非 16 国

该区域中巴林没有任何税收优惠，其他国家的税收优惠可以分为以下几个类型：

（一）投资优惠

也门、巴勒斯坦、伊拉克、科威特、土耳其均对企业符合条件的投资给予减免税优惠。例如，也门规定，如果企业投资于农业、交通、健康与医疗、旅游等行业并且投资额不低于 300 万美元、员工不少于 100 人，则适用 15% 的低税率。土耳其对"先锋投资项目"（包括检测中心、研发项目、制药、旅游、文化、教育和铁路投资等）给予税收优惠。

（二）区域优惠

各国的区域优惠分为两种类型：

1. 自由区或自贸区税收优惠。实行该类优惠的国家有：阿联酋（在自贸区内经营的企业可以享受 15～50 年的免税）、科威特（免税）、叙利亚（投资于自贸区内的某些工业项目和旅游项目，可以享受税收优惠）、土耳其（自贸区可以免税；对特定地区/城市和行业的投资，可享受低税率）、埃及（怀东自由区内的特定项目，可免税）。

2. 不发达地区税收优惠。沙特规定，企业如果在该国 6 个不发达省份（海尔、吉赞、艾卜哈、北部边境地区、奈季兰以及奥尔朱夫）投资，可以享受为期 10 年（自项目开始之日起）的税收减免优惠；如果投资额超过 100 万里亚尔、雇用至少 5 名沙特公民从事技术或管理工作并且签订了至少为期1年的合同,则可以享受更多的优惠。

（三）行业优惠

阿曼对从事工业制造的企业,自其开始经营之日起,给予5年的减免税优惠。

（四）创新优惠

该区域实行激励创新税收优惠的国家不多,目前能够找到资料的有土耳其、卡塔尔、以色列3国。其中土耳其允许企业发生的研发支出加计扣除;以色列对企业的成果转化所得分别适用7.5%、12%、6%的低税率（该国标准税率23%）,卡塔尔对科技园区（Qatar Science and Technology Park,QSTP）内的企业给予免征公司所得税的优惠,但企业必须进行纳税申报。

（五）可选择最低税

未能找到伊朗的相关资料,余下的15国均没有可选择最低税的规定。

七、中东欧16国

该区域有6个国家是欧盟成员国,经济相对比较发达,实行创新优惠的国家比较多、力度也比较大。

（一）投资优惠

该区域绝大多数国家有激励投资的税收优惠。（1）罗马尼亚、北马其顿对企业再投资给予税收优惠。例如,罗马尼亚规定,企业将获得的利润再投资于生产或用于购买技术设备、IT设备及软件等,免税。（2）克罗地亚、塞尔维亚、波兰对投资数额较大、新增就业比较多的企业给予免税优惠。例如，塞尔维亚规定，如果企业固定资产投资额超过 10 亿第纳尔、并且于投资期间额外雇佣 100 名以上员工，则自其产生经营所得的年度起，享受 10 年免税的优惠。克罗地亚规定，如果企业投资额、雇佣员工数量符合要求，则自其开始生产经营之日起可享受 5 年或 10 年的免税或低税率的优惠。

（二）区域优惠

该区域多个国家设有自由经济区并给予区内企业优惠。优惠方式分为两种，一是免税，例如阿尔巴尼亚（5 年减半征税）、立陶宛（6 年免税，之后 10 年减半征税）、北马其顿（10 年免税）。二是退税。拉脱维亚对设在特殊经济区及自贸港的企业给予不超过 80% 的公司所得税退税优惠。

（三）行业优惠

各国行业优惠分为以下几个类别：农业及林业优惠（波兰、保加利亚、立陶宛）、远洋运输业优惠（波兰、保加利亚、拉脱维亚、立陶宛、斯洛文尼亚、克罗地亚）、旅游业优惠（阿尔巴尼亚）[①]、软件开发优惠（阿尔巴尼亚）、文化体育优惠（匈牙利）。

（四）实行激励创新税收优惠的国家比较多

该区域除很多国家实行创新优惠，有的国家既对研发给予税收优惠，也对成果转化给予税收优惠[②]。（1）研发阶段。很多国

---

① 阿尔巴尼亚为促进旅游业的发展，规定自 2018 年 1 月 1 日起，对符合"具有特殊地位的四星级和五星级酒店"条件的住宿设施，自其经营活动开始之日起 10 年内免征公司所得税；另外该国规定从 2019 年 1 月 1 日起至 2021 年 12 月 31 日止对属于"经认证的农业旅游实体"的企业，适用 5% 的低税率。

② 拉脱维亚在 2018 年开始实行的新的公司所得税、取消了研发税收优惠。

家允许企业发生的研发支出加计扣除，各国的加计扣除比例不同，其中罗马尼亚（50%）、克罗地亚（基础研究，100%；应用研究包括工业研究和可行性研究，50%；实验开发，25%）[①]、波兰（100%，2018 年起适用）、塞尔维亚（100%，2019 年起适用）、立陶宛（200%）、斯洛文尼亚（100%，但年度扣除额不能超过当年税基，未完全扣除的部分可以向以后年度结转 5 年）。（2）成果转让阶段。该区域很多国家对转让所得给予减免税优惠，例如匈牙利减征 50%（实际有效税率为 5% 或 9.5%）、斯洛伐克减征 50%（实际有效税率 10.5%）、塞尔维亚减征 80%（实际有效税率 3%）、波兰与立陶宛适用低税率 5% 等。

（五）促进特定群体就业优惠

波黑、黑山鼓励企业雇用新员工。黑山规定，企业在不发达地区从事经营活动并且雇用新的员工、雇用期限超过 5 年，则其在 4 年之内不必缴纳新雇用员工的工薪税。波黑联邦[②]规定，企业雇用新员工、期限至少 12 个月，则这些员工的工资可以双倍扣除。所谓新员工，是指在前 5 年内没有被该企业及其关联企业雇用过。

斯洛文尼亚、保加利亚、捷克鼓励企业雇用残疾人、失业人员及年龄较大的员工，这些均属于就业困难群体。例如，在保加利亚，企业如果雇用长期失业人员、残疾人员、以及年龄较大的员工，可以享受加计扣除；在失业率较高的地区投资的企业，可以享受 100% 退税的优惠。

---

① 而之前的加计扣除比例分别为：基础研究 50%、应用研究 25%、实验开发没有加计扣除。可见该国税收优惠力度在提高。

② 该国的波黑联邦、塞族共和国、布尔奇科区，分别实行不同的税制。目前只找到波黑联邦的相关资料。

第四章 我国与沿线国家公司所得税比较

（六）引入递延纳税制度

爱沙尼亚、拉脱维亚[①]没有税收优惠，但其仅对分配利润征税，相当于递延纳税，本身就是一种优惠。该政策下，未分配利润无须纳税，激励企业将获得的所得进行再投资[②]。

（七）可选择最低税

拉脱维亚等国有可选择最低税的规定，数额为 50 欧元。捷克、北马其顿、黑山、塞尔维亚没有开征可选择最低税。

第三节 可扣除项目比较

企业生产经营过程中发生的大多数成本费用、税金可以全额在税前扣除，但少数项目有限额限制、只能按一定标准在税前扣除，其中有代表性的两项为业务招待费与慈善捐赠。

根据持续经营假设，企业发生的亏损应该得到弥补，弥补的方式为向以前年度结转或向以后年度结转。"向以前年度结转"方式下，企业发生的亏损当年可以获得退税；"向以后年度结转"方式下，亏损弥补相当于减少了企业当年的应纳税所得额。"一带一路"沿线国家中，采用"向以后年度结转"方式弥补亏损的国家比较多，因而将各国亏损弥补方式放在本部分进行比较。

---

① 2018 年之前，拉脱维亚就公司实现的年度所得征税，税率 15%。2018 年 1 月 1 日起，拉脱维亚实行递延纳税政策，纳税人只在利润分配环节纳税，税率为 20%；对某些"推定利润分配"，按照成本乘以 25% 计算纳税。

② OECD, Tax Policy Reforms 2018, https://read.oecd-ilibrary.org/taxation/tax-policy-reforms-2018_9789264304468-en#page47, 2019.4.5.

一、业务招待费

由于能够找到的各国关于业务招待费扣除规定的资料比较少,这里不再区分区域,而是放在一起进行比较。由业务招待费特殊性所决定的,绝大多数国家规定了扣除限制,有的是以销售额或利润额的一定比例为限制;有的是直接规定可以扣除的业务招待费的比例(见表4-3)。

表4-3 一些国家业务招待费的税前扣除规定

国家	业务招待费扣除规定
哈萨克斯坦	不能超过纳税年度员工工资总额的1%
老挝	业务招待费及电话费用分别不能超过年营业额的0.4%
马来西亚	通常按照发生额的50%扣除,但在特定情况下也可以全额扣除
菲律宾	销售货物的企业,不能超过销售收入净额的0.5%;提供服务的企业,不能超过营业收入净额的1%
格鲁吉亚	与纳税人的经济活动有关的招待费可以扣除
摩尔多瓦	不能超过商品销售收入的0.5%,或其他类型营业收入的1%
罗马尼亚	不能超过缴纳公司所得税前的调整后会计利润(利润总额)的2%
阿尔巴尼亚	不得超过年营业额的0.3%
斯洛文尼亚与克罗地亚	业务招待费的50%可以扣除
卡塔尔	不得超过应纳税所得额的2%(在该项费用被减除之前)
塞尔维亚	不得超过年营业收入额的0.5%
黑山	不能超过总所得的1%
波黑	波黑联邦(FBiH)与布尔奇科区(BD):不能超过实际发生额的30%;塞族共和国(RS):未找到相关资料

克罗地亚资料来源:Helena Schmidt, Corporate Income Tax (CIT), https://www2.deloitte.com/content/dam/Deloitte/hr/Documents/about - deloitte/hr_corporate - income - tax_presentation.pdf, 2015.9.1.

二、慈善捐赠及亏损弥补

对于慈善捐赠支出的扣除及亏损弥补,很多国家有明确的规定,下面分区域进行分析。

(一) 中亚及俄蒙 7 国

第一,该区域除俄罗斯外各国均允许企业发生的慈善捐赠支出在税前扣除。第二,所有国家均允许企业发生的亏损向以后年度结转,但结转期限不同,另外有的国家对年度可以结转的数额有限制。见表 4-4。

表 4-4　　　　　　税前扣除限制性规定

国别	慈善捐赠	亏损弥补
俄罗斯	不可以税前扣除	亏损无限期向以后年度结转,但 2017~2020 年结转额不能超过税基的 50%(在结转前),从 2021 年起,亏损可以全部在税前扣除
蒙古国	只有向职业培训基金的捐赠才可以税前扣除	亏损向以后年度结转 2 年,并且年结转额不超过年应纳税所得额的 50%
哈萨克斯坦	大企业不能超过应纳税所得额的 3%,其他类型企业不能超过应纳税所得额的 4%	亏损可以向以后年度结转 10 年
乌兹别克斯坦	企业向生态和慈善基金会以及文化、医疗、教育和市政机构进行的慈善捐赠,可以从应纳税所得额中减除,但不能超过应纳税所得额的 2%	亏损向以后年度结转不得超过 5 年并且不超过年应纳税所得额的 50%

续表

国别	慈善捐赠	亏损弥补
土库曼斯坦	无特别关于慈善捐赠扣除的限制	亏损向以后年度结转3年,根据石油法案从事经营的企业发生的亏损可以自烃类资源商业化生产之日起向以后年度结转10年
吉尔吉斯斯坦	不能超过应纳税所得额的10%	亏损可以向以后年度结转5年
塔吉克斯坦	不能超过应纳税所得额的10%	亏损可以向以后年度结转3年

(二) 东南亚11国

1. 慈善捐赠。新加坡不仅没有规定扣除限制,而且允许加倍扣除。这不仅在沿线国家中是独特的规定,与世界其他国家相比也很具有特色。

2. 亏损弥补。东帝汶、新加坡允许企业发生的亏损无限期向以后年度结转,其他国家规定了结转年限。各国相关规定见表4-5。

表4-5　　　　　　税前扣除限制性规定

国别	慈善捐赠	亏损弥补
越南	向教育、保健、自然灾害等的捐赠可以扣除	亏损向以后年度结转5年
新加坡	企业发生的现金及其他形式的捐赠,按照捐赠额的250%扣除;另外在2016年7月1日~2021年12月31日期间,企业派遣员工做志愿者或向经过批准的组织提供服务,所发生的工资及其他成本的250%可以从税前扣除	亏损可以无限期向以后年度结转
泰国	向符合条件的机构进行的捐赠可以扣除,但不能超过净利润 (net profit) 的2%	亏损向以后年度结转5年

续表

国别	慈善捐赠	亏损弥补
老挝	捐赠不能超过年营业额的0.3%	亏损向以后年度结转3年
马来西亚	现金形式的捐赠允许扣除,但不能超过企业年度总所得的10%	从2019年起,亏损可以向以后年度结转7年
菲律宾	一般情况下捐赠不能超过应纳税所得额的5%;但是向特定机构的捐赠可以全额扣除	亏损向以后年度结转3年
柬埔寨	不超过应税利润的5%(扣除捐赠前的应税利润)	亏损向以后年度结转5年
文莱	向慈善机构的捐赠可以申请扣除	亏损可以向以后年度结转6年,向以前年度结转1年
缅甸	向符合条件的机构进行的捐赠可以扣除,但不能超过总所得的25%	亏损向以后年度结转3年
印尼	向灾区,教育设施,体育发展和社会基础设施进行的捐赠可以在税前扣除	一般情况下,亏损向以后年度结转5年;特殊情况下,可以向以后年度结转10年
东帝汶	如果获得捐赠的一方是免税的,则捐赠者的捐赠不允许扣除	亏损可以无限期向以后年度结转

(三) 南亚8国

1. 慈善捐赠。该区域中阿富汗不允许纳税人发生的慈善捐赠在税前扣除;巴基斯坦不允许税前扣除但允许抵免,同样可以起到激励捐赠的作用。其他国家除不丹未找到相关资料外,均允许扣除但有所限制,有的是限制捐赠支出本身,例如印度;有的是将捐赠与应纳税所得额挂钩,例如斯里兰卡;有的是将捐赠与利润挂钩,例如马尔代夫。

2. 亏损弥补。各国均规定了亏损弥补期限。各国具体规定见表4-6。

表 4-6　　　　　　　　税前扣除限制性规定

国家	慈善捐赠	亏损弥补
印度	根据慈善捐赠的性质允许在税前扣除捐赠额的 50%～100%。但如果以现金形式捐赠，超过 2 000 卢比的部分不允许扣除	亏损向以后年度结转 8 年
斯里兰卡	纳税人向符合条件的机构进行的捐赠可以扣除，扣除限额：不超过应纳税所得额的 20% 或 500 000 卢比，二者中数额较小者	亏损向以后年度结转 6 年
不丹	未找到相关资料	亏损向以后年度结转 3 年
阿富汗	不允许税前扣除	亏损向以后年度结转 3 年，每年扣除亏损的 1/3。如果当年没有利润，则不能扣除。但对有些符合条件的外商投资企业，允许一次其将亏损全部扣除
巴基斯坦	慈善（向教育、非营利机构等的）捐赠允许抵免，抵免额不能超过应纳税所得额的 20%（与其他国家实行的税前扣除不同，抵免是将捐赠从应纳税额中而不是从应纳税所得额中减除）	亏损向以后年度结转 6 年
孟加拉国	可以扣除，取下列数额中较小者：(1) 公司：所得额的 20% 或 8 000 万塔卡；(2) 其他类型的实体：所得额的 20% 或 1 000 万塔卡	亏损向以后年度结转 6 年
马尔代夫	不超过利润的 5%（是指在扣除捐赠及亏损之前的利润）	亏损向以后年度结转 5 年
尼泊尔	未找到相关资料	亏损向以后年度结转 7 年

第四章 我国与沿线国家公司所得税比较

（四）独联体其他6国

1. 慈善捐赠。阿塞拜疆规定，企业发生的捐赠支出不允许在税前扣除。其他国家允许扣除，但有数额限制，限额有的与利润挂钩，有的与应纳税所得额挂钩。

2. 亏损弥补。除乌克兰可以无限期弥补亏损外，其他国家均规定了弥补期限。各国具体规定见表4-7。

表4-7　　　　　税前扣除限制性规定

国家	慈善捐赠	亏损弥补
乌克兰	向体育、文化、教育等非营利组织进行的捐赠，不超过以前年度利润的8%；向其他非营利组织进行的捐赠，不能超过以前年度利润的4%	亏损无限期向以后年度结转
白俄罗斯	不超过总利润的10%	亏损向以后年度结转10年
格鲁吉亚	不超过应税利润的10%	亏损向以后年度结转5年
阿塞拜疆	不可以扣除	
亚美尼亚	不超过总收入的0.25%	
摩尔多瓦	不超过应纳税所得额的5%	

（五）西亚北非16国

1. 慈善捐赠。16国中，未找到巴林、阿联酋、伊朗、叙利亚4国的资料。能够找到资料的12国中，除以色列允许企业发生的捐赠支出进行抵免外，其余11国均允许扣除，其中有的允许全额扣除，有的有比例限制。

2. 亏损弥补。除巴林、以色列外，各国均规定了亏损弥补期限。各国具体规定见表4-8。

表 4-8　　　　　税前扣除限制性规定

国家	慈善捐赠	亏损弥补
埃及	向政府的捐赠可以全额扣除；向慈善组织的捐赠可以扣除，但不能超过应纳税所得额的 10%	亏损向以后年度结转 5 年
巴林	未找到相关资料	亏损无限期向以后年度结转
阿联酋	未找到相关资料	阿布扎比规定，亏损只能向以后年度结转 1 年，并且每 5 年中只能使用一次，其他酋长国规定，亏损可以无限期向以后年度结转
土耳其	有的捐赠可以全额扣除；有的捐赠不能超过总利润（gross profits）的 5%	亏损向以后年度结转 5 年
阿曼	不能超过总所得（gross income）的 5%	亏损向以后年度结转 5 年
伊朗	未找到相关资料	亏损向以后年度结转 5 年
科威特	企业发生的慈善捐赠、礼品等支出不能超过净所得的（net income）的 2.5%	亏损向以后年度结转 3 年
卡塔尔	企业发生的慈善捐赠、礼品等支出不能超过净所得（net income）的 2.5%	亏损向以后年度结转 3 年
叙利亚	未找到相关资料	亏损向以后年度结转 5 年
沙特	全额扣除	亏损可以无限期向以后年度结转，但每年结转的亏损额不能超过年度纳税申报表中利润的 25%
约旦	向政府部门等进行的捐赠可以全额扣除；向其他文化、科学等慈善组织进行的捐赠不能超过应纳税所得额的 25%	亏损向以后年度结转 5 年
伊拉克	全额扣除	亏损向以后年度结转 5 年，但每年结转的亏损不能超过年应纳税所得额的 50%

续表

国家	慈善捐赠	亏损弥补
巴勒斯坦	可以扣除,但不能超过应纳税所得额的 20%	亏损向以后年度结转 5 年
黎巴嫩	可以扣除,但有数额限制。但未找到具体资料	亏损向以后年度结转 3 年
也门	向政府部门进行的捐赠没有数额限制;向慈善组织进行的捐赠,不能超过年度净利润(annual net profit)的 5%	亏损向以后年度结转 5 年
以色列	该国认为慈善捐赠不是常规的企业支出,不允许从税前扣除,但允许抵免	亏损可以无限期向以后年度结转

(六) 中东欧 16 国

1. 慈善捐赠。该区域中拉脱维亚不允许税前扣除,但允许抵免;其他国家允许税前扣除。在允许税前扣除的国家中,捷克既有最低数额,也有最高数额的限制,其他国家只有最高数额的限制。

2. 亏损弥补。未找到波黑关于亏损弥补规定的相关资料。余下 15 国中,拉脱维亚、爱沙尼亚只对分配利润征税,不再涉及亏损弥补问题(以前年度亏损采取过渡措施,继续允许弥补);其他国家均规定了亏损弥补期限。各国具体规定见表 4-9。

表 4-9　各国关于慈善捐赠及亏损弥补的扣除规定

国家	慈善捐赠	亏损弥补
波兰	不超过应该纳税所得额 10%	企业亏损发生后的第 2 年,可以弥补 5 百万波兰兹罗提,余下的亏损可以向以后年度结转 5 年,每年结转的数额不得超过某个年份亏损数额的一半(该制度自 2019 年 1 月 1 日起实行)

续表

国家	慈善捐赠	亏损弥补
罗马尼亚[①]	社会性捐赠允许扣除，但不能超过工资基金（salary fund）的 5%	亏损向以后年度结转 7 年
捷克	向经批准的慈善、教育和政治组织进行的捐赠允许扣除，数额最低不低于 2 000 克朗、最高不得超过税基的 10%	亏损向以后年度结转 5 年
斯洛伐克	不超过会计利润的 10%	亏损向以后年度结转 4 年
拉脱维亚	捐赠允许抵免，即纳税人进行的捐赠直接从股息（注：该国只对分配利润征税）应纳税额中减除。抵免可以采用下列 3 项标准中的任一标准：①不超过以前年度税后利润的 5%；②不超过以前年度用于计算缴纳雇员社保缴款的工资总额的 2%；③捐赠数额的 75% 可以从股息应纳公司所得税中减除，但不能超过应纳公司所得税的 20%	该国自 2018 年 1 月 1 日开始只对分配利润征税，自此不再涉及亏损弥补问题。作为过渡措施，在此之前没有弥补完的亏损可以继续弥补（采用抵免的形式）
爱沙尼亚	社会税税基的 3% 或上一年利润的 10%，取二者数额较小者	仅对分配利润征税，亏损弥补没有税收上的意义
立陶宛	如果接受捐赠的机构是经过注册的，则一般情况下纳税人慈善捐赠支出的 200% 可以在税前扣除，扣除限额为未扣除慈善捐赠、未进行亏损结转之前企业应纳税所得额的 40%	亏损无限期向以后年度结转，但结转的亏损不超过当年应纳税所得额的 70%
斯洛文尼亚	符合条件的慈善捐赠可以扣除，但不能超过应纳税所得额的 0.3%；超过限额的部分可以向以后年度结转 3 年	亏损可以无限期向以后年度结转，但每年结转的数额不能超过年应纳税所得额的 50%
克罗地亚	慈善捐赠的扣除额不能超过以前年度实现的总所得（gross income）的 2%	向以后年度结转 5 年

续表

国家	慈善捐赠	亏损弥补
北马其顿	捐赠支出不得超过总收入（gross revenue）的5%，赞助支出不得超过总收入的3%	向以后年度结转3年
黑山	捐赠的扣除限额为总所得（total income）的3.5%	向以后年度结转5年
匈牙利	可以扣除	在2015年之前产生的亏损可以弥补到2015年。2015年之后产生的亏损只能向以后年度结转5年，每年可弥补的亏损不超过当年税前利润的50%
波黑②	波黑三个区域均规定，捐赠不得超过总所得的3%	
阿尔巴尼亚	不能超过利润的3%	亏损向以后年度结转3年
保加利亚	不能超过公司会计利润的10%	亏损向以后年度结转5年
塞尔维亚	不能超过年总所得（total annual income）的5%	亏损向以后年度结转5年

注：①罗马尼亚：未找到该国"工资基金"的相关资料，不知其含义。
②波黑：未找到该国关于亏损弥补的资料。

第四节 税率比较

税率是构成税制的三大核心要素（纳税人、课税对象、税率）之一，决定征税的深浅。总的来看，沿线国家实行比例税率的较多，个别国家实行累进税率。

一、中亚及俄蒙 7 国

该区域蒙古国、乌兹别克斯坦两国比例税率与累进税率并用,俄罗斯采用比例税率,其他国家均采用差别比例税率。总的来看,该区域中乌兹别克斯坦、蒙古国税率最为复杂。各国税率见表 4-10。

表 4-10　　　　　　　各国公司所得税税率

类型	税　　率
单一比例税率	俄罗斯：20%
差别比例税率	哈萨克斯坦标准税率 20%,但农业与水产养殖适用 10% 的低税率
	塔吉克斯坦对从事生产活动的企业适用 13% 的税率,其他企业适用 23% 的税率
	吉尔吉斯斯坦标准税率 10%,但在 2017 年 1 月 1 日~2021 年 12 月 31 日期间对租赁公司适用 5% 的低税率
	土库曼斯坦规定,根据石油法从事油气资源勘探与开采的企业、政府占有份额超过 50% 的企业、外国企业的分支机构,适用 20% 的税率;其他类型的企业,适用 8% 的税率
比例税率与累进税率并用	乌兹别克斯坦标准税率 14%,但商业银行适用 22% 的税率;从事拍卖与展览的企业适用 30% 的税率;提供移动服务的企业适用 2 级超额累进税率:企业利润率低于 20% 的部分,税率 14%;利润率超过 20% 的部分,税率 50%
	蒙古国采用 2 级超额累进税率,企业应纳税所得额不超过 30 亿图格里克的部分,税率 10%;超过 30 亿的部分,税率 25%。但在计算应纳税所得额时,下列所得并不计算在内,而是单独适用比例税率,分别是:股息、利息、特许权使用费 (10%)、销售或出租色情材料、色情表演、博彩所得 (40%)、销售不动产所得 (2%)、权利转让所得 (30%)

二、东南亚 11 国

该区域有的国家单独适用比例税率,有的国家将比例税率与累进税率综合使用。总的来看,各国税率具有以下特点:

(一)东帝汶税率(10%)是沿线国家中税率最低的。

(二)新加坡实际税率远远低于名义税率(17%)。该国规定,(1)企业获得的所得,不超过 10 万新加坡元的部分可以享受 75% 的减税,10 万~39 万新加坡元(2020 年起该级距改为 19 万~29 万新加坡元)的部分可以享受 50% 的减税。(2)在 2019 年,所有企业会获得 20% 的退税。(3)对于新建企业,自其建立起 3 年内获得的所得不超过 10 万新加坡元的部分全部免税(自 2020 年起免税比例为 75%),10 万~30 万新加坡元的部分(自 2020 年起,该级距为 10 万~20 万新加坡元)减税 50%。由上可知,企业享受各种优惠之后,其实际税率远远低于公司所得税 17% 的名义税率。

(三)新加坡、文莱税率不断降低。其中新加坡 2003 年的公司所得税税率为 22%、2005 年为 20%、2008 年为 18%,2010 年至今 17%;文莱 2009 年公司所得税税率为 25.5%、2010 为 23.5%、2011 年为 22%、2012~2014 年税率为 20%,自 2015 年起至今适用 18.5% 的税率。各国税率见表 4-11。

表 4-11　　　　　各国公司所得税税率

类型	税率
单一比例税率	新加坡(17%);文莱(18.5%)[①];东帝汶(10%);菲律宾(30%);马来西亚(24%)[②];泰国(20%)[③]
差别比例税率[④]	越南标准的公司所得税税率为 20%,但对油气经营企业适用 32%~50% 的差别比例税率,对从事金属资源(金、银及宝石)探勘、探测、开发的企业适用 40%~50% 的差别比例税率,具体情况依据项目的位置来定[⑤]

续表

类型	税率
差别比例税率④	印尼标准税率25%，但符合条件的上市公司适用的税率可降低5%⑥
	缅甸标准税率25%，但上市公司适用20%的低税率⑦
	柬埔寨标准税率20%，但油气及矿产开采部门适用30%的税率，保险（人寿保险公司除外）与再保险公司适用5%的税率⑧
比例税率与累进税率并用	老挝企业所得税标准税率24%，但对制造、进口、销售香烟的企业适用26%的税率，其中24%进入预算，2%进入控烟基金⑨

注：①文莱对中小企业给予税率优惠：对其获得的所得在10万文莱元以下的，按照税率的25%计算纳税；所得在10万~25万文莱元的部分，按照税率的50%计算纳税；所得超过25万文莱元的，适用标准税率。

②马来西亚对中小企业适用2级累进税率。自2019年起适用的税率是：所得低于50万令吉的部分，税率17%；超过部分，税率24%。之前的税率分别为18%、24%，可见该国对纳税人低所得部分降低了税率。

③泰国对中小企业适用较低的超额累进税率：应纳税所得额不超过30万泰铢的部分，税率为0；超过30万不足300万泰铢的部分，税率15%；超过300万泰铢的部分，税率20%。该国对新建企业给予5年的免税优惠。

④这里的差别税率是指适用于一般企业、因其所从事的行业不同而适用不同税率。单独适用于小企业的税率不包括在内。

⑤越南从2018年起对中小企业适用低税率，但未找到具体税率规定。

⑥印尼规定，年营业额低于480万卢比的中小企业，按年营业额的0.5%计算纳税。该方法为简便计税法，目的在于降低中小企业的税收遵从成本。

⑦缅甸：新建的连续3年营业额低于1 000万缅甸元的中小企业，免税。

⑧柬埔寨：对小企业适用累进税率，但未找到具体税率规定。

⑨老挝：对没有进行增值税注册的中小企业、以及没有准备会计账簿的企业，适用一次性总付税（Lump – sum tax），该税是公司所得税的替代税种。

三、南亚8国

该区域各国适用差别比例税率或单一比例税率，总的来看，具有以下特点：

第四章 我国与沿线国家公司所得税比较

（一）巴基斯坦不断降低税率

2016年该国税率由33%降至32%，2017年降至31%，2018年降至30%，2019年降至29%，并且预备在未来的年份内继续降低（见表4－12），意在不断提高本国的税制竞争力。提前明确未来的降税计划，利于企业提前做投资规划。

表4－12　　　　　　　巴基斯坦降税计划

银行之外的其他企业适用的税率		小企业适用的税率	
纳税年度	税率%	纳税年度	税率%
2018	30	2018	25
2019	29	2019	24
2020	28	2020	23
2021	27	2021	22
2022	26	2022	21
2023年及以后	25	2023年及以后	20

说明：银行适用的税率35%。

（二）印度税率最为复杂，既有正税，又有附加税

该区域各国税率见表4－13。

表4－13　　　　　　　各国公司所得税税率

类型	税率
差别比例税率	印度：（1）居民企业的税率分为25%（适用于新设企业）与30%（标准税率）两档，另有5%或10%的附加税；（2）非居民企业税率40%，另有2%或5%的附加税；（3）两类企业都要缴纳3%的教育所得税（Education cess）
	巴基斯坦标准税率为29%，但对银行适用35%的高税率

续表

类型	税率
差别比例税率	斯里兰卡标准税率28%，对特定行业、企业适用14%（中小企业、出口企业、农业企业、教育企业、旅游企业、提供信息技术服务的企业）与40%（博彩、烟酒经营企业）的差别比例税率
	尼泊尔标准税率25%，但金融保险企业以及从事烟酒、石油经营的企业，适用30%的税率；对从事无轨电车生产的企业、出口企业、从事基础设施建设及运营并最终将其移交给政府的企业，适用20%的税率
	孟加拉国上市公司（25%）、非上市公司（35%）、金融保险机构（37.5%或40%）、卷烟生产企业（45%）、移动电话运营公司（40%或45%）
单一比例税率	阿富汗（20%）、不丹（30%）①、马尔代夫对利润超过50万卢比的企业，适用比例税率15%

注：①不丹对新建的小企业等给予10年免税的优惠。

四、独联体其他6国

该区域各国分别适用差别比例税率与比例税率。总的来看，具有以下特点：

（一）乌克兰税率最为复杂

该国对保险企业以及赌博从业者制定了高税率。

（二）阿塞拜疆税率不断降低

该国1992~1996年税率为35%，1997~1998年为32%，1999年为30%，2000~2002年为27%，2003年为25%，2004~2005年为24%，2006~2009年为22%。自2010年起，该国税

率一直是 20%。与沿线国家相比较，处于较低水平。该区域各国税率见表 4-14。

表 4-14　　　　　　各国公司所得税税率

类型	税率
差别比例税率	白俄罗斯自 2012 年 1 月 1 日起标准税率一直为 18%，但对金融保险公司适用 25% 的税率
	乌克兰标准税率 18%，但对保险公司适用 0~3% 的低税率，对与赌博相关的活动适用高税率：彩票组织（Organisation of lotteries）在 2018 年适用 24% 的税率，2019 年为 26%，2020 年为 28%，2021 年 1 月 1 日起为 30%；对赌博机器的经营者适用 10% 的税率；对博彩公司和其他赌博活动（包括赌场）适用 18% 的税率①
单一比例税率	格鲁吉亚（15%）、阿塞拜疆（20%）、亚美尼亚（20%）、摩尔多瓦（12%）②

注：①乌克兰规定，年营业额不超过 300 万赫里纳（大概相当于 10 万欧元）的小企业，若其职员月工资超过最低工资的一倍，则在 2021 以前免征公司所得税。

②摩尔多瓦允许没有注册为增值税纳税人的中小企业选择适用简化计税法，按照营业额或销售额的 4% 计算纳税（2018 年之前为 3%）。

五、西亚北非 16 国

该区域 8 国实行差别比例税率，6 国实行单一比例税率，1 国（叙利亚）实行累进税率，1 国（阿联酋）比例税率与累进税率并用（其中 1 个酋长国实行比例税率，其他酋长国实行超额累进税率）。在实行差别税率的国家中，约旦在标准税率之外设计了一档低税率，适用于制药和纺织企业；其他各国均在标准税率之外设计了高税率，适用于油气生产企业。各国税率见表 4-15。

表 4-15　　　各国公司所得税税率

国别	税　率
差别税率	沙特标准税率为 20%。但从事天然气开采的企业适用的税率为 30%；从事石油及碳氢化合物生产的企业适用的税率根据投资额决定：投资低于 600 亿美元，税率 85%；投资额在 600~800 美元，税率 75%；投资额在 800~1 000 亿美元，税率 65%；投资额超过 1 000 美元，税率 50%
	伊朗标准税率 25%，上市公司适用的税率为 22.5%
	埃及标准税率为 22.5%，但苏伊士运河局以及埃及石油局等，40%；油气开采生产企业，40.55%
	卡塔尔标准税率 10%；油气经营企业，适用不低于 35% 的税率
	也门标准税率 20%。但是：（1）一些行业适用高税率：其中，移动通讯企业，50%；石油，天然气开采活动、国际电信（移动通讯除外）、进口和生产香烟/雪茄，35%；（2）一些行业适用低税率。该国规定，投资于特定行业（包括农业、交通、健康与医疗、旅游等列举的行业，投资额不低于 3 百万美元，员工不少于 100 人），税率 15%
	伊拉克：在库尔德斯坦（Kurdistan）地区，所有企业适用 15% 的税率；在该国的其他地区，油气生产企业适用 35% 的税率；其他企业适用 15% 的税率
	巴勒斯坦标准税率 15%，但电讯公司、特许经营及垄断企业，20%
	约旦标准税率 20%，工业企业适用 15% 的低税率（其中制药和纺织企业税率为 10%）；银行，35%；电讯、开采、电力生产和输送、保险与再保险、金融中介、金融租赁与服务，24%[①]
单一比例税率	阿曼（15%）、土耳其（22%）、以色列（23%）、科威特（15%）、巴林（46%）、黎巴嫩（17%）
累进税率	叙利亚实行 10%~28% 的累进税率

续表

国别	税　　率
比例税率与累进税率并用	阿联酋：在富查伊拉（Fujairah）酋长国，实行单一比例税率50%；其他酋长国，实行0~50%的超额累进税率

注：①约旦：2019年以前，约旦工业企业适用的税率为14%，2019年1月1日之后适用税率15%，此后每年提高一个百分点，至2024年提高到20%。工业企业中的制药和纺织企业，2019年税率为10%，2020年增至14%，2021年为16%，2022年为18%，2023年为19%，2024年起为20%。

六、中东欧16国

该区域各国实行比例税率或差别比例税率，税率水平较低。其中爱沙尼亚、拉脱维亚仅对企业的分配利润征税。两国税率均为20%，相当于正常公司所得税（对公司实现的利润）税率的25%。各国的税率是：

（一）比例税率

波兰（19%）①、罗马尼亚（16%）②、保加利亚、波黑与北马其顿（10%）、拉脱维亚与爱沙尼亚（20%）、立陶宛（15%）、克罗地亚（18%）③、阿尔巴尼亚④与塞尔维亚（15%）、黑山与匈牙利（9%）、斯洛伐克（21%）。

（二）差别比例税率

捷克标准税率19%，但规定投资基金适用5%的税率，退休

---

① 波兰对小企业及新建企业适用9%的低税率。
② 罗马尼亚规定小微企业（年营业额低于100万欧元）按简易计税法计算纳税，应纳税额＝营业额×征收率。其中，没有雇员的企业，其征收率为3%；有1人及以上雇员的企业，其征收率为1%。
③ 克罗地亚对年营业收入低于3百万库纳的企业适用12%的低税率。
④ 阿尔巴尼亚对小企业适用5%的低税率。

基金适用零税率。斯洛文尼亚标准税率19%，但对投资基金、退休金以及保险公司、风险投资公司等适用零税率。

第五节　我国与沿线国家公司所得税比较

一、税制比较

（一）纳税人

沿线国家中，有的实行属人税制，有的实行属地税制。其中，实行属人税制的国家又可分为允许"参与抵免"及不允许"参与抵免"两个类别。总的来看，一国是否实行"参与免税"与经济发展水平密切有关。经济发展水平较低的国家，例如中亚5国、南亚8国、独联体其他6国，没有境外投资或者虽然有但规模很小，实行"参与免税"的必要性不大，而中东欧国家经济发展水平比较高，企业境外投资相对较多，实行"参与免税"的国家也比较多。

我国实行属人税制，但未实行"参与免税"，对企业的境内外所得均要征税，对因此引发的重复征税问题，运用税收抵免进行解决。

（二）税收优惠

1. 与沿线国家类似的优惠

沿线国家实行的投资优惠、地区优惠、行业优惠、创新优惠、环保优惠、雇佣特殊员工优惠，我国也在实行。

（1）创业投资优惠。沿线大多数国家有激励创业投资的税收优惠，我国也不例外。我国规定，创业投资企业和天使投资个人投向处于种子期、初创期的科技型企业，可按投资额的70%

抵扣应纳税所得额。该政策以前只在8个全面创新改革试验区及苏州工业园区试点,2018年推广至全国。

(2) 地区优惠。沿线很多国家根据本国具体情况,对国内某些特定地区给予税收优惠。改革开放之初我国的地区性税收优惠比较多,目前仅仅对经济发展相对落后的西部地区适用。我国规定,2011年1月1日~2020年12月31日期间,对设在西部地区以《西部地区鼓励类产业目录》中规定的产业项目为主营业务、并且当年主营业务收入超过企业收入总额70%的企业,适用15%的税率。我国实行该类税收优惠的目的在于加快这些地区的发展、缩小地区间的差异。

(3) 行业优惠。沿线各国均对本国需要加快发展的行业给予税收优惠,我国也是如此。目前,我国对以下行业实行税收优惠:①农、林。其中对蔬菜、水果的种植等给予免税优惠;对花卉、茶等的种植、海水与内陆养殖等给予减半征税优惠。②基础设施。企业投资经营国家重点扶持的公共基础设施项目,自项目取得第一笔生产经营收入所属纳税年度起,免3减3。③软件、集成电路。国家规划布局内的重点软件企业及集成电路设计企业,如当年未享受免税优惠的,适用10%的优惠税率;2018年1月1日后投资新设的符合条件的集成电路线企业,可以享受免2减3、或免5减5的税收优惠。

(4) 创新优惠。沿线国家政策差异较大,其中东南亚、中东欧2大区域中实行创新优惠的国家比较多,其他区域较少。我国经济不断发展,对创新的重视程度不断提高,在创新的投入环节与成果转化环节均设有税收优惠。①投入环节税收优惠。我国加计扣除税制不断完善,表现为加计扣除范围逐步扩大、加计扣除比例不断高(现在加计扣除比例为75%)、核算申报不断简化。与加计扣除政策相配合,我国还将高新技术企业及科技型中小企业亏损结转年限由原来的5年延长至10年。②产出环节税收优惠。分为两种类型:一是对企业的技术转让所得给予减免税；二是对高新技术企业适用低税率。两项优惠政策的具体规定见表4－16。

表4－16　　　　我国产出端税收优惠

税收优惠类别	政策涵盖的知识产权类别	政策规定
技术转让优惠	专利技术、集成电路布图设计权、计算机软件著作权、植物新品种、生物医药新品种，其他技术	技术转让所得，500万元以下的，免税；超过500万元的部分，减半征税
高新技术优惠	专利、软件著作权、集成电路布图设计专有权、植物新品种等核心自主知识产权（不含商标）	经认定的国家需要重点扶持的高新技术企业，减按15％的税率征收企业所得税

（5）环保优惠。沿线一些国家推出环保优惠，意在实现经济发展与环境保护同时推进。我国也鼓励企业在环保方面进行投资，包括：①企业从事符合条件的环境保护、节能节水项目，自项目取得第一笔生产经营收入的所属纳税年度起，免3减3。②企业以《资源综合利用企业所得税优惠目录》规定的资源作为主要原材料，生产符合条件的产品所取得的收入，减按90％计算纳税。③企业购置并实际使用符合条件的专用设备，其投资额的10％可以从企业当年的应纳税额中抵免；当年不足抵免的，可以在以后5个纳税年度结转抵免。

（6）雇佣特殊员工优惠。沿线有的国家对雇用残疾员工、老年员工或女性/少数民族员工的企业给予税收优惠，激励企业雇用这些员工。我国现行政策中也有鼓励企业雇用残疾员工的税收优惠，规定企业安置残疾人员所发生的工资支出可以在据实扣除的基础上，再加计扣除100％。

2. 沿线国家有些类型的优惠我国没有实行

沿线国家中的一些优惠，我国没有实行，这些优惠类别是：（1）总部税收优惠。目前东南亚、西亚北非个别国家推出总部

第四章 我国与沿线国家公司所得税比较

税收优惠,我国没有该类优惠,实践中各地运用财政手段吸引企业总部。(2)出口优惠。目前沿线部分国家实行与出口挂钩的税收优惠,包括:东南亚11国中的菲律宾、缅甸、文莱、越南;独联体其他6国中的亚美尼亚;南亚8国中印度、巴基斯坦、孟加拉国、斯里兰卡、尼泊尔;西亚北非16国中的阿曼;中东欧16国中的波黑。我国严格遵守WTO规则,没有该类优惠。(3)避免企业过多地利用税收优惠,有的国家有可选择最低税的规定,我国未开设该种税。

(三)税前扣除规定

我国对业务招待费、捐赠等有扣除比例限制,对亏损弥补有期限限制。

1. 业务招待费

我国规定,企业发生的与生产经营活动有关的业务招待费支出,按照发生额的60%扣除,但最高不得超过当年销售(营业)收入的5‰。沿线一些国家的扣除规定见表4-17。

表4-17　沿线一些国家业务招待费扣除规定

业务招待费	国　家
与员工工资挂钩	哈萨克斯坦(1%)
与年营业额挂钩	老挝(0.4%)、菲律宾(0.5%、1%)、摩尔多瓦(0.5%、1%)、阿尔巴尼亚(0.3%)、塞尔维亚(0.5%)
直接规定费用扣除比例	马来西亚(50%或100%)、斯洛文尼亚与克罗地亚(50%)、波黑(30%)①
与利润挂钩	罗马尼亚(2%)
与应纳税所得额挂钩	卡塔尔(2%)、黑山(1%)
全额扣除	格鲁吉亚

注:①波黑三个区域,其中波黑联邦与布尔奇科区规定,业务招待费不能超过实际发生额的30%。未找到塞族共和国的相关资料。

由上可知，我国采用双重标准确定业务招待费可扣除额，与沿线国家比较，扣除比例处于中等水平。

2. 捐赠

我国规定，企业发生的公益性捐赠支出，在年度利润总额12%以内的部分允许扣除；超过部分，向以后年度结转3年。沿线国家绝大多数允许企业发生的慈善捐赠支出在税前扣除，少数国家允许抵免（见表4-18）。

表4-18 各国对捐赠扣除及抵免的规定

捐赠扣除规定		国　　家
不可以扣除		俄罗斯、东帝汶[①]、阿富汗、阿塞拜疆
全额扣除		蒙古国、越南、文莱、印尼、土库曼斯坦、沙特、伊拉克、匈牙利；菲律宾、埃及、土耳其、约旦、也门5国（部分捐赠全额扣除）[②]
单一标准	扣除额与应纳税所得额挂钩	哈萨克斯坦（3%、4%）、乌兹别克斯坦（2%）、吉尔吉斯斯坦与塔吉克斯坦（10%）、马来西亚（10%）、缅甸（25%）、摩尔多瓦、塞尔维亚与阿曼（5%）、科威特与卡塔尔（2.5%）、巴勒斯坦（20%）、波兰（10%）、立陶宛（允许双倍扣除，但不能超过应纳税所得额的40%）、斯洛文尼亚（0.3%）、波黑（3%）；菲律宾（一般情况下，不超过5%）、约旦（一般情况下，不超过25%）、埃及（一般情况下，不超过10%）[②]、克罗地亚（以前年度实现所得的2%）、黑山（3.5%）
	扣除额与利润挂钩	泰国（2%）、柬埔寨（5%）、马尔代夫（5%）、乌克兰（8%或4%）、白俄罗斯、斯洛伐克与格鲁吉亚（10%）、阿尔巴尼亚（3%）、保加利亚（10%）；土耳其（一般情况下，不超过5%）、也门（一般情况下，不超过5%）
	扣除额与年营业额挂钩	老挝（0.3%）、亚美尼亚（0.25%）、北马其顿（5%）

第四章 我国与沿线国家公司所得税比较

续表

捐赠扣除规定		国　家
单一标准	扣除额与工资基金挂钩③	罗马尼亚（5%）
	直接规定捐赠扣除比例	印度（可扣除捐赠额的50%~100%）、新加坡（加倍扣除）
双重或多重标准	应纳税所得额的一定比例与某一数额，孰低	斯里兰卡（20%与50万卢比）；孟加拉国（公司：20%与8 000塔卡；非公司：20%与10 000塔卡）
	规定了区间：最低数额－最高数额	捷克（不低于2 000克朗，不高于税基的10%）
	依据两个比例计算，孰低	爱沙尼亚：社会税税基的3%或上一年利润的10%，孰低
抵免规定		国　家
未找到具体抵免比例		以色列
单一标准	与应纳税所得额挂钩	巴基斯坦（20%）
多项标准	捐赠允许抵免，采用下列3项标准中的任一标准：第一，不超过以前年度税后利润的5%；第二，不超过以前年度用于计算缴纳雇员社保缴款的工资总额的2%；第三，捐赠数额的75%可以税前扣除，但不能超过分配利润部分应纳公司所得税的20%	拉脱维亚（该国仅仅对分配利润征税）

说明：没有找到下列国家的资料：不丹、尼泊尔、巴林、阿联酋、伊朗、叙利亚、黎巴嫩、以色列。其中，黎巴嫩允许企业发生的捐赠在税前扣除，以色列允许抵免，但未找到两国关于扣除、抵免具体比例的规定；其他国家是否能够扣除或抵免，未找到相关资料。

注：①东帝汶：如果获得捐赠的一方是免税的，则捐赠者的捐赠不允许扣除。

②菲律宾、埃及、土耳其、约旦、也门5国：向特定机构捐赠，全额扣除；其他捐赠，有比例限制。

③尚不知罗马尼亚"工资基金"的含义。

由上可知，与沿线国家相比，我国捐赠扣除标准已经处于较高水平。

3. 亏损结转

沿线国家关于亏损结转的规定（见表4-19）可以分为4类：一是规定结转期限；二是不仅规定结转期限，还规定每年能够结转的数额，即年度结转亏损额不超过年应纳税所得额的一定比例等；三是没有期限要求，但对每年能够结转的数额有要求；四是没有任何要求，例如新加坡等，该种方法最为慷慨，也最符合"持续经营"假设。沿线国家关于结转期限的规定为2~10年，大多数国家为5年。

我国规定，一般企业发生的亏损，向以后年度结转5年，但高新技术企业或科技型中小企业发生的亏损，可以向以后年度结转10年。与沿线国家相比，我国亏损弥补年限处于中等水平。

表4-19　　　　　各国对亏损结转的规定

亏损结转要求	国　　家
结转期限	哈萨克斯坦与白俄罗斯（10年）、土库曼斯坦（3年；特定企业10年）、塔吉克斯坦、老挝、菲律宾、缅甸、不丹、科威特、卡塔尔、黎巴嫩、北马其顿、阿尔巴尼亚、（3年）、吉尔吉斯斯坦、越南、柬埔寨、泰国、马尔代夫、格鲁吉亚[①]、阿塞拜疆、亚美尼亚、摩尔多瓦、埃及、土耳其、阿曼、伊朗、叙利亚、约旦、巴勒斯坦、也门、捷克、克罗地亚、黑山、保加利亚、塞尔维亚、中国（5年）、马来西亚、尼泊尔与罗马尼亚（7年）、文莱（向前1年；向后6年）、印尼（一般5年；特殊企业10年）、印度（8年）、斯里兰卡、巴基斯坦与孟加拉国（6年）、斯洛伐克（4年）
年度结转的亏损数额	俄罗斯（2017~2020年适用50%）、沙特（无限期，所得额的25%）、立陶宛（无限期，所得额的70%）、斯洛文尼亚（无限期，所得额的50%）

第四章　我国与沿线国家公司所得税比较

续表

亏损结转要求	国　　家
结转期限 + 年度结转的亏损数额	蒙古国（2年；所得额的50%）、乌兹别克斯坦（5年，所得额的50%）、阿富汗（3年；亏损的1/3）[②]、伊拉克（5年，所得额的50%）、波兰（第1年，500万兹罗提；余下的5年，亏损数额的50%）、匈牙利（5年，利润的50%）
无任何要求	俄罗斯（2021年以后）、新加坡、东帝汶、乌克兰、巴林、阿联酋[③]、以色列

说明：①爱沙尼亚、拉脱维亚：只对分配利润征税。
②未找到波黑的资料。
注：①格鲁吉亚从2017年1月1日起对企业的留存收益不征税，对利润分配征税，但金融保险机构继续实行旧制度至2023年。
②阿富汗允许符合条件的外商投资企业一次将亏损全部扣除。
③阿联酋：该国的阿布扎比规定，亏损只能向以后年度结转1年，并且每5年中使用一次。其他酋长国规定，亏损可以无限期向以后年度结转。

4. 税率比较

我国采用比例税率25%，与沿线国家相比，处于中高水平（见表4-20）。

表4-20　　　　我国与沿线国家税率比较（%）

税率	国　　家
单一比例税率	黑山与匈牙利（9），保加利亚、波黑、东帝汶与北马其顿（10），摩尔多瓦（12），马尔代夫[①]、阿曼、科威特、立陶宛、格鲁吉亚、阿尔巴尼亚与塞尔维亚（15），罗马尼亚（16），新加坡[②]与黎巴嫩（17），克罗地亚（18），文莱（18.5），波兰（19），俄罗斯、阿塞拜疆、亚美尼亚、阿富汗、拉脱维亚、爱沙尼亚与泰国（20），斯洛伐克（21），土耳其（22），以色列（23），马来西亚（24），菲律宾与不丹（30），巴林（46）

续表

税率	国　　家
差别比例税率	吉尔吉斯斯坦与卡塔尔（10），塔吉克斯坦（13），伊拉克与巴勒斯坦（15），白俄罗斯与乌克兰（18），捷克（19），哈萨克斯坦、土库曼斯坦、越南、约旦、柬埔寨、也门与沙特（20），埃及（22.5），尼泊尔、印尼、伊朗与缅甸（25），斯里兰卡（28），巴基斯坦（29），印度（30），孟加拉国（35）
累进税率	蒙古国（10与25两级）；叙利亚（10~28）③
差别比例税率与累进税率并用	乌兹别克斯坦（差别比例税率：14；特殊所得适用14与50两级的累进税率，老挝（24，对独资企业及自营职业者适用0~24的累进税率）；阿联酋（富查伊拉：50，其他酋长国：0~50的超额累进税率）

说明：在实行差别税率的国家，只列了标准税率；不包括各国对中小企业适用的税率。

注：①马尔代夫仅对利润超过500 000拉菲亚的企业征税。
②新加坡名义税率17%，但该国有很多普适性优惠，实际税率远远低于17%。
③叙利亚：只找到累进区间资料，尚未找到累进级距、累进档次的资料。

二、我国企业所得税存在的问题

（一）现行税收抵免政策还存在一些问题

1. 企业的重复征税问题未得到完全解决。目前企业可以采用综合抵免法计算抵免，但由于我国税收抵免有限额限制、超过限额部分当年不能抵免，有些企业的重复征税问题还是不能得到完全解决。

2. 企业享受不到东道国低税率的好处。由于我国国内税法没有税收饶让抵免规定，在与沿线国家签订的税收协定里，有的有税收饶让抵免条款，有的没有。如果"走出去"企业境外投

第四章 我国与沿线国家公司所得税比较

资的东道国没有与我国签订税收协定、或者虽然与我国签订了税收协定但没有饶让抵免条款，则纳税人因适用东道国的低税率或享受东道国的税收优惠而在东道国少缴的税款需要在我国补税，企业总体税收负担没有降低，这与我国促进企业"走出去"、鼓励建立境外经贸合作区的初衷相悖。

(二) 创新税收优惠还需要进一步完善

与本章第二节一致，这里只研究激励创新税收优惠存在的问题。

1. 我国对企业研发的税收支持力度还比较小。一国激励企业研发的税收优惠力度可以用激励企业研发的税收优惠占 GDP 的比重来衡量；税制在激励创新政策中的地位可以用税收优惠在整个激励政策体系（财政政策与税制）中的占比来衡量。2016 年，我国激励企业研发的税收优惠力度为 0.07，税收优惠在整个激励政策体系中所占的比重为 52%（见表 4-21）。与匈牙利、斯洛文尼亚等沿线国家相比，无论激励企业研发的税收优惠占 GDP 的比重还是税收优惠在整个激励政策体系中的占比都较低，优惠力度还比较小。

表 4-21　一些国家激励企业研发的税收优惠力度以及
税收优惠在整个激励政策体系中的占比

国家	激励企业研发的税收优惠占 GDP 比重（%）		税收优惠在激励政策体系中的占比（%）	
比利时	#N/A	0.30 (2016)	41 (2007)	75 (2016)
法国	0.04 (2000)	0.29 (2015)	22 (2000)	69 (2015)
爱尔兰	0.05 (2004)	0.25 (2016)	67 (2004)	85 (2016)
匈牙利	0.15 (2004)	0.09 (2016)	91 (2004)	55 (2016)
韩国	0.16 (2007)	0.14 (2016)	#N/A	50 (2016)
奥地利	0.11 (2000)	0.15 (2016)	62 (2000)	56 (2016)
美国	0.07 (2000)	0.07 (2013)	29 (2000)	28 (2013)

续表

国家	激励企业研发的税收优惠占GDP比重（%）		税收优惠在激励政策体系中的占比（%）	
英国	0.05（2006）	0.15（2015）	39（2006）	61（2015）
澳大利亚	0.06（2000）	0.17（2015）	65（2006）	89（2015）
挪威	0.04（2002）	0.12（2016）	36（2002）	54（2016）
斯洛文尼亚	#N/A	0.12（2015）	48（2006）	63（2015）
加拿大	0.19~0.23（2000~2013）①	0.13（2016）	82~90（2000~2013）	74（2016）
荷兰	0.06（2000）	0.17（2016）	58（2000）	90（2016）
葡萄牙	0.06（2006）	0.10（2016）	55（2000）	82（2016）
日本	0.01（2000）	0.11（2016）	28（2000）	82（2016）
捷克	0.03（2005）	0.05（2016）	20（2005）	44（2016）
中国	0.05（2009）	0.07（2016）	45（2009）	52（2016）
西班牙	0.03左右（2002~2016）	0.03左右（2002~2016）	35（2002）	36（2016）
巴西	0.01（2006）	0.03（2016）	22（2006）	26（2016）
新西兰	0.05（2008）	0.05（2015）	56（2008）	7（2015）
意大利	0.001（2000）	0.08（2016）	2（2000）	73（2016）
立陶宛	0.005（2008）	0.026（2016）	51（2008）	85（2016）
罗马尼亚	0.01（2014）	0.006（2016）②	17（2014）	15（2016）
冰岛	0.06（2011）	0.06（2014）	37（2011）	35（2014）
智利	#N/A	0.01（2016）	1（2008）	39（2016）
哥伦比亚	0.008（2006）	0.022（2016）	95（2006）	89（2016）

说明：括号中为数据的年份。

表中立陶宛、罗马尼亚、匈牙利、斯洛文尼亚、捷克5国为"一带一路"沿线国家。

注：①加拿大原始资料如此，与其他国家的表示方法不同。

②立陶宛、罗纳尼亚：原资料中的数据如此，为小数点后3位，与其他国家的数据（小数点后2位）不同。

资料来源：根据OECD资料整理：Measuring Tax Support for R&D and Innovation [EB/OL].（2019-3-1）[2019-6-25]. http://www.oecd.org/sti/rd-tax-stats.htm。

2. 加计扣除税收优惠政策还不完善。（1）企业能够享受的税收优惠受企业所得税税率的影响。我国规定，高新技术企业适用 15% 的所得税率、国家规划布局内的重点软件企业等适用 10% 的税率，一般企业适用 25% 的所得税率。同样发生 1 个单位的研发费用，高新技术企业、软件企业享受税收优惠的力度大大低于一般企业。（2）反列举的方式使一些进行创新的电子商务企业享受不到税收优惠。我国采用反列举的方式确定有 7 个行业不适用税前加计扣除政策，分别是：烟草制造业、批发与零售业、住宿与餐饮业、房地产业、娱乐业、租赁与商务服务业、财政部与国家税务总局规定的其他行业①。实践中大多数电商企业归属于批发零售业，不能享受加计扣除优惠。众所周知，电商是新生事物，为提升顾客购物体验舒适度，电商企业也需要进行诸多研发活动。为能够享受该项政策，有的电商例如京东单独成立了负责研发的公司，增加了遵从成本。大多数公司不具备成立研发公司的条件，实际进行了研发活动却不能享受研发优惠，不利于电商的长远发展。（3）加计扣除比例还有提高的余地。尽管近年来我国在不断提高加计扣除比例，但总的来看，目前 75% 的加计扣除比例还属于中低水平，还有进一步提高的余地。（4）亏损弥补期限还比较短。我国允许企业发生的亏损向以后年度结转 5 年或 10 年，实践中有些企业发生的亏损得不到完全弥补。

3. 技术转让税收优惠与国际通行的做法不一致，容易引起误解。以我国现行高新技术企业税收优惠为例，其实质为"门槛法"，与国际通行的"关联法"的不同表现在以下两个方面（见表 4-22）。

---

① 上述行业以《国民经济行业分类与代码（GB/4754-2011）》为准，并随之更新。《财政部 国家税务总局 科技部关于完善研究开发费用税前加计扣除政策的通知》（财税〔2015〕119 号）中不适用税前加计扣除政策行业的企业，是指以 119 号文所列行业业务为主营业务，其研发费用发生当年的主营业务收入占企业按税法第 6 条规定计算的收入总额减除不征税收入及投资收益的余额 50%（不含）以上的企业。

表 4-22　我国高新技术企业税收优惠与关联法的不同

不同之处	高新技术企业税收优惠	专利盒
判定条件不同	门槛法：只有取得"高新技术企业"资质的纳税人才可以享受税收优惠，获得资质有诸多指标，IP研发支出占比只是指标之一	关联法：纳税人发生符合条件的研发支出并获取相关的 IP 收入，才可享受税收优惠
享受优惠所得的范围不同	只要取得"高新技术企业"资格，纳税人的全部所得享受 15% 的优惠税率	纳税人享受优惠的所得必须与产生该所得的 IP 开发活动支出直接关联，通过计算符合条件的 IP 研发支出占总支出的比重来确定企业能够享受的税收优惠

2015 年有害税收实践论坛（Forum on Harmful Tax Practices，FHTP）[①] 对我国 4 项税收优惠政策（节能服务企业、技术转让、技术先进型服务企业与高新技术企业税收优惠）进行了审议，前 3 项政策顺利通过，但高新技术企业税收优惠受到论坛秘书处和一些国家的质疑，直到 2017 年 5 月 24 日才通过审议。

（三）扣除项目

与沿线国家相比，目前我国允许税前扣除的业务招待费受双重标准约束，扣除比例相比处于中等水平，有进一步提高的余地。

（四）我国企业所得税税率不太具有国际竞争力

我国企业所得税税率为 25%，与世界各国相比，仅仅比菲

[①] BEPS 行动计划中的第 5 项为"应对有害税收竞争"，目的在于推动应税利润产生地与经济活动发生地和价值创造地相匹配，具体工作由 OECD "有害税收实践论坛（FHTP）"负责。FHTP 规定自 2016 年 6 月 30 日后，参与国出台的新的税制必须与论坛的规则相符。作为 OECD 伙伴国，我国于 2013 年开始参加论坛的相关活动。

律宾、印度、巴基斯坦等少数国家低,比大多数国家都高。

沿线其他国家的低税率对我国造成了比较大的压力,目前我国已有部分外资企业转向了东南亚国家。发生这种转移的原因有三:一是东南亚各国不仅公司所得税税率比较低,而且有些国家对企业境外股息所得免税。二是东南亚一些国家劳动力成本低。三是目前我国与东盟建立了自由贸易区,双方绝大多数的产品已经实现了零关税。外国投资者将在我国的投资转移至东南亚国家,生产出来的产品可以再出口到我国。由于其在货物出口过程中享受免关税或低关税的优惠,增加的只是运输成本。

三、我国企业所得税的改革对策

(一) 仍实行属人税制但引入"参与免税"制度

我国可继续实行属人税制,但应考虑引入"参与免税"制度。从国内看,"参与免税"有利于促进全球经济增长,推动资本流动,提高税务管理效率,提升我国税制及企业的国际竞争力;从国际看,"参与免税"符合BEPS行动计划所确立的"利润在经济活动发生地和价值创造地征税"的原则,符合G20杭州峰会倡导的"实施增长友好型的税制"理念。本着降低征管成本以及遵从成本的目的,建议我国对居民企业获得的境外股息所得、境外公司股份转让获得的资本利得给予免税。为了防止企业利用此项规定避税,我国可以规定企业享受境外所得免税的条件,包括:(1) 对居民企业持有境外被投资企业股份的比例及持有时间提出要求。(2) 对企业境外投资的东道国提出要求:或者要求是与我国签订税收协定的国家,或者直接列出不属于符合条件的投资国的"黑名单"。(3) 对东道国的税率提出要求。企业不能享受免税待遇的所得在我国仍需纳税,其在境外已纳税款可以抵免。

(二) 改革激励创新税收优惠

1. 我国改革激励创新税制的必要性。从纵向看，近年来，我国企业研发投入（R&D 经费支出）不断增加，企业的技术创新主体地位凸显。2017 年我国企业 R&D 经费支出达到 13 660.2 亿元，比 2016 年增长 12.5%，增速比 2016 年加快 0.9 个百分点；企业 R&D 经费支出占全社会 R&D 经费的 77.6%，比 2016 年提高 0.1 个百分点①。从国家统计局发布的创新指数②看，企业的创新产出不断增加，2017 年每百家企业商标拥有量指数为 244.7，比 2016 年增长 13.29%；企业的创新成效不断提升，2017 年，新产品销售收入占主营业务收入的比重指数、高技术产品出口额占货物出口额的比重指数、人均主营业务收入指数分别为 151.6、103.5、323.0，分别比 2016 年增长 8.7%、2.88%、6.11%（见表 4 – 23）。

表 4 – 23　　　　　　　　企业创新指数

项目	2005 年	2010 年	2014 年	2015 年	2016 年	2017 年
创新环境指数						
享受加计扣除减免税企业所占比重指数	100.0	103.0	133.5	150.3	175.8	240.1

---

① "2017 年中国创新指数继续稳步提升——国家统计局社科文司高级统计师关晓静解读 2017 年中国创新指数"，[EB/OL]．（2018 – 12 – 12）[2019 – 06 – 25]．http://www.stats.gov.cn/tjsj/sjjd/201812/t20181212_1638920.html。

② 我国创新指标体系分成三个层次。第一个层次用来反映我国创新总体发展情况，通过计算创新总指数实现；第二个层次用来反映我国在创新环境、创新投入、创新产出和创新成效等领域的发展情况，通过计算分领域的指数实现；第三个层次用来反映构成创新能力各方面的具体发展情况，通过从上述 4 个领域中选取的 21 个评价指标来实现。

续表

项目	2005年	2010年	2014年	2015年	2016年	2017年
创新投入指数						
R&D经费占主营业务收入比重指数	100.0	112.8	121.6	125.5	122.1	122.1
有研发机构的企业所占比重指数	100.0	117.6	131.3	143.8	164.1	184.5
开展产学研合作的企业所占比重指数	100.0	103.7	105.0	106.6	114.5	124.5
创新产出指数						
每百家企业商标拥有量指数	100.0	100.1	153.0	180.0	216.0	244.7
创新成效指数						
新产品销售收入占主营业务收入的比重指数	100.0	115.2	120.6	127.3	139.5	151.6
高技术产品出口额占货物出口额的比重指数	100.0	109.0	98.5	100.7	100.6	103.5
人均主营业务收入指数	100.0	179.0	270.9	292.5	304.4	323.0

注：本文仅选取了创新指数中与企业有关的指标。

资料来源：国家统计局，"2017年中国创新指数为196.3 创新推动高质量发展的作用进一步凸显"［EB/OL］．(2018-12-12)［2019-06-25］．http：//www.stats.gov.cn/tjsj/zxfb/201812/t20181212_1638964.html。

从横向看，2017年欧盟从全球选取了43个国家2016会计年度中研发投入在2 400万欧元以上的2 500家企业，并对研发绩效进行了排行。被选取的2 500家企业研发投入总额达

7 416亿欧元,占全世界企业研发投入的比重超过90%,占销售额的比重为4.1%。世界主要区域(国家)代表性企业的情况见表4-24。

表4-24 2017年度排行榜中研发投入在2 400万欧元以上的2 500家企业的研发绩效

各项指标	2 500家企业总体情况	分区域企业数量				
		欧盟	美国	日本	中国	世界其他地区
R&D支出(10亿欧元)/分区域企业数量	741.6	567家企业	822家企业	365家企业	376家企业	370家企业
R&D支出年度变化率(%)	5.8	7.0	7.2	-3.0	18.8	2.3
净销售额(10亿欧元)	17 910.4	5 427.2	4 665.1	2 976.4	2 174.1	2 667.6
与上年相比变化率(%)	0.1	-1.0	1.9	-4.5	7.4	-0.5
研发强度(R&D支出/净销售额,%)	4.1	3.5	6.2	3.5	2.8	3.5
经营利润(10亿欧元)	1 671.1	414.8	592.9	225.2	150.8	287.4
与上年相比变化率(%)	8.7	16.7	1.7	2.2	13.4	17.0
收益率(利润/净销售额,%)	9.3	7.6	12.7	7.6	6.9	10.8
资本性支出(10亿欧元)	1 168.0	344.3	285.0	178.7	148.7	211.3
与上年相比变化率(%)	-6.2	-5.1	-4.3	-4.8	-4.7	-12.4
资本性支出/净销售额(%)	6.5	6.3	6.1	6.6	6.8	8.0
雇员(百万人)	53.0	18.8	11.1	8.8	8.8	5.5
与上年相比变化率(%)	1.7	2.2	-1.1	2.1	4.4	0.5

资料来源:The 2017 EU Industrial R&D Investment Scoreboard [EB/OL]. http://iri.jrc.ec.europa.eu/scoreboard17.html, 2018-9-15。

我国入选企业①的研发支出年度变化率 18.8%，增长幅度在所有区域及国家中排名第一。其中，我国研发支出排名第一的企业是华为（104亿欧元），在全球排名第六。但也要看到，我国入选企业的研发强度为 2.8%、收益率为 6.9%，是所有区域及国家中最低的。

由上可知，虽然从纵向看我国企业研发投入不断增加、在国家创新中的地位不断增强，但从横向看我国企业与世界知名企业还有很大差距。这就需要企业今后不断加大研发投入力度、提高研发绩效。达到这个目标，除了企业自身的努力，政府的激励也是非常必要的。

2. 我国激励创新税制的改革原则。设计及评价一国激励科技创新的税制，欧盟委员会专家小组提出了3个原则：（1）慷慨程度适宜原则。当激励企业创新的税收优惠强度过低、无法弥补企业创新过程的风险和成本时，激励作用有限；但当激励企业创新的税收优惠强度过高时，企业将缺乏创新动力。因此，过低和过高的税收激励都不利于推动企业技术创新。（2）稳定性原则。从各国经验看，税收激励企业创新的政策必须具有长期稳定性（Guellec and van Pottelsberghe，2003）②。在激励研发的税制多次

---

① 我国入选企业有华为、中兴、阿里巴巴集团、腾讯、中国建筑工程总公司、中国石油、中国铁路、百度、中国铁道建设工总司、中国中车、上海汽车集团、联想、中国交通建设集团等376家，这些企业主要集中在31个行业：技术硬件和设施行业、能源生产、一般零售业、建筑与材料业、工业工程业、软件与计算机服务业、汽车及相关行业、家庭日用品和家装建材、旅游休闲业、银行业、电子电气设备、工业金属与采矿业、一般工业、电力工业、休闲娱乐产品、工业运输业、固网通信业、制药和生物科技、个人消费品业、林业和纸业、石油设备服务以及分销、航空与国防工业、化学工业、新能源、采矿业、移动通信业、医疗保健设施与服务业、食品生产、支援服务、食品饮料业、房地产投资与服务业。

② Guellec,. D. and B. van Pottelsberghe de la Potterie（2003），"The Impact of Public R&D Expenditure on Business R&D", Economics of Innovation and New Technology, 12（3）.

变化的国家，政策的有效性大幅减弱（Westmore，2013）①；政策稳定，企业才可以对创新进行长期规划。（3）低成本原则。虽然税收是激励研发的重要手段，但其会增加企业的遵从成本及税务机关的管理成本。对于企业来讲，如果遵从成本过高，会降低其申请税收优惠政策的积极性，影响科技创新税制效果的发挥②。

3. 我国激励创新税收优惠制度改革的具体措施

（1）投入环节改革对策。①由加计扣除改为税收抵免并设计合适的抵免比例；如果仍实行加计扣除，则需要提高加计扣除比例。前已述及，与沿线国家相比，我国加计扣除比例处于中等水平，税收优惠强度还比较低。另外，我国目前正在进行粤港澳大湾区建设，要求内地与港澳展开税收协调，避免阻碍资源、人员流动。2018年10月24日，香港立法会通过了最新立法，规定企业2018年4月1日及之后发生的符合条件的研发支出，不超过200万港元的部分可享受300%扣除，超过部分可享受200%扣除；不符合上述加计扣除条件的研发支出据实扣除。无论是推动"一带一路"倡议、还是促进粤港澳大湾区的发展，我国都需要提高加计扣除比例。②对企业未享受到的税收优惠给予退税。目前我国规定，企业未享受完的税收优惠可以向以后年度结转。如果不考虑资金的时间价值，向以后年度结转与当期退税没有区别。但资金是有时间价值的，企业当年如果能够获得

---

① Westmore, B. (2013), "R&D, Patenting and Productivity: The Role of Public Policy", OECD Economics Department Working Paper, No. 1047, OECD, Paris.

② Evaluation and design of R&D tax incentives, Report of the CREST Expert Group on Fiscal Measures, European Commission, Brussels, March 2006. Also see, Handbook on the Evaluation of R&D tax incentives, 17 March 2006, 转引自欧盟委员会专家小组（The expert group）, Design and Evaluation of Tax Incentives for Business Reserch and Development: Good Practices and Future Developments（Brussels: European Commission, November 2009）, http://ec.europa.eu/invest-in-research/pdf/download_en/tax_expert_group_final_report_2009.pdf, 2018.9.30.

退税，则其可以用该笔资金进行其他经营活动，即使不进行其他活动，也会因资金时间价值而获利。③取消享受加计扣除税收优惠的行业限制。一国激励研发的目的，在于促进企业积极进行创新活动，提高自身以及整个经济体的竞争力。目前电商之间竞争非常激烈，一些电商为了保持在行业的领导地位，积极投入人力、物力进行研发，力求提高用户体验舒适度、提高平台的竞争力。建议摒弃特定行业不能享受研发税收优惠的规定，而是根据企业是否进行了实质性研发作为企业能否享受税收优惠的判断标准。

（2）产出环节改革对策。①各国或者直接规定 IP 转让所得适用的低税率，或者规定其适用的免税比例。无论哪种优惠方式，IP 转让所得适用的实际税率都比较低。例如，匈牙利 IP 转让所得适用的税率仅仅为 4.5%；斯洛伐克为 10.5%。与世界主要国家及沿线国家比较，我国的优惠税率并不具有国际竞争力。因此，我国应在财政状况许可的情况下，进一步降低 IP 转让所得等适用的优惠税率。②税收优惠政策制定中应注意与国际接轨。我国应该加强对国际法的研究，在立法过程中树立合规意识，防止出现与国际规范不符的条款。如果因为国情不同、确实需要出台与国际惯例有差异的税制，也需要提前做好预案，以应对相关国际组织如"有害税收实践（FHIP）"的审查。

（三）提高业务招待费税前扣除比例

在企业的日常运行中，业务招待费的实际支出比例远大于限额。实践中有的企业违规将未扣除的业务招待费纳入会议费等项目中进行扣除，达到降低税负的目的。适当提高该项费用的扣除标准，符合企业的实际经营需求、有助于规范企业核算的准确性、减轻企业的税收负担，还可以带动相关产业的发展。

（四）降低企业所得税税率

从全球来看，公司所得税税率呈现下降趋势。世界上其他国家的低税率尤其是沿线国家的低税率对我国造成了比较大的压力。税收竞争要求我国在条件允许的情况下，进一步降低企业所得税税率。

第五章 我国与沿线国家个人所得税比较

沿线 64 国中有 58 国开征了个人所得税。其中，中亚及俄蒙 7 国、独联体其他 6 国、南亚 8 国、中东欧 16 国均开征个人所得税；东南亚 11 国中除文莱外其余 10 国均开征该税；西亚北非 16 国中，除阿曼、阿联酋、巴林、科威特、沙特外共有 11 国开征了个人所得税。

第一节 纳税人比较

各国遵循属人原则或属地原则确定纳税人的纳税义务。在实行属人原则的国家，居民负有无限纳税义务，非居民负有有限纳税义务。在实行属地原则国家，居民与非居民仅仅就其来源于该国境内的所得征税。沿线国家中实行属人原则的国家较多，实行属地原则的国家相对较少。

一、中亚及俄蒙 7 国

该区域各国均实行属人原则，但判断"人"即居民的标准不同。其中蒙古国采用住所与时间标准；俄罗斯、吉尔吉斯斯坦、土库曼斯坦、乌兹别克斯坦采用时间标准；哈萨克斯坦采用时间或利益中心标准；塔吉克斯坦采用公民、住所或时间标准。塔吉克斯坦判断居民的时间标准为 182 天，其他国家均为 183 天，但关于时间区间的规定略有差异。各国关于居民的规定见表 5-1。

表 5-1　　　　　　居民身份的判断及纳税义务

蒙古国	（1）拥有居住权、拥有或合法拥有（例如租住）位于蒙古国的住宅；（2）纳税年度内在蒙古国连续或非连续地居住超过 183 天
俄罗斯	连续 12 个月内在该国居住超过 183 天
哈萨克斯坦①	连续 12 个月内在该国居住超过 183 天；或重要利益中心在该国
吉尔吉斯斯坦	连续 12 个月内在该国居住超过 183 天
塔吉克斯坦	（1）塔吉克斯坦公民；（2）住所在该国；（3）连续 12 个月在该国居住超过 182 天的外国人
土库曼斯坦	在一个纳税年度内在该国居住超过 183 天
乌兹别克斯坦	12 个月内在该国居住超过 183 天

注：①哈萨克斯坦的"重要利益中心"是指某自然人为该国公民国或持有该国居住许可证，其家人及住所在该国并且在该国拥有随时可供其及亲属使用的居住用不动产。

二、东南亚 11 国

该区域共 11 国中除文莱外，其余 10 国均开征了个人所得税。其中，老挝无特别规定是实行属人原则还是实行属地原则，也没有关于居民的定义。新加坡、马来西亚实行属地原则，其他 7 国实行属人原则。7 国中泰国规定纳税人来自境外的所得只有在汇回泰国境内时才需要纳税，即实行递延纳税。

该区域各国判断居民的标准分为 3 个类别：第一，时间标准（东帝汶、马来西亚）。第二，公民或时间标准（菲律宾）。第三，住所或时间标准（柬埔寨、新加坡、缅甸、越南、缅甸、印尼 6 国）。各国关于居民的判断标准见表 5-2。

第五章　我国与沿线国家个人所得税比较

表 5-2　　　　　　　　居民身份的判断

国家	规　　定
东帝汶	在该国有习惯性住所或纳税年度内在该国居住超过 183 天；被派往海外的东帝汶政府部门任职
菲律宾	（1）公民；（2）一个日历年度内在该国居住满 180 天
柬埔寨	在该国有住所或 12 个月内在该国居住满 182 天
老挝	没有关于居民的定义
马来西亚	日历年度内在马来西亚居住的时间超过 182 天
缅甸	（1）在该国居住（domicile）或将首要居住场所（principal place of abode）设在该国；（2）纳税年度内在缅甸居住超过 183 天
泰国	一个日历年度内在泰国居住 180 天及以上
新加坡	在新加坡有住所、或在纳税评估年度的前一年在新加坡停留时间超过 183 天的个人（公司董事除外）；在新加坡连续停留 3 个日历年度的外籍人士
印尼	在印尼居住；或某一个财政年度出现在印尼并预备在印尼居住；12 个月或纳税年度内在印尼居住满 183 天
越南	（1）一个日历年度或连续 12 个月内，在越南居住超过 183 天；（2）在越南有经常住所

三、南亚 8 国

该区域 8 国实行个人所得税，其中马尔代夫实行属地税制，其他 7 国实行属人税制。该区域各国判断居民的标准分为以下几个类别：第一，时间标准（巴基斯坦、不丹、孟加拉国、印度 4 国）。第二，住所或时间标准（阿富汗、尼泊尔、斯里兰卡 3 国）。第三，时间或意愿标准（马尔代夫）。

比较有特色的是，（1）孟加拉国和印度将居住时间放在连续的年份里进行考量。在确定一自然人是否为居民时，孟加拉国考虑该自然人前 4 个年度的居住情况；印度则考虑其前 4 个年度、前 7 个年度和前 10 个年度的居住情况。（2）印度将纳税人分为 3 个类别：居民并且是普通居民、居民但不是普通居民、非居民，其分别负有不同的纳税义务。各国居民判断标准见表 5-3。

表 5-3　　　　　　各国居民判断标准

阿富汗	（1）主要住所在阿富汗；（2）一个财年内（3 月 21 日至翌年 3 月 20 日）在阿富汗停留的时间超过 183 天；（3）是阿富汗政府的雇员或官员，在纳税年度被派往海外服务
巴基斯坦	纳税年度（7 月 1 日至翌年 6 月 30 日）内在巴基斯坦停留的时间超过 183 天
不丹	纳税年度（1 月 1 日至翌年 12 月 31 日）内居住在不丹的时间超过 6 个月
孟加拉国	所得年度（income year）内在孟加拉国居住的时间超过 182 天；或者某一年度内在该国居住的时间超过 90 天并且之前的 4 个年度内在孟加拉国居住的时间超过 365 天
尼泊尔	（1）经常性住所位于尼泊尔；（2）连续 365 天内在尼泊尔停留至少 183 天；（3）作为政府的雇员或官员被派往国外
斯里兰卡	（1）居住在斯里兰卡；（2）12 个月内在该国居住的时间超过 183 天；（3）本人是斯里兰卡政府的雇员或官员，配偶在该年度被派往海外，该自然人与配偶均被认定为居民；（4）根据《商船法》，某自然人为船舶上受雇的员工
印度①	（1）居民并且是普通居民（ROR），①纳税年度（4 月 1 日到 3 月 31 日）内在印度居住的时间超过 182 天。②纳税年度内在印度居住的时间超过 60 天，且之前的 4 个纳税年度内在印度居住的时间总计超过 365 天（若某自然人是在印度境外行驶的印度船舶的船员，以及是在海外工作的印度公民来印度度假，则 60 天的期限增加到 182 天）；（2）居民但不是普通居民（RNOR）：如果某自然人除了符合上述条件，同时还符合下列任何一个条件，则被视为非普通居民：之前 10 个纳税年度中有 9 个年度是非印度居民；过去 7 个纳税年度中在印度居住的时间未超过 729 天

续表

马尔代夫	（1）纳税年度内在马尔代夫境内停留超过 183 天；（2）纳税年度内抵达马尔代夫并有意愿在该国建立住所；（3）平常居住在马尔代夫，但在纳税年度结束之前离开该国

注：①印度不同身份纳税人的纳税义务：ROR 负有全球纳税义务。RNOR 只就其在印度赚取的、收到的或应计的（或被认为应该归属于该纳税人的）所得纳税；其在印度境外取得的所得无须纳税，除非该所得是来自于在印度控制的经营活动、或来自于在印度从事的专业活动。非居民（NR）只就其在印度赚取的、收到的或应计的（或被认为应该归属于该纳税人的）所得征税。

资料来源：Income Tax Department, Government of India, section – 6：Resident in India, Income – tax Act, 1961 – 2019, https：//www.incometaxindia.gov.in/Pages/acts/income – tax – act.aspx, 2019.8.29。

四、独联体其他 6 国

该区域 6 国中，格鲁吉亚实行属地原则，其余 5 国实行属人原则。总的来看，该区域各国判断居民均采用了时间标准，有的国家在时间之外还附加了其他标准。具体是：（1）时间标准：阿塞拜疆、白俄罗斯两国。（2）住所或时间标准（摩尔多瓦）。（3）时间或重要利益中心标准（亚美尼亚）。（4）住所、利益中心或时间标准（乌克兰）。（5）时间或财富标准（格鲁吉亚）。

该区域中格鲁吉亚判断居民的标准之一为个人拥有的净财富，这在沿线国家中是很独特的标准。其该区域各国居民判断标准见表 5 – 4。

表 5 – 4　　　　　各国居民纳税人的判断标准

阿塞拜疆	日历年度内在该国停留的时间超过 183 天
白俄罗斯	在该国停留的时间超过 183 天，因为就医、娱乐、出差等原因停留在国外的时间不做扣减；同样单纯为了医疗或娱乐而在白俄罗斯停留的时间也不计入在白俄罗斯停留的时间之内

续表

格鲁吉亚	(1) 连续 12 个月内在该国停留的时间超过 183 天,包括停留在格鲁吉亚的时间,以及因度假、就医、出差、学习等原因停留在国外的时间；(2) 纳税年度内在境外为格鲁吉亚提供公务服务；(3) 高净值财富个人。如果某自然人在格鲁吉亚拥有财产的价值超过 300 万拉里,或者在过去 3 年中每年来自格鲁吉亚的收入至少为 2 万拉里,则属于高净值财富个人,被视为居民
摩尔多瓦	(1) 在该国拥有永久住所,包括在国外学习或旅行的个人,以及被委派到国外执行公务的摩尔多瓦官员；(2) 任一财政年度内在该国停留 183 天以上
乌克兰	(1) 在该国有住所；(2) 如果在两国均有住所,则看其经常性住所是否在该国；(3) 如果在两国均有经常性住所,则看其主要利益（例如其亲属为该国居民）是否在乌克兰；(4) 如果还不能确定,则看其纳税年度内在该国的居住天数,如果超过 183 天则被视为居民
亚美尼亚	纳税年度内在该国居住的时间超过 183 天,或者其重要利益中心位于亚美尼亚

五、西亚北非 16 国

该区域个人所得税很有特点,包括:第一,没有实行个人所得税的国家比较多,分别是阿曼、阿联酋、巴林、科威特、沙特 5 个国家。这 5 个国家均为海合会成员国,油气资源丰富,国家财政收入主要来自油气部门。第二,实行属地税制的国家比较多,分别是卡塔尔、黎巴嫩、巴勒斯坦、也门、叙利亚 5 国。在其他实行属人税制的 6 国中,约旦比较特殊。根据该国法律规定,居民需要就其全球范围内的所得征税。但该条款从来没有实行过,目前约旦的居民和非居民仅就其来源于约旦的所得征税,实质为属地原则。第三,对外国专家适用单独的判断标准。例如,土耳其规定符合条件的外国专家即使在该国停留时间较长也不认为定为居民,意在吸引外国专家。第四,有的国家征税范围非常窄。例如,卡塔尔对居民的雇佣所得免税,仅就其经营所得征税。

各国判断居民与否的标准分为以下几个类别:第一,公民标准(伊朗、叙利亚)。第二,时间标准(约旦、伊拉克、巴勒斯坦3国)。第三,住所或时间标准(埃及、土耳其、也门3国)。第四,时间、住所或利益中心标准(卡塔尔)。第五,利益中心或时间标准(以色列)。未找到黎巴嫩关于居民判断标准的资料,其他国家居民纳税人的判断标准见表5-5。

表5-5 居民纳税人的判定标准

埃及	经常性住所在埃及;纳税年度内在埃及停留的时间超过183天
卡塔尔	在该国有经常性住所;12个月内连续或非连续地在该国居住超过183天;重要利益中心在该国
伊朗	该国税法没有居民的概念,在伊朗居住的公民就其境内外所得纳税
以色列	(1)实际利益中心。根据其与以色列的联结程度及其"主观意愿"来判定,有以下几个指标:永久性居住地;其与家人经常居住的地方;其从事经营活动的地点以及雇佣地点;积极与实质性经济利益所在地;其在组织、机构中保持资格的地方;(2)居住时间。某一纳税年度在以色列居住超过183天;或者当年居住时间超过30天+前两年的居住时间,总计超过425天
约旦	(1)一个纳税年度内在约旦连续或非连续地逗留时间不少于183天;(2)作为一名约旦雇员,一个纳税年度内的任何给定时间在约旦境内或境外为约旦政府、任何官方或公共机构工作
黎巴嫩①	所有居民和非居民个人在黎巴嫩取得的所得都应纳税
土耳其	(1)根据《民法典》,合法居住地在土耳其的自然人;(2)日历年度内,在土耳其境内停留时间超过6个月。但特定外国人即使停留时间超过6个月也不被认定为居民,这些特定外国人包括:商人、科学家、专家、政府雇员、记者,从事临时性的工作以及预先定义好的工作;以及出于教育、医疗、修养及旅游目的来土耳其的外国人

续表

国家	居民判定标准
伊拉克	纳税年度内该国境内连续居住超过 4 个月或非连续居住超过 6 个月
巴勒斯坦	(1) 纳税年度内连续或非连续地在巴勒斯坦居住不少于 120 天的巴勒斯坦人；(2) 在纳税年度的任何时间被巴勒斯坦政府雇佣的巴勒斯坦人；(3) 纳税年度内连续或非连续地在巴勒斯坦居住不少于 183 天的非巴勒斯坦人
也门②	(1) 有经常性住所；(2) 停留时间总计超过 183 天；(3) 是也门政府雇员，被派往境外工作
叙利亚	叙利亚公民以及在叙利亚境内合法居住的阿拉伯国家公民

注：①黎巴嫩：未找到该国关于"居民"判定标准的资料。
②也门自 2015 年以来一直经历内战，影响税收功能的发挥，目前税收来自非冲突区。

六、中东欧 16 国

该区域各国均征收个人所得税，各国判断居民与否的标准是：第一，住所标准（克罗地亚）。第二，住所或时间标准。阿尔巴尼亚、捷克、拉脱维亚、爱沙尼亚、匈牙利、北马其顿、斯洛伐克 7 国采用该标准。第三，住所、时间或利益中心标准，保加利亚、波黑、立陶宛、黑山、罗马尼亚、塞尔维亚、斯洛文尼亚 7 国采用该项标准。第四，利益中心或时间标准（波兰）。各国具体判断标准见表 5-6。

表 5-6　　　　　　　　居民判断标准

国家	居民判定标准
阿尔巴尼亚	(1) 在阿尔巴尼亚有永久性住所、家庭；(2) 日历年度内连续或非连续地在阿尔巴尼亚停留超过 183 天
保加利亚	(1) 任何 12 个月内在该国停留 183 天及以上（不包括因教育或者医疗等原因而在该国停留的时间）；(2) 在该国有重大利益中心；(3) 在该国有永久住所，但如果某自然人在该国有永久住所而重大利益中心却在国外，不被认为是居民

续表

国家	居民判定标准
波黑	该国由3个部分组成,分别采用不同的标准:(1)波黑联邦。有住所;日历年度内在该国连续或非连续地居住超过183天;(2)塞族共和国。有经常性住所;12个月内连续或不连续地居住超过183天;永久居留地及重要利益中心在该国;(3)布尔奇科区。有住所;连续或不连续地居住超过183天;在该区有住所,在该区之外从事非独立的活动并从该区预算中取得所得
波兰	(1)个人中心或者经济利益中心(重要利益中心)位于波兰;(2)一个纳税年度在波兰停留的时间超过183天
捷克	(1)在捷克拥有永久性住所(居住地址);(2)日历年内在波兰停留至少183天(不包括因学习和医疗的原因而在该国的停留)
拉脱维亚	(1)登记居住地在拉脱维亚;(2)任何12个月内在拉脱维亚居住超过183天;(3)被拉脱维亚政府雇佣在境外工作的拉脱维亚公民
爱沙尼亚	在该国拥有经常性住所(permanent residence)或习惯性住所(habitual abode)
克罗地亚	在克罗地亚拥有永久性住所(对某项不动产拥有所有权或处置权);或居住时间超过183天
匈牙利	(1)匈牙利公民。但具有双重公民身份的自然人,如果其在匈牙利既没有永久住所也没有习惯性住所,则不被认为是该国居民;(2)欧洲经济区(EEA)的公民,在匈牙利停留超过183天;(3)拥有匈牙利永久居留身份的第三国公民(非匈牙利、非EEA成员国公民),以及拥有永久居留许可的无国籍人士;(4)在匈牙利有永久性住所的外国人
立陶宛	(1)在立陶宛有住所;(2)个人、社会或经济利益中心在立陶宛;(3)一个纳税年度内在立陶宛居住的时间超过183天;或者连续在该国居住的时间超过280天、其中的某一年在该国居住的时间超过90天
北马其顿	在该国有经常性住所;任何12个月内在该国连续或非连续停留的时间超过183天

续表

国家	居民判定标准
黑山	(1) 在该国永久居留；(2) 习惯性住所或者关键利益中心在该国；(3) 纳税年度内在该国停留超过183天
罗马尼亚	(1) 在罗马尼亚居住；(2) 关键利益中心在罗马尼亚；(3) 任何12个月的期间内在罗马尼亚实际逗留超过183天；(4) 罗马尼亚公民作为罗马尼亚政府的公务员或雇员在国外工作
塞尔维亚	个人的住所、经营中心、主要经济利益在塞尔维亚；或者12个月的期间内在塞尔维亚居住超过183天
斯洛伐克	在该国有住所或居住时间超过183天
斯洛文尼亚	(1) 在斯洛文尼亚有注册的永久住址或有习惯性住所；(2) 个人中心或者经济利益所在地在斯洛文尼亚；(3) 一个纳税年度内在斯洛文尼亚停留超过183天

第二节 税收优惠比较

各国一般对纳税人的雇佣所得（Employment Income）[①]、经营所得（Business Income）与专业所得（Professional Income）、投资所得（Investment Income）、资本利得（Capital Gains）征税。另外，有的国家还对博彩所得（Gambling and Lotteries income）征税。

各国一般对纳税人获得的下列所得给予免税：银行存款与特定债券利息，雇员报销的与工作有关的费用（比如搬家费、差旅

[①] 雇佣所得可以根据不同的标准分为不同的类别。第一，从收入形式看，分为现金所得与实物所得。其中实物所得包括：雇主向雇员提供的礼品与服务；雇员低价购买的本企业生产的货物；雇主为雇员购买的货物或服务；优惠贷款、免费食宿等。第二，从工薪类别看，分为工资所得、薪金所得、股票期权、董事费等。

费等),雇员因履职受到伤害或健康受到损害而得到的雇主赔偿,雇员因某种原因(比如献血)而收到的津贴,雇员收到的退休金,雇员被雇主免除的债务,纳税人获得的礼物、遗产与赡养费、奖学金等。上述优惠各国均有,在下面的分析中不再涉及,而只分析各国特色税收优惠项目。

一、中亚及俄蒙7国

该区域特色税收优惠分为以下几个类别:

(一)农业所得优惠

土库曼斯坦气候干燥、缺水,农业产业竞争力较弱。2018年土库曼斯坦议会审议通过《国家农业发展管理法》,提出要确保农村实现可持续发展、促进就业、形成新的农村经济关系、为各类经济实体创造良好的竞争和投资环境等。为促进农业发展,该国规定农业企业获得的特许经营所得、农民的特定所得免税。吉尔吉斯斯坦规定,纳税人销售宅基地上种植的农产品取得的所得免税。

(二)外国专家优惠

俄罗斯、乌兹别克斯坦等均推出了针对不同类型外国专家的税收优惠。俄罗斯规定,非居民来自俄罗斯的所得适用30%的低税率,但如果其是外国"高质量专家(Highly qualified specialists,HQSs)",则适用13%的税率。所谓外国"高质量专家"是指在特定领域拥有工作经验、技能或成就,月薪至少为167 000俄罗斯卢布的外国人。乌兹别克斯坦规定,在2022年1月以前下列符合条件的人员,免个人所得税:酒店聘请的担任管理职位的外国专家;高等教育机构聘请的外国科学家、教师;私立医疗机构聘请的擅长现代医疗设备维护的外国技术专家、医生等。以上两个国家根据本国国情，对本国短缺的人才给予优惠，意在吸引外国优秀人才前往本国。

（三）博彩所得优惠

2018年3月份，哈萨克斯坦开始正式发行彩票，所取得的净收入主要用于支持该国体育和文化事业。为促进博彩事业的发展、吸引更多人购买彩票，该国规定对纳税人获得的彩票所得不超过6 MCI的部分免税。其中MCI为月度计算指数，由国家银行确定，用于计算行政罚款、结算养老金等。2019年该指数为2 525坚戈。

（四）资本利得免税

塔吉克斯坦对纳税人获得的资本利得免税，包括：（1）处置与经营活动无关的动产（但处置公司股份等除外）；（2）处置不动产。①房屋（处置前3年作为纳税人的主要住所）；②其他不动产（处置前纳税人至少拥有其所有权2年）。

（五）特定地区工作的员工的津贴免税

吉尔吉斯斯坦规定，因在山区工作而获得的艰苦条件津贴免税。该项政策意在吸引自然人前往山区工作，加快这些地区的发展。

二、东南亚11国

该区域各国税收优惠分为以下几个类别：

（一）文化体育所得优惠

菲律宾、老挝对文化体育从业者实行税收优惠。菲律宾规定，纳税人获得的与宗教、慈善、科学、教育、艺术、文学等有关的奖金或奖品,以及参加符合条件的体育赛事获得的奖品等,免税。老挝规定,从事经有关机构批准的艺术、体育等活动取得的所得,免税。

(二) 总部员工优惠

泰国国际商业中心(IBC)制度规定,在 IBC 从事全职工作的符合条件的外国人获得的工薪所得,按照 15% 的低税率征税。马来西亚规定,在该国区域运营中心工作的外籍人士,只就其在马来西亚工作期间取得的所得征税。

(三) 特定地区优惠

泰国、马来西亚对在特定地区工作的高级人才给予税收优惠。

泰国规定,在该国唯一的国家级经济开发区——东部经济走廊(EEC)工作的符合条件的管理者、专家及研究员,不管是泰国当地人还是国际人士,其薪水、佣金、津贴及奖金都可以按 17% 的低税率纳税,但不再享受其他优惠;纳税人也可以选择适用该国的标准税率(0~35% 的累进税率),此时其可以享受该国个人所得税的其他税收优惠。另外,外国人如果享受 17% 低税率优惠,还必须满足停留时间的要求①。该项优惠的目的在于吸引更多的人才参与 EEC 项目建设,将泰国东部打造成为世界级经济中心、贸易和投资中心、交通和物流中心、世界级旅游胜地及东南亚大门②。

马来西亚规定,在指定区域(目前仅限马来西亚依斯干达)指定公司工作的符合条件的知识型工作者从事绿色技术、教育服务、医疗服务、创意产业、财务咨询、物流服务、旅游等取得的

---

① Thailand Easten Economic Corridor(EEC)Personal Tax Concession [EB/OL]. https://sherrings.com/eastern-economic-corridor-eec-tax-thailand.html, 2018.9.30.

② 付志刚:"泰国东部经济走廊蓄势待发",《光明日报》,2019 年 1 月 25 日。

所得，按照15%的优惠税率征税。该政策的实行时间是从2009年10月24日起至2020年12月31日止。

（四）博彩优惠

新加坡规定，纳税人的博彩所得免税。该国博彩合法化以来，免税政策在增加本国收入、促进本国旅游业发展方面发挥了较大的作用。

（五）资本利得等免税

缅甸规定，纳税人未超过480万缅甸元的非雇佣所得以及未超过500万缅甸元的资本利得免税。

三、独联体其他6国

该区域除乌克兰外，其他国家均推出了特色税收优惠项目，包括：

（一）特定手艺人优惠

阿塞拜疆规定，专业铜匠和铁匠取得的所得，以及纳税人生产制作园艺工具、民族乐器、玩具、纪念品、木制家居用品等取得的所得，免税。

（二）农业所得优惠

阿塞拜疆、摩尔多瓦规定，纳税人直接从农产品生产中获得的所得免税。

（三）体育奖金税收优惠

格鲁吉亚对纳税人获得的来自体育活动的奖金免税，亚美尼亚对运动员及教练员参加国际体育比赛获得的奖金免税。

(四) 高科技园区员工优惠

白俄罗斯规定，在高科技园区内的企业工作的员工获得的雇佣所得（不包括清洁工、保安等从事服务工作的个人取得的所得），按9%的优惠税率征税。

(五) 资本利得免税

阿塞拜疆规定，纳税人的下列资本利得免税：出售不动产取得的所得，该不动产在过去3年是纳税人长期居住的地方；出售动产取得的所得，但出售宝石和贵金属及其产品、艺术品和古董，以及出售在纳税人的经营活动中使用的财产除外。格鲁吉亚对纳税人销售居住2年以上的住宅及土地获得的所得免税。

四、南亚8国

(一) 应税项目

该区域各国对雇佣所得等征税，但有些国家关于征税项目的规定非常有特色。

1. 马尔代夫的征税范围非常狭窄。该国仅仅对纳税人来自该国境内的经营所得征税，该国将其称为"经营利润税（Business Profit Tax，BPT）"。

2. 不丹与孟加拉国将农业所得单列。不丹仅仅对纳税人销售"特定农产品（cash crop）"获得的所得征税，其中"特定农产品"是指苹果、桔子、小豆蔻等。孟加拉国将所得分为雇佣所得、农业所得、利息所得、经营所得、资本利得、来自于财产的所得等。该国将农业所得单列为一个类别，并对仅仅有农业所得的纳税人给予一定数额的税收优惠，目的在于激励农业的发展。

3. 印度与斯里兰卡根据城市规模、纳税人工薪所得等因素来确定实物所得（Benefits in kind）的计税价值。印度规定，雇主提供免费住宿，如果地点是位于人口超过250万的城市，按纳税人工资的15%计入所得；如果是位于人口在100万~250万的城市，按纳税人工资的10%计入所得；如果是位于人口低于100万的城市，按纳税人工资的7.5%计入所得。斯里兰卡规定，雇主提供的免费住宿依据纳税人的工薪水平确定其计税价值：纳税人月工资超过20万卢比时，租金不能超过4万卢比；纳税人月工资低于20万卢比时，租金不能超过2万卢比。

（二）税收优惠

该区域优惠项目包括以下几种类型：

1. 对农业所得免税（巴基斯坦、印度）。实行该项措施，意在促进农业部门的发展。

2. 给予老年人优惠。印度规定，纳税人年龄在60~80岁之间的，可以享受30万卢比的免税额度；年龄超过80岁的，可以享受50万卢比的免税额度，超过部分依法纳税。

3. 对所得低于一定数额的纳税人给予退税。印度规定，当纳税人的年应纳税所得额低于35万卢比时，可享受退税，退税数额为下列二者中数额较小者：应纳税额或2 500卢比。该项措施将纳税人的所得与退税额挂钩，有利于缩小收入分配差距。

五、西亚北非16国

（一）应税项目

该区域各国均对雇佣所得、投资所得、资本利得、经营所得征税，其中有些国家关于所得的规定非常有特色。

1. 土耳其、伊朗将农业所得单列。土耳其应税所得包括以下类别：农业所得、经营所得、雇佣所得、专业所得、来自动产与不动产的所得、资本利得等。伊朗对工薪、经营所得、继承所得、不动产所得、农业所得及偶然所得征税。

2. 伊朗、土耳其关于实物所得税价值的规定非常详细。伊朗规定：(1) 雇主提供的免费住宿，依据装修与未装修分别按雇员月工薪及现金福利 (不包括免税现金福利) 的25%、20%计算所得。(2) 雇主为雇员提供的汽车，根据是否有专人驾驶，分别按雇员月工薪及现金福利 (不包括免税现金福利) 的10%、5%计算所得。土耳其规定，(1) 雇主向员工提供免费住宿 (包括公用设施)，如果该物业由雇主拥有且面积不超过100平方米，则不需缴税；超过面积的应该计算纳税。另外，如果雇主为雇员支付租金，则该租金应该计入雇员的工薪所得。(2) 由雇主直接向女性雇员提供的托儿所和日托服务，免税；如果由第三方提供，在符合下列两个条件的情况下免税：服务费由雇主直接支付给第三方；每月每个儿童的费用不超过月最低工资总额的15%。

(二) 税收优惠

各国税收优惠包括以下几种类型：第一，特定所得免税 (卡塔尔、约旦等国)。第二，特定人员优惠 (巴勒斯坦、土耳其、黎巴嫩、以色列等国)。第三，特定地区优惠 (伊朗)。推出特色优惠项目的国家见表5-7。

表5-7　　　　　　　　税收优惠

国家	税收优惠
巴勒斯坦	残疾程度超过50%的残疾人或盲人获得的所得免税。残疾程度由主管医学委员会确定
土耳其	从事符合条件的研发活动的雇员，其取得的工薪所得，免税
以色列	(1) 住宅租金所得，每月不超过5090新谢克尔的部分，免税；(2) 盲人及100%残疾人士获得的所得，免税

续表

国家	税收优惠
约旦	来自农业活动的所得免税
卡塔尔	经营所得与专业所得以外的所得免税
黎巴嫩	免税：(1) 农业工人工资；(2) 私人住宅内的家庭佣人获得的工资；(3) 在医院、孤儿院、庇护所和其他医疗/急救机构工作的护士及雇员获得的工资等
伊朗	免税：(1) 在 6 个指定的自贸区工作的个人取得的来自自贸区的所得；在欠发达地区工作的员工获得的工薪所得的 50%；(2) 雇主提供的符合条件的住宿（例如在工厂或工作场所为员工提供的住宿、在工厂或工作场所之外提供的低价员工宿舍等）
伊拉克	在特定地区（Kurdistan Region of Iraq, KRI）工作的员工，其月基本工资中的第一个 100 万第纳尔免税，超过部分应税，但不适用标准的累进税率，而是适用 5% 的比例税率

六、中东欧 16 国

（一）应税项目

1. 波兰、罗马尼亚、斯洛文尼亚将农业所得单列。（1）波兰将应税项目分为以下几类：非独立劳动所得、专业所得、非农业部门经营所得、特定农业部门的所得、租金与资本利得等。（2）罗马尼亚的应税所得包括：纳税人独立从事活动获得的所得、来自知识产权的所得、雇佣所得、投资所得、租金所得、博彩所得以及来自农林渔业的所得等。（3）斯洛文尼亚的应税所得包括：雇佣所得、经营所得以及来自农业林业的所得、租金所得、其他所得等。

2. 北马其顿根据所得的性质进行分类。从 2019 年开始，该国将所得分为两类：第一，勤劳所得（Work income）。包括薪金及退休金、版权/著作权及与之相关的其他权利、独立劳动（经营）所得、销售农产品所得。第二，资本所得（Capital income）。包括股息利息特许权使用费、工业知识产权所得、资本利得、租金、博彩所得等。

3. 波兰根据发动机类型确定汽车这类实物所得的计税价值。该国规定，雇员使用公司的汽车，根据发动机类型分别按照250兹罗提以及400兹罗提计入其应纳税所得额。

（二）税收优惠

该区域各国税收优惠分为以下几个类别：科学、文化、体育所得优惠（阿尔巴尼亚、罗马尼亚）；农业所得优惠（保加利亚、拉脱维亚等）；创新优惠（克罗地亚、罗马尼亚）；特定地区工作的员工的优惠等（见表5-8）。

表 5-8　　　　　　　　税收优惠

国家	税收优惠
阿尔巴尼亚	免税：（1）个人因科学、体育和文化方面的成就而获得的所得，该项所得是从国家机构支付的；（2）前政治犯获得的资金补偿等
保加利亚	（1）农业用地的租金免税；（2）海员的个人所得减税90%
黑山	在不发达地区从事经营的个人可以享受8年免税的优惠
克罗地亚	从事文化与艺术活动的纳税人获得的不超过2万库纳的捐赠，免税
罗马尼亚	来自研发活动的工薪所得，免税
拉脱维亚	纳税人来自农业产品、野生浆果和蘑菇采摘等的所得；或来自乡村旅游服务的所得，不超过3 000欧元的部分，免税
塞尔维亚	2019年该国的平均年薪为820 148第纳尔；纳税人年应税所得中相当于平均年薪的3倍的部分免税，超过部分征税
波兰	赌博所得

第三节　可扣除项目比较

各国扣除项目主要分为以下几类：一是标准扣除（与个人基本生活直接相关，又被称为基本宽免额、基本免税额或生计扣除），主要包括纳税人本人的标准扣除、配偶扣除、子女及其他被抚养人扣除等；二是与雇佣有关的扣除，包括向国家规定的强制退休金的缴款、缴纳的健康保险费等；三是社会性扣除，包括纳税人本人及子女的教育支出、医疗支出、捐赠等；四是与住房有关的扣除，例如住房抵押贷款利息等；五是经营支出扣除，包括纳税人生产经营过程中所发生的成本费用等。其中各国关于第二类、第五类扣除的规定非常类似，不再进行比较。下面重点比较各国标准扣除、社会性扣除、与住房有关的扣除的异同。

一、中亚及俄蒙 7 国

（一）标准扣除

有的国家直接规定了标准扣除额，有的国家将标准扣除与其他指标挂钩。

1. 俄罗斯直接规定了标准扣除额。该国规定，纳税人的第 1 个和第 2 个子女，每月每个子女可扣除 1 400 卢布；第 3 个和以后每多 1 个子女，每月每个子女可扣除 3 000 卢布。当纳税人适用 13% 税率的年所得达到 35 万卢布时，该项扣除停止。此外，某些残疾人、退伍军人和自然灾害的受害者每月可扣除 3 000 卢布。

2. 哈萨克斯坦、土库曼斯坦、乌兹别克斯坦 3 国的标准扣除额与月最低工资（minimum monthly salary，MMS）挂钩。例如，哈萨克斯坦规定，2019年纳税人每月可扣除的月最低工资为42 500坚戈；乌兹别克斯坦对普通纳税人没有标准扣除的规定，但退伍军人、残疾人、有2个以上年龄在16岁以下子女的寡妇/鳏夫有资格获得4倍法定月最低工资（minimum monthly wage，MMW）的扣除额度（从2017年12月起，1MMW=172 240苏姆）。

3. 塔吉克斯坦、吉尔吉斯斯坦两国将税前扣除数额与指数挂钩。塔吉克斯坦规定，纳税人每月可以从总收入中扣除1个计算指数（calculation index，CI）。从2016年1月1日起，1个计算指数=100索莫尼。吉尔吉斯斯坦规定，纳税人每月可以减除6.5个计算指数；每个被抚养人每月可以减除1个计算指数（1个计算指数=100索姆）。两国用计算指数替代具体数额，是为了避免通货膨胀的影响。

4. 蒙古国允许纳税人的标准扣除从应纳税额中而不是应纳税所得额中减除，其实质为税收抵免。税收抵免与税前扣除有类似的效果，只不过税前扣除受税率的影响，而税收抵免不受税率的影响。蒙古国的抵免额是累退的，即纳税人的年应纳税所得额越高，抵免额越小。该国抵免规定见表5-9。

表5-9　　蒙古国雇佣所得的抵免额　　单位：图格里克

年应纳税所得额	年抵免额	
	2018年抵免额	2019年及以后年度
0~600万	16万	24万
600万~1 200万	14万	22万
1 200万~1 800万	12万	20万
1 800万~2 400万	10万	18万
2 400万~3 000万	8万	16万
3 000万~3 600万	6万	14万
超过3 600万	—	

(二) 社会性扣除

1. 俄罗斯、吉尔吉斯斯坦允许纳税人本人及子女的教育支出在税前扣除。其中俄罗斯规定，纳税人 24 岁以下子女的教育费用允许扣除，每个子女以 5 万卢布为限；纳税人发生的医疗费用、教育费用（不包括子女教育费用及特定昂贵的医疗支出）、私人退休金缴款、人寿保险协议缴纳的保险费等允许扣除，每一纳税年度的扣除总额不得超过 12 万卢布。吉尔吉斯斯坦规定，纳税人及被抚养人的教育费用允许扣除，但不能超过应税所得总额的 10%。

2. 俄罗斯、哈萨克斯坦允许纳税人发生的医疗费用在税前扣除。俄罗斯医疗费用与教育费用适用共同的限额（见教育费用扣除部分）。哈萨克斯坦规定，纳税人发生的医疗服务费用支出（不包括美容产品）不超过月最低工资 8 倍的部分（大约 620 美元），允许扣除。

3. 俄罗斯、蒙古国均规定纳税人发生的捐赠支出可以在税前扣除。其中，俄罗斯规定捐赠扣除不能超过纳税人适用 13% 税率的所得总额的 25%。蒙古国规定只有纳税人为恢复国家文化遗产而进行的捐赠可以从应纳税所得额中扣除，意在促进文化遗产的保护与恢复。

(三) 与住房有关的扣除

俄罗斯、哈萨克斯坦、吉尔吉斯斯坦等规定，纳税人发生的住房抵押贷款利息可在税前扣除，体现了对有购房支出纳税人的照顾。

二、东南亚 11 国

该区域实行个人所得税的国家共 10 个，其中东帝汶只对经营所得征税,没有标准扣除规定。余下 9 国中有的国家考虑纳税人自身、子女及父母的不同情况,分别规定了扣除标准。总的来看,分为以下几类:

(一) 标准扣除

1. 老挝规定了纳税人本人的标准扣除额。该国纳税人本人的标准扣除为每月 100 万基普。

2. 印尼、越南等规定了配偶、被抚养人的标准扣除额。(1) 柬埔寨规定,被扶养人(年龄低于 14 周岁;或年龄未超过 25 周岁并在接受全日制教育)及无工作的配偶,每人每月可扣除 15 万瑞尔。(2) 越南规定,居民纳税人月标准扣除额为 900 万越南盾,纳税人可自动享受该项扣除;每个被抚养人的月扣除额为 360 万越南盾,该项扣除不可自动享受,纳税人需要在税务机关就被抚养人进行登记并且提供相应证明文件。(3) 印尼纳税人本人的标准扣除额为 5 400 万卢比、配偶的扣除额为 450 万卢比、每个被扶养人(最多 3 个)的扣除额为 450 万卢比。

3. 缅甸、泰国、新加坡、马来西亚规定了纳税人、配偶、被抚养人及父母的标准扣除额。缅甸规定,纳税人没有应税所得的配偶每年的扣除额为 100 万缅甸元,每个子女每年的扣除额为 50 万缅甸元①;纳税人与父母一起生活,每位可获得每年 100 万缅甸元的扣除。泰国、新加坡、马来西亚的规定比较复杂,分别见表 5-10、表 5-11、表 5-12。

新加坡重点突出了对老人、儿童、残疾人、职业母亲的照顾,其税前可扣除项目及金额见表 5-11。

---

① 可以享受扣除的"子女"的条件:18 岁以下无应税收入;或者虽然年龄超过 18 岁但为全日制学生。在夫妇两人均有应税所得的情况下,只能一个人申请进行该项扣除。

表 5-10　　　　　　　　泰国税前可扣除项目

可扣除项目	可扣除数额
个人宽免	60 000 泰铢
配偶宽免	60 000 泰铢
子女宽免	30 000 泰铢/每个子女
赡养父母宽免（需要满足一定条件）	30 000 泰铢/父母中的每一位
人寿保险宽免（需要满足一定条件）	不能超过 100 000 泰铢
健康保险费	不能超过 15 000 泰铢，并且人寿及健康保险费用总额不能超过 100 000 泰铢
父母健康保险宽免（需要满足一定条件）	不能超过 15 000 泰铢/父母中的每一位
公积金（PF）宽免	不能超过 500 000 泰铢并且不能超过应纳税所得额的 15%
退休共同基金（RMF）	不能超过 500 000 泰铢、不能超过应纳税所得额的 15% 并且 RMF 与 PF 之和要满足一定的条件
长期股票基金（LTF）	不能超过 500 000 泰铢并且不能超过应纳税所得额的 15%
利息（住房贷款利息）宽免	不能超过 100 000 泰铢（需要满足一定的条件）
捐赠扣除	不能超过应纳税所得额的 10%
社保基金缴费宽免	实际缴费数额（基本工资的 5%，每年不能超过 9 000 泰铢）
残疾配偶、父母、儿童的额外扣除	60 000 泰铢/每人（需要满足一定的条件）

说明：泰国现行个人所得税自 2017 年 1 月 1 日开始实施，较之前的制度相比，宽免额翻倍。①纳税人本人的宽免额从 3 万泰铢提高到 6 万泰铢。②配偶的宽免额从 3 万泰铢增加到 6 万泰铢。③每一个子女的宽免额从 1.5 万泰铢（最多不超过 3 个子女适用该项宽免）提高到 3 万泰铢，并且没有子女数量的限制；但如果是领养的孩子，则有 3 个的限制。可见，该国标准扣除不断提高，利于降低纳税人的负担。

资料来源：Thailand's New Personal Income Tax Structure Comes Into Effect, https://www.aseanbriefing.com/news/2017/03/03/thailands - new - personal - income - tax - structure - comes - effect. html, 2017. 3. 3.

表 5-11　　新加坡 2018 年纳税评估年度税前
可扣除项目及金额（适用于 2017 年的收入）

可扣除项目	可扣除数额
1. 配偶免征额	2 000 新元
如果是残疾配偶	5 500 新元
2. 勤劳所得宽免	
55 岁以下	1 000 新元
55～59 岁	6 000 新元
60 岁以上	8 000 新元
如果是残障人士，其勤劳所得宽免额：	
55 岁以下	4 000 新元
55～59 岁	10 000 新元
60 岁以上	12 000 新元
3. 子女宽免	每人 4 000 新元
如果是残疾子女，其宽免额	每人 7 500 新元
4. 赡养父母（至多两人）宽免	
纳税人与父母共同生活	9 000 新元
纳税人未与父母共同生活	5 500 新元
如果父母残疾	
纳税人与父母共同生活	额外扣除 5 000 新元
纳税人未与父母共同生活	额外扣除 4 500 新元
5. 祖父母照护减免（针对孩子在 12 岁以下的职业母亲）	3 000 新元
6. 学费（包括学费与考试费，需要符合一定的条件）	不能超过 5 500 新元
7. 女佣税（适用于职业母亲）	享受两倍扣除
8. 服兵役	完成服兵役任务，本人及父母均可获得一定数额的宽免
9. 公积金（CPF）现金充值宽免	纳税人及雇主向退休账户的充值可以获得一定数额的宽免

另外,新加坡还规定,纳税人的第 1 个、第 2 个和随后的每个子女,父母可以分别获得 5 000 新元,10 000 新元和 20 000 新元的儿童退税(Parenthood tax rebate)。儿童退税是新加坡给予本国居民的优惠,意在激励生育。享受该优惠的条件是,纳税人为新加坡居民,在相应年度已婚、离婚或丧偶①。

马来西亚根据子女年龄、是否照顾父母以及是否残疾规定了不同的扣除标准,其税前可扣除项目及金额见表 5-12。

表 5-12　马来西亚 2019 年度税前可扣除项目及金额

可扣除项目	可扣除数额
1. 本人	9 000 令吉
2. 配偶(联合报税)	4 000 令吉
3. 每个子女	
(1) 低于 18 岁	2 000 令吉
(2) 年满 18 周岁,符合一定条件(比如在高等教育机构接受全日制教育等)	8 000 令吉
4. 残疾额外扣除①	
(1) 本人	6 000 令吉
(2) 配偶	3 500 令吉
(3) 儿童	
①每一个身体或精神残疾的儿童	6 000 令吉
②年满 18 周岁,符合一定条件(比如在高等教育机构接受全日制教育等),享受额外扣除	8 000 令吉
5. 父母。2016~2020 年,照顾父母的纳税人,父母中的每一位扣除数额	1 500 令吉

注:①额外扣除,为基本扣除之外的扣除。

---

① https://www.iras.gov.sg/IRASHome/Individuals/Locals/Working-Out-Your-Taxes/Deductions-for-Individuals/Parenthood-Tax-Rebate--PTR-/,2019.8.31.

(二) 社会性扣除

1. 教育费用等的扣除

马来西亚的规定特别复杂（见表 5-13），表中医药费支出、残疾人辅助设备的支出、教育费用、支付给托儿所、幼儿园的费用等属于社会性支出。

表 5-13　马来西亚 2019 年度社会性扣除及与雇佣有关的扣除

社会性扣除	可扣除的最大数额
1. 医药费支出	
（1）父母的医药支出，特殊照顾，护理费用	5 000 令吉
（2）本人、配偶、子女治疗严重疾病（但体检费用不能超过 500 令吉）	6 000 令吉
2. 纳税人本人、配偶、子女、父母残疾，其使用的残疾人辅助设备的支出	6 000 令吉
3. 退休金/公积金以及保险费	
（1）纳税人本人缴纳的退休金/公积金	4 000 令吉
（2）纳税人本人/配偶缴纳的保险费	3 000 令吉
（3）2012~2021 年，向私人退休计划及递延年金计划缴费的额外扣除	3 000 令吉
（4）对纳税人本人、配偶或子女的教育或医疗保险缴款的额外扣除	3 000 令吉
4. 2012~2020 年，向国家教育储蓄存款计划下的账户存款	8 000 令吉
5. 雇员向 SOCSO 的缴款①	250 令吉
6. 教育费用：在马来西亚境内进行课程学习，以获得某种技能（如法律、会计、伊斯兰金融、科学技术）为目的、达到大专水平，或以获得某种技能或资格为目的、获得硕士或博士学位，所发生的费用	7 000 令吉

续表

社会性扣除	可扣除的最大数额
7. 自 2017 年起实行的提升生活方式减免（Lifestyle relief）：为获取知识而购买的书籍、期刊、杂志、报纸和其他类似出版物；购买个人电脑、智能手机或平板电脑；个人购买运动器材和健身会员资格等	2 500 令吉
8. 从 2017 年起，每两年购买一次的母乳设备支出	1 000 令吉
9. 从 2017 年起，支付给托儿所、幼儿园的费用	1 000 令吉

说明：表中的 3、5 项属于"与雇佣有关的扣除"。

注：①SOCSO（Contribution to the Social Security Organisation）：社会保障组织，也被称为 PERKESO，是一个成立于 1971 年 1 月 1 日的政府机构。它是根据 1969 年劳动和人力部颁布的《雇员社会保障法案》成立的。

2. 慈善捐赠扣除

马来西亚、菲律宾、缅甸、泰国、印尼、越南等均允许慈善捐赠扣除。（1）大多数国家有捐赠限额的规定。例如，缅甸规定，纳税人向由国家资助的、或向在计划与财政部通知中列明的宗教与慈善组织进行的捐赠可以扣除，但不能超过纳税人应纳税所得额的 20%。（2）个别国家有加倍扣除的规定。新加坡规定，一般而言，纳税人向经过批准的慈善机构、基金会等进行的符合条件的捐赠，可以按捐赠额的 250% 在税前扣除。该项扣除规定非常慷慨，在沿线国家中非常有特色。（3）有的国家根据捐赠对象规定了不同的限额。泰国规定，纳税人向教育机构、公共医疗机构、经批准的慈善机构和教育技术发展基金进行的捐赠可以扣除，但不超过净所得的 10%；但是其向特定教育项目及文化活动进行的捐赠，可以双倍扣除。

（三）与住房有关的扣除

泰国、新加坡均规定，纳税人发生的住房抵押贷款利息允许扣除。

三、独联体其他 6 国

(一) 标准扣除

该区域中,阿塞拜疆将标准扣除与月最低工资挂钩,白俄罗斯、摩尔多瓦等直接规定标准扣除的具体数额,并且依据纳税人是否是退伍军人、是否残疾等而有所不同。例如白俄罗斯规定,(1) 纳税人月收入低于 665 卢布的,月免税额(Monthly tax exempt amounts,TEAs,即月扣除额)为 110 卢布。(2) 每个子女或被抚养人每月可扣除 32 卢布,如果纳税人有 2 个或更多的子女或被扶养人,则每月每人可扣除 61 卢布。(3) 残疾人、退伍军人和自然灾害受害者,每月可扣除 155 卢布。摩尔多瓦规定,(1) 每个纳税人年标准扣除额为 11 280 列伊;残疾的退伍军人、战争中牺牲者的父母和配偶,以及自童年时期起就身体残疾的人,年扣除额为 16 800 列伊。如果纳税人的配偶没有使用该项扣除,则该纳税人可以额外获得每年 11 280 或 16 800 列伊的扣除。(2) 每个被抚养人每年享受 2 520 列伊的扣除。

(二) 社会性扣除

1. 纳税人本人及子女的教育费用扣除。白俄罗斯规定,纳税人及其近亲(子女、配偶、父母、兄弟、姐妹、祖父母和孙子女)接受初等教育(高等或专科中等教育)实际发生的教育费用;纳税人为支付教育费用从银行、当地公司或企业贷款所实际支付的利息,均可税前扣除,任何未被扣除的教育费用支出都可以向以后年度结转。乌克兰规定,纳税人自身及直系亲属发生的符合条件的教育支出可以税前扣除。

2. 捐赠扣除。乌克兰规定,纳税人不超过年应纳税所得额 4% 的慈善捐赠允许扣除。

(三) 与住房有关的扣除

白俄罗斯、乌克兰允许纳税人发生的与住房有关的支出在所得税前扣除。白俄罗斯规定，纳税人及其家庭成员因改善居住条件（需要当地主管机关证明并提供相应的文件）而建造或购买房屋所发生的费用、以及购置及处置资产所发生的费用，允许扣除。乌克兰规定，纳税人发生的抵押贷款利息可以税前扣除。

四、南亚 8 国

(一) 标准扣除

该区域 8 国中，除印度外其他国家均有标准扣除规定。其中，斯里兰卡、尼泊尔、孟加拉国分别对老年人、残疾人、女性适用更高的标准扣除。斯里兰卡规定，无论某自然人是否为斯里兰卡公民，只要其在斯里兰卡居住，就可以享受每年 50 万卢比的基本扣除；年龄在 60 岁以上的老年人，年扣除额为 150 万卢比[①]。尼泊尔的标准扣除额因纳税身份而异：单身纳税人为 35 万卢比，选择进行联合申报的夫妇为 40 万卢比；残疾人可按上述标准的 150% 扣除。孟加拉国的标准扣除额为 25 万塔卡，女性纳税人以及年龄超过 65 岁的老年人为 30 万塔卡，残疾人为 40 万塔卡，战争中受伤的战士为 42.5 万塔卡。

(二) 社会性扣除

1. 教育费用。巴基斯坦、不丹、印度允许扣除该项费用。巴基斯坦将纳税人本人及子女的教育费用扣除与个人收入水平挂

---

① Srilanka Inland Revenue, Income Tax (IT) [EB/OL]. http：//www.ird.gov.lk/en/Type%20of%20Taxes/SitePages/Income%20Tax%20 (IT). aspx? menuid = 1201, 2019.3.2.

钩:如果纳税人应纳税所得额不超过 150 万卢比,其可以申请学费扣除,扣除额为下列 3 者中数额较小者:(1) 所缴纳学费的 5%;(2) 应纳税所得额的 25%;(3) 子女数量乘以 6 万卢比。不丹规定,纳税人本人及子女的教育费用允许扣除,但最高不超过 15 万努尔特鲁姆/人。印度规定,纳税人本人及亲属(配偶、子女及被监护人)发生的高等教育费用的贷款利息支出,可以从税前扣除。

2. 医疗费用。印度、尼泊尔允许纳税人发生的医疗费用在税前扣除。印度可以扣除的项目有:(1) 符合条件的医疗保险费;(2) 纳税人本人、配偶、子女、父母进行预防性健康体检发生的费用,不超过 5 000 卢比的部分。(3) 60 岁及以上老年人发生的医疗支出,不超过 5 000 卢比的部分。尼泊尔允许居民纳税人发生的符合条件的医疗费用支出进行税收抵免,抵免数额为符合条件的医疗费用的 15% 和 750 卢比中的数额较小者,未抵免的数额可以向以后年度结转。

3. 捐赠。该区域各国允许纳税人的捐赠在税前扣除。各国关于慈善扣除的规定见表 5 – 14:

表 5 – 14　　　　各国慈善扣除规定

国家	慈善扣除
斯里兰卡	纳税人以现金形式向经批准的慈善机构进行的捐赠,可以申请扣除,扣除额为个人应纳税所得额的 1/3 或 75 000 卢比中的较低数额;以现金或其他形式向斯里兰卡政府、地方当局以及向经过政府及相关机构批准的基金进行的捐赠,可全额扣除
印度	纳税人向符合条件的宗教、慈善组织以及特定基金进行的捐赠,捐赠额的 50%~100% 可以扣除;现金形式的捐赠,超过 2 000 卢比的部分不允许扣除
巴基斯坦	纳税人向经过批准的非营利组织进行的捐赠,不超过应纳税所得额的 30%,可以扣除;向特定基金进行的捐赠,可以全额扣除

续表

国家	慈善扣除
不丹①	纳税人的捐赠限额为不超过调整后总所得（adjusted gross income）的5%。调整后总所得，是指从总收入中扣除相关费用后的余额
尼泊尔	纳税人进行的慈善捐赠或为履行宗教职能而进行的捐赠允许扣除，扣除数额取下列二者中较小者：10万卢比或经过调整的总所得的5%
孟加拉国	纳税人向符合条件的机构、组织进行的捐赠可以扣除，取下列二者中数额较小者：1 000万塔卡或所得的20%

注：①不丹资料来源：Department of Revenue and Customs, Ministry of Finance, http://portal.drc.gov.bt/drc/node/25；以及 Department of Revenue and Customs, Ministry of Finance, Personal IncomeTax Guide Book, http://www.ipajournal.com/uploads/2011/finance_ministry/manuals/Personal_Income_Tax_Guide_book.pdf, 2019.2.1.

（三）与住房有关的扣除

斯里兰卡、印度、巴基斯坦允许纳税人发生的住房贷款利息支出在税前扣除。其中，印度、巴基斯坦两国有数额限制。印度规定，符合条件的住房抵押贷款利息不超过5万卢比的部分，可以扣除。巴基斯坦规定，纳税人向符合条件的金融机构贷款用于购买或建造房屋而发生的利息支出允许扣除，取二者中数额较小者：应纳税所得额的50%；或200万卢比。

五、西亚北非16国

（一）标准扣除

该区域中有11国实行个人所得税，其中埃及、也门、卡塔尔①无标准扣除规定。余下的8国中，6国家允许进行标准扣除，

---

① 卡塔尔只对经营所得征税，对雇佣所得等免税。

土耳其、以色列两国允许进行税收抵免。

1. 规定标准扣除额。有的国家规定了统一的标准扣除额,有的国家根据纳税人的不同情况规定了不同的扣除额(见表5-15)。

表5-15　　　　　　　各国标准扣除规定

国家	标准扣除
巴勒斯坦	年标准扣除额为36 000谢克尔
伊朗	年标准扣除额为2.76亿里亚尔
叙利亚	纳税人获得的工薪所得的第一个15 000镑免税,免税的效果等同于标准扣除
约旦	(1)纳税人本人。2019年为10 000第纳尔,2020年及以后为9 000第纳尔;(2)被抚养人。2019年为10 000第纳尔,2020年及以后为9 000第纳尔
黎巴嫩	纳税人本人的标准扣除额为750万镑,配偶为25万镑,每个被抚养人50万镑(不超过5个),如果夫妇均工作,被扶养人扣除额减半
伊拉克	(1)单身雇员,250万第纳尔;(2)已婚雇员,妻子无工作,450万第纳尔;(3)每一个子女20万第纳尔(18岁以下或25岁以下的学生);(4)超过63岁,320万第纳尔;(5)离婚或寡居,30万第纳尔①

注:①该资料来自IBFD,但第(5)项规定理解上有歧义,不知是指离婚或寡居的纳税人总计从税前扣除30万第纳尔还是额外扣除该数额。目前尚未从其他渠道找到相关资料。

2. 规定抵免额。土耳其与以色列规定了纳税人的抵免数额。(1)土耳其规定,纳税人可享受最低生活宽免(minimum living allowance)抵免,抵免额="最低生活宽免"×15%。其中,"最低生活宽免"为土耳其官方每年公布的雇员年最低工资总额的50%;如果配偶没有工作或收入,该比例增加10%;如果有子女,该比例增加7.5%或5%(前2个子女增加7.5%;以后每增加1个子女增加5%)。(2)以色列的抵免规定与土耳其类似，也考虑了纳税人抚养子女情况、配偶情况，体现了区别对待。该国规定纳税人本人的抵免点数（tax credit points）为 2，女性纳税人可以获得额外 0.5 个抵免点数；单亲家庭中有工作的父亲（或有工作的母亲），在孩子出生的年份可以获得每个孩子 1.5 个抵免点数；在孩子 1~5 岁期间，获得每年每个孩子 2.5 个抵免点数等（见表 5-16）。2019 年每点每月为 218 新谢克尔，每年为 2 616 新谢克尔。该国规定，个人税收抵免点数不可转让。

表 5-16　　以色列纳税人的抵免点数

序号	纳税人身份	税收抵免点数
1	居民纳税人	2
2	前往工作地点	0.25
3	女性纳税人	额外 0.5
4	联合纳税的居民，如纳税人和/或配偶已达到退休年龄（男性 67 岁，女性 64 岁）、配偶失明或其他残疾	1
5	单亲家庭中，有工作的父亲（在某些情况下，有工作的母亲） 在孩子出生的年份 1~5 岁	1.5/每个子女 2.5/每个子女
6	单亲家庭额外税收抵免	0.5~2.5/每个子女，根据不同因素比如年龄等来定
7	被抚养人有身体或智力残疾	2/每人
8	毕业于特定大学及/或教育机构 第一学位 第二学位 第三学位：获得医学或牙科博士学位	1（不超过 3 年） 0.5（不超过 2 年） 1（毕业后 3 年）； 0.5（后面的 2 年）

(二) 社会性扣除

1. 教育及医疗费用。(1) 土耳其规定，雇员为自己、配偶或 18 岁以下的子女支付的健康和教育费用可以扣除，但不能超过其申报所得的 10%。(2) 约旦纳税人发生的医疗、穆拉巴哈 (murabaha)① 利息支出允许扣除。(3) 以色列规定，纳税人从特定大学或教育机构毕业后，其在就读期间发生的费用可以抵免 (见表 5 – 16)。(4) 巴勒斯坦纳税人及其配偶、子女发生的大学教育费用，每年可扣除 6 000 谢新克尔 (最多为 2 个学生)。

2. 捐赠。(1) 土耳其规定，纳税人发生的捐赠支出可以在税前扣除，但不超过其申报所得的 5%。(2) 巴勒斯坦规定，捐赠不能超过纳税人应纳税所得额的 20% (适用于经营所得及专业所得)。(3) 约旦规定，纳税人无任何个人利益方面的考虑而向公共部门进行的捐赠及向慈善、人文、宗教、科学、环境、运动等进行的捐赠允许扣除；纳税人向政党的捐赠，不超过政党相关法律规定的数额并且不超过应纳税所得额 25% 的部分，允许扣除。

(三) 与住房有关的扣除

前已述及，约旦允许租金、住房抵押贷款利息扣除，但有限额限制。巴勒斯坦规定，纳税人建造或购买住房，可以一次性扣除 3 万谢克尔；其实际支付的住房贷款利息允许扣除，每年扣除的最高金额为 4 000 谢克尔，最长不超过 10 年。

六、中东欧 16 国

该区域中黑山没有标准扣除规定，纳税人发生的人寿保险

---

① 为伊斯兰抵押贷款，Islamic mortgage loans。

费、教育费用、抵押贷款利息等也不允许税前扣除。其余15国中，波兰、捷克采用抵免法，有抵免数额的规定；其他国家采用扣除法，有扣除数额或扣除比例的规定。从纵向看，拉脱维亚等国近年来提高了标准扣除额的数额。

（一）标准扣除

1. 直接规定标准扣除额或扣除比例

保加利亚、波黑、克罗地亚、北马其顿、匈牙利直接规定了标准扣除额，塞尔维亚规定了扣除比例。见表5-17。

表5-17　　　一些国家的标准扣除数额及扣除比例

国家	标准扣除
保加利亚①	（1）残疾人。每人每年的扣除额为7 920列弗；（2）被抚养人。居住在EU/EEA成员国的父母、亲属或监护人在对子女实行了照顾的情况下，每年可以进行以下扣除：一个未成年的子女，200列弗；2个，400列弗；3个及以上，600列弗
波黑	波黑三个地区的扣除规定不完全相同。 （1）波黑联邦。每个居民纳税人每年的标准扣除额为3 600马克（每月300马克）；需要供养的配偶，每月150马克；第1个子女，150马克；第2个，210马克；两个以上，270马克②；其他需要供养的家庭成员，每人90马克；如果纳税人、被抚养的直系亲属及子女残疾，则每人可额外扣除90马克 （2）塞族共和国：居民纳税人年标准扣除额为6 000马克（每月500马克）；如果家庭成员的人均年所得低于3 000马克，则每个家庭成员每年可额外扣除900马克 （3）布尔奇科区：居民纳税人的年标准扣除额为3 600马克；需供养的配偶、每个不满18周岁的子女、其他需抚养的家庭成员，年扣除额分别为标准扣除额的50%；如果纳税人或者被抚养的家庭成员残疾，每人每年可额外扣除标准扣除额的10%

续表

国家	标准扣除
克罗地亚	（1）居民纳税人、退休人员以及居住在特殊地区和山区的纳税人，月标准扣除额为3 800库纳 （2）受供养的配偶或其他关系亲密的家庭成员，月扣除额为1 750库纳 （3）子女的扣除额：第1个子女1 750库纳，第2个2 500库纳，第3个3 500库纳，第4个4 750库纳等。子女越多，扣除额越高 （4）残疾人的额外扣除。如果纳税人、被抚养的家庭直系成员、子女残疾，可享受每人每年1 000库纳的额外扣除；如果完全残疾和/或需要别人照顾，则可享受3 750库纳的额外扣除
北马其顿	2019年勤劳所得的标准扣除额为96 000第纳尔
匈牙利	（1）家庭扣除。一个子女的家庭，月扣除额为66 670福林；两个子女的家庭，116 670福林；3个及以上子女的家庭，220 000福林 （2）首婚宽免（扣除）。配偶双方中至少有1人是第一次结婚，可以在其结婚后24个月内享受每月33 335福林的扣除。该项扣除可以由夫妇双方中的一方单独进行，也可以在配偶之间进行分割，在此期间配偶必须居住在一起
塞尔维亚	纳税人本人的标准扣除额为年度平均工资的40%，每个被抚养人可获得年平均工资15%的额外扣除，所有的扣除不得超过纳税人应纳税所得额的50%

注：①保加利亚将标准扣除与个人纳税信用挂钩。从2017年1月开始，自然人只有在没有强制执行的公共债务的情况下才可享受扣除、宽免和抵免。
②波黑联邦的关于3个及以上孩子扣除额的规定不清晰，不确定是否为每个子女270马克。

2. 根据纳税人年所得的大小规定不同的标准扣除额

该区域拉脱维亚、罗马尼亚、斯洛文尼亚、爱沙尼亚根据纳税人年所得的不同规定了不同的标准扣除额。

（1）拉脱维亚规定，从2019年起，每个符合条件的被抚养人的月扣除额为230欧元①。但纳税人自身的标准扣除额因其年总所得的不同而有所差异（differential personal allowance，DPA），并且每年都在变动（见表5-18）。

表5-18　拉脱维亚2018年、2019年标准扣除额

2018年		2019年	
年应税所得额（欧元）	年扣除额（欧元）	年应税所得额（欧元）	年扣除额（欧元）
不超过5 280时	2 400	不超过5 280时	2 760
5.280~12 000	2 400 - 0.35714 ×（年应税所得 - 5 280）	5.280 - 13 200	2 760 - 0.34848 ×（年应税所得 - 5 280）
超过12 000	0	超过13 200	0

注：该国个人扣除额随着所得的增加而减少。2018年个人扣除的最高限额为2 400欧元，2019年增至2 760欧元，2020年将增至3 000欧元。最低的扣除仍然是0欧元，但是享受扣除额的最高所得在2019年为13 200，在2020年提升至14 400欧元。如果纳税人达到拉脱维亚规定的退休年龄、根据相关法律获得应纳税的养老金，则其年扣除额2019年为3 240欧元，不随所得的增加而变动。

资料来源：IBFD历年国别资料；以及OECD, Tax Policy Reforms 2018, https://read.oecd-ilibrary.org/taxation/tax-policy-reforms-2018_9789264304468-en#page47, p54.

（2）罗马尼亚规定，①若纳税人月工薪所得低于1 950列伊且没有任何被抚养人（配偶或者子女），其标准扣除额为510列伊；如果有被抚养人，则每个被抚养人的扣除额为160列伊（最多为3个）；若纳税人有4个或以上被抚养人，则其扣除额为1 310列伊。②若纳税人月工薪总所得处于1 951~3 600列伊之间，扣除额递减，但未找到关于具体扣除数额的规定。③月工薪所得高于3 600列伊的，不能进行标准扣除。

---

① 2020年该数额为250欧元。

（3）斯洛文尼亚纳税人的标准扣除额不仅因纳税人应纳税所得额的不同而不同，还因纳税人身份的不同而不同（见表 5-19）。

表 5-19　　　2019 年斯洛文尼亚个人标准扣除额　　　单位：欧元

类型	人员身份		应纳税所得额	标准扣除
纳税人本人扣除额	普通纳税人		不超过 11 166.37	6 519.82
			11 166.37 ~ 13 316.83	3 302.70 +（19 922.15 - 1.49601 × 应纳税所得额）
			超过 13 316.83	3 302.70
	特殊类型纳税人的额外扣除（在标准扣除之外）	学生	额外扣除额为 3 302.70 欧元。	
		文化工作者、记者以及运动员	额外扣除额为总所得的 15%，但不能超过 25 000 欧元。	
		完全残疾的纳税人	额外扣除额为 17 658.84 欧元。	
子女及被抚养人扣除额	纳税人需要供养的子女或其他被抚养人（包括配偶以及领取赡养费的离婚配偶），扣除额随被抚养子女数量的增加而增加		第 1 个可扣除 2 436.92 欧元，第 2 个为 2 649.24 欧元，第 3 个为 4 418.54 欧元，第 4 个为 6 187.85 欧元，第 5 个为 7 957.14 欧元。	
	需要特殊照顾的子女		可扣除 8 830 欧元/每个子女。	

（4）爱沙尼亚规定纳税人每年的标准扣除额不超过 6 000 欧元，并且是累退的（见表 5-20）。

表 5-20　　　　　　爱沙尼亚标准扣除额

年度所得（欧元）	标准扣除额（欧元）
不超过 14 000	6 000
14 000 ~ 25 200	6 000 - 6 000/10 800 ×（所得 - 14 000）
超过 25 200	0

在标准扣除之外,纳税人还可享受子女及配偶扣除。①纳税人的子女。从第2个子女开始的每个18岁以下的子女,父母中的一方可以额外扣除1 848欧元。如果子女也有所得,则额外扣除额为子女所得与1 848欧元之间的差额。②纳税人的配偶。在该年度结婚的个人,如果其和配偶的总所得不超过50 400欧元,则其可额外扣除2 160欧元。

3. 根据最低生活费用确定标准扣除额

斯洛伐克纳税人的标准扣除额与最低生活标准有关,2019年该国的最低生活标准为205.07欧元(见表5-21)。

表5-21　　　　　　　斯洛伐克标准扣除额　　　　　　单位:欧元

年份	应纳税所得额	标准扣除
2018年	不超过19 948	3 830.02(最低生活标准的19.2倍)
2018年	超过19 948	8 817.016(最低生活标准的44.2倍)-0.25×应纳税所得额。如果该结果是负数(即总应该所得超过35 268.06欧元),则不能进行标准扣除
2019年	不超过20 507	3 937.35(最低生活标准的19.2倍)
2019年	超过20 507	9 064.094(最低生活标准的44.2倍)-0.25×应纳税所得额,如果该结果是负数(即应纳税所得额超过36 256.376欧元),则不能进行标准扣除

标准扣除之外,如果纳税人的配偶无应税所得、且纳税人总应纳税所得额未超过36 256.376欧元,则可享受3 937.35欧元(19.2倍最低生活标准)的扣除;如果纳税人的配偶有所得但不超过3 937.35欧元,其可享受的扣除额为其所得额与3 937.35欧元的差额;如果纳税人的年应纳税所得超过36 256.38欧元则可扣除额将逐渐减少至零,年所得超过52 005.752欧元的无权享受扣除。

4. 根据月最低工资确定标准扣除额

立陶宛根据月最低工资确定标准扣除额,该数额是累退的、逐年变动(见表5-22)。

第五章 我国与沿线国家个人所得税比较

表 5-22　　　　　立陶宛不同年份的标准扣除额　　　　　单位：欧元

级距/扣除额	扣除额		
	2019 年	2020 年	2021 年
所得不超过月最低工资	300	400	500
所得高于最低月工资	300 - 0.15 × (月雇佣所得 - 月最低工资)	400 - 0.2 × (月雇佣所得 - 月最低工资)	500 - 0.23 × (月雇佣所得 - 月最低工资)
工作能力下降至 0%~25% 的人	353	453	553
具有 30%~55% 工作能力的人	308	408	508

5. 波兰、捷克采用抵免法确定纳税人的免税额

（1）波兰纳税人本人的标准扣除额为 8 000 兹罗提，相当于抵免额为 1 440 兹罗提；之后逐步减少，当个人所得超过 127 000 兹罗提时，可抵免额为 0；纳税人子女的扣除额依据家庭情况的不同而不同（见表 5-23）。

表 5-23　　　　　波兰纳税人本人标准抵免额　　　　　单位：兹罗提

纳税人本人标准抵免	
免税所得	抵免额
不超过 8 000	1 440
8 000~13 000	1 440 - 883.98 × (年应纳税所得额 - 8 000)/5 000
13 000~85 528	556.02
85 528~127 000	556.02 - 556.02 × (年应纳税所得额 - 85 528)/41 472
超过 127 000	0

续表

纳税人子女抵免	
子女数量	抵免额
1 个	拥有一个子女的家庭或单亲家庭,如果其所得低于 112 000 兹罗提(如果是同居父母,则为 5 600 兹罗提),则可享受的标准抵免额为每年 1 112(每月为 92.67)兹罗提
超过 1 个	与 1 个子女的家庭享受抵免必须满足所得低于一定数额的条件不同,子女超过 1 个的家庭,无论家庭年所得的大小,均可享受抵免。其中有 2 个子女的家庭,年抵免额为 1 112 兹罗提/子女;有 3 个子女的家庭,前 2 个孩子的年抵免额为 1 112 兹罗提/子女,第 3 个子女的年抵免额为 2 000 兹罗提。4 个以上子女的家庭,前 2 个子女的年抵免额为 1 112 兹罗提/子女,第 3 个子女的年抵免额为 2 000 兹罗提,第 4 个及以上子女,年抵免额为 2 700 兹罗提/子女

(2)捷克也是采用抵免法。但与波兰有所不同的是,纳税人本人及子女的抵免数额是固定而不是递减的(见表 5-24)。

表 5-24　　　　　　捷克税收抵免规定

抵免类型	抵免额
纳税人本人税收抵免	(1)标准抵免。纳税人本人抵免额为 24 840 克朗;如果配偶与纳税人一起居住并且年所得低于 68 000 克朗,抵免额为 24 840 克朗(如果配偶残疾,该数额翻倍) (2)额外抵免。残疾人享受额外税收抵免。如果部分残疾,其可享受的额外税收抵免为 2 520 克朗;完全残疾,为 5 040 克朗;严重残疾,为 16 140 克朗
子女抵免	第 1 个子女的抵免额为 15 204 克朗,第 2 个子女的抵免额为 9 404 克朗,第 3 个及以后每个子女的抵免额为 24 204 克朗

(二) 社会性扣除

1. 教育及医疗费用。一些国家允许进行社会性扣除，具体规定见表5-25。

表5-25　　　　　各国社会性扣除规定

国家	社会性扣除规定
阿尔巴尼亚	当纳税人的年所得不超过105万列克时，下列项目允许扣除：纳税人因支付教育费用而发生的贷款利息；纳税人（或纳税人的子女和家属）所发生的未包括在强制健康保险中的医疗费用
爱沙尼亚	纳税人本人及26岁以下的被抚养人发生的符合条件的教育费用可以扣除，但纳税人扣除的抵押贷款利息、教育费用、礼品及捐赠的总额不能超过1 200欧元或纳税人应纳税所得额的50%，取二者数额中较小者
波黑	波黑联邦规定，医疗费用可以扣除，未找到其他两个区域的相关规定
立陶宛	纳税人接受高等教育或职业教育所发生费用的本金与利息，可以税前扣除。如果接受教育者不是纳税人或者没有资格享受扣除，此项扣除也适用于接受教育者的父母、监护人或者配偶
捷克	如果纳税人正处于学习阶段并且年龄不超过26岁（如果学医，则不超过28岁），则可享受4 020克朗的税收抵免。另外，如果纳税人发生学龄前儿童保育费用（例如将儿童送至日托机构），则可享受13 350克朗的抵免
拉脱维亚	纳税人及亲属的医疗及教育支出允许扣除，但其扣除的医疗支出、教育支出、捐赠支出总额不能超过纳税人应纳税所得额的50%或600欧元，取二者数额较小者

2. 捐赠。（1）大多数国家允许慈善捐赠在税前扣除，但有数额限制。爱沙尼亚、拉脱维亚规定，纳税人向非营利组织赠送

礼品及进行捐赠可以税前扣除，但不能超过一定限额（见教育及医疗支出部分）。保加利亚规定，纳税人发生的符合条件的捐赠，不超过应纳税所得额5%或15%的部分，可以扣除。波兰规定，纳税人向宗教及公共组织进行的捐赠，不超过应纳税所得额的6%的部分，准予扣除。罗马尼亚规定，纳税人的捐赠支出不能超过其应纳税所得额的2%或3.5%。捷克规定，纳税人向经过批准的慈善、教育、政治组织进行的捐赠，最低不低于应纳税所得额的2%或不低于1 000克朗，并且不超过应纳税所得额的15%的部分，允许扣除。这5国中，捷克的规定与别国不同，既规定了最高限额、也规定了最低限额。（2）北马其顿允许捐赠从应纳税额中抵免，抵免额为下列二者中数额较小者：纳税人年度纳税义务的20%；或24 000第纳尔。

（三）与住房有关的扣除

（1）爱沙尼亚、保加利亚、捷克、立陶宛、波黑均允许纳税人发生的住房抵押贷款利息在税前扣除。其中，爱沙尼亚对纳税人符合条件的利息扣除不仅有总额限制（见教育及医疗费用扣除部分），还有单项限制（扣除的该项费用不能超过300欧元）。保加利亚规定，年轻家庭购买住房发生的抵押贷款利息支出允许扣除，扣除限额为符合条件的家庭所发生的第一个10万利瓦（保加利亚货币单位，BNG）的购房贷款所产生的利息。需要符合的条件包括：纳税人已婚并且抵押贷款合同是其本人或配偶签订的、纳税人或其配偶签订合同时的年龄低于35岁、该住房是纳税年度中该家庭唯一的住房。捷克规定，纳税人发生的与其主要住宅有关的抵押贷款利息等支出，不超过30万克朗的部分可以扣除。立陶宛规定，从2019年起，纳税人发生的建筑物的装修和维修支出、汽车维修支出，以及未成年子女的看护支出，每年不超过2 000欧元的部分，允许扣除。波黑的三个区域均允许纳税人发生的住房抵押贷款利息在税前扣除。（2）斯洛伐克规定，自 2018 年 1 月开始，纳税人发生的符合条件的住房抵押贷款利息的 50% 可以抵免，每年抵免额不超过 400 欧元。

第四节 税率比较

一、中亚及俄蒙 7 国

该区域 7 国均实行个人所得税，其中大多数国家实行单一税，税制简单，计算方便。

（一）从变化趋势看

该区域乌兹别克斯坦、哈萨克斯坦在降低税率。其中，乌兹别克斯坦在 2019 年之前实行累进税率，最高边际税率为 22.5%，2019 年改为实行 12% 的比例税率，税率大幅度降低。哈萨克斯坦 10% 的标准税率从 2007 年起一直没有变过，但从 2019 年 1 月 1 日起，增加了一档 1% 的低税率，适用于月工薪所得不超过"月计税指数（MCI）"25 倍的纳税人。低税率的引入，降低了低收入者的税收负担。

（二）从税率形式看

塔吉克斯坦实行超额累进税率，其他 6 国实行比例税率。

（三）从税率水平看

俄罗斯（13%），蒙古国、哈萨克斯坦、吉尔吉斯斯坦与土库曼斯坦（10%），乌兹别克斯坦（12%，自 2019 年开始适用)[①]；

---

① Uzbekistan: Tax amendments for 2019, https://solium.com/knowledge-center/library/global-tax-regulatory-update-january-2019/, 2019.3.17.

塔吉克斯坦（该国实行超额累进税率，最高边际税率为13%）。总的来看，各国税率水平较低、计算简便（见表5-26）。

表5-26 各国税率

国家	税率
俄罗斯	（1）工薪、股息等，适用13%的税率； （2）利息所得：适用35%的税率
蒙古国	雇佣所得、经营所得、投资所得、资本利得均适用10%的税率
哈萨克斯坦	（1）雇佣所得、资本利得、租金所得，适用10%的税率； （2）投资所得：①股息适用5%的最终预提税，没有被征收预提税的，计入总所得纳税；符合条件的股息免税（例如，持有3年以上的股份产生的股息）；②利息适用10%的最终预提税，但来自于银行存款以及债券的利息免税；③特许权使用费适用10%的最终预提税[①]
吉尔吉斯斯坦	（1）雇佣所得：适用10%的税率，由雇主代扣代缴； （2）经营所得：与公司所得税相同。同时该国规定，纳税人年营业额少于3 000万索姆并且没有进行增值税注册的中小企业，可以选择适用简化计税法； （3）投资所得：①股息：来自于居民公司的股息免税；②利息：适用10%的最终预提税，符合条件的利息免税；③特许权使用费、租金：适用10%的最终预提税
土库曼斯坦	（1）雇佣所得、经营所得与专业所得、利息（银行存款利息免税），均适用10%的税率； （2）其他所得适用10%的最终预提税
乌兹别克斯坦	（1）雇佣所得、租金、资本利得等，适用12%的税率； （2）经营及专业所得：适用固定税额，应纳税额 = 系数 × MMW（UZS 172 240）。纳税人因所在行业的不同、所处等地区不同而系数不同； （3）投资所得：股息、利息，适用5%的税率； （4）经营所得：未知

续表

国家	税 率
塔吉克斯坦	（1）雇佣所得：实行3级超额累进税率。应纳税所得额低于50索莫尼的部分，税率为0；应纳税所得额在50~140索莫尼之间的部分，税率8%；超过140索莫尼的部分，税率13%。特许权使用费、来自于不动产的所得：适用个人所得税的一般税率13%； （2）投资所得：股息、利息，最终预提税，税率12%； （3）经营所得、资本利得：未知

注：①最终预提税（Final withholding tax）：在纳税人获得利息、股息环节由利息、股息的发放者代扣代缴税款，该税款为纳税人最终应缴纳的款项，不必再计入总所得进行汇算清缴。

二、东南亚11国

该区域绝大多数国家实行混合税制并对综合所得适用累进税率。

（一）从变化趋势看

菲律宾与马来西亚、泰国通过改革所得级距或税率结构的方式来降低一部分人的税收负担。其中，菲律宾2023年以后适用的税率表与现行税率表比较，所得级距及第6级税率没有变化，但1~5级税率有所降低。马来西亚自2018年起适用的税率表与2018年之前相比，级距没有变化，但3级，4级，5级的税率有所降低。泰国自2017年起适用的税率表与之前相比较，税率没有变化，但7级，8级的所得级距有所提高①（见表5-27）。

---

① Thailand's New Personal Income Tax Structure Comes Into Effect, https://www.aseanbriefing.com/news/2017/03/03/thailands-new-personal-income-tax-structure-comes-effect.html, 2017.3.3.

表 5-27　菲律宾、马来西亚、泰国 3 国税率

菲律宾（万比索，%）			
2018~2022 年		2023 年以后	
应纳税所得额	税率	应纳税所得额	税率
<25	0	<25	0
25~40	20	25~40	15
40~80	25	40~80	20
80~200	30	80~200	25
200~800	32	200~800	30
800 及以上	35	800 及以上	35

马来西亚（万令吉，%）				泰国（万泰铢，%）			
2018 年前		2018 年后		2017 年前		2017 年后	
应纳税所得额	税率	应纳税所得额	税率	应纳税所得额	税率	应税收入	税率
0.5 以下	0	0.5 以下	0	15 以下	0	15 以下	0
0.5~2	1	0.5~2	1	15~30	5	15~30	5
2~3.5	5	2~3.5	3	30~50	10	30~50	10
3.5~5	10	3.5~5	8	50~75	15	50~75	15
5~7	16	5~7	14	75~100	20	75~100	20
7~10	21	7~10	21	100~200	25	100~200	25
10~25	24	10~25	24	200~400	30	200~500	30
25~40	24.5	25~40	24.5	超过 400 的部分	35	超过 500 的部分	35
40~60	25	40~60	25				
60~100	26	60~100	26				
100 及以上	28	100 及以上	28				

1. 菲律宾：该国采用综合与分类相结合的征税模式，对不同的所得适用不同的税率。

（1）补偿性所得、经营与专业所得适用上表中的累进税率。所谓"补偿性所得"，是指雇员因被雇用而获得的所得，其实质

为工薪所得，包括以下几项：①工薪、佣金等。②超过 90 000 比索的奖金。③交通、业务招待的津贴。④董事费（在担任公司董事期间，也是公司的雇员）。⑤应税退休金。⑥应税其他退休所得。⑦其他类似性质的所得，包括实物所得。

（2）经营与专业所得区别对待：①总销售收入及非经营性收入未超过增值税注册标准（现在为 300 万比索）的纳税人，可以申请适用 8% 的比例税率；②若未满足上述条件，则适用上表中的累进税率。

（3）资本利得区别对待，分别适用累进税率或比例税率。其中，①一般性的资本利得并入总所得适用累进税率，并根据持有期限确定其是否能够享受税收优惠：如果纳税人持有资产的时间超过 1 年，其所获得的资本利得的一半享受免税，一半计算纳税；如果持有时间不足 1 年，则资本利得的全额均需计算纳税。②下列特别列举的资本利得，适用比例税率：纳税人出售非上市公司股份获得的资本利得适用 15% 的税率，出售上市公司股份获得的资本利得按股票总售价的 0.6% 计税；转让不动产按总售价或现行市场价格孰高原则确定计税依据，适用 6% 的最终预提税。

（4）投资所得适用比例税率。其中，①股息适用于 10% 的最终预提税；利息分别适用 10%，15%，20% 的最终预提税。②特许权使用费分情况而定：一般情况下，特许权使用费适用 20% 的最终预提税，但图书、其他文学作品和音乐作品转让获得的特许权使用费所得适用 10% 的最终预提税。

2. 马来西亚：

（1）雇佣所得计入总所得，适用上表中的累进税率。

（2）经营所得与专业所得，适用公司所得税。

（3）资本利得免税，但销售不动产除外。在该国不动产资本利得被征收不动产资本利得税（Real Property Gains Tax, RPGT），税率根据纳税人持有该项资产的年限而定：持有期限 3 年以下，税率 30%；持有时间 4 年，税率 20%；持有时间 5 年，税率15%；持有时间超过5年，免税。

（4）投资所得：①股息免税。该国实行单层纳税制度（single-tier tax system），如公司层面已经缴纳过公司所得税，则股东在获得公司分配的股息时无须再缴税。②利息计入总所得。但存入经批准的银行及金融机构的资金获得的利息、以及购买特定类型的债券获得的利息，免税。③特许权使用费计入总所得。④租金计入总所得，但在2018~2020年期间部分符合条件的租金所得享受减半征税的优惠。

3. 泰国：

雇佣所得、经营与专业所得、资本利得、投资所得：计入总所得，适用超额累进税率。但部分所得可以享受税收优惠，其中：（1）例如资本利得：在证券交易所交易的证券，其资本利得免税。（2）投资所得：股息（10%）、利息（15%）。纳税人获得股息、利息，有两种选择：一是计入总所得，已经缴纳的预提税可以从总的应纳税额中抵免；二是不计入总所得，其被预提的税款为最终预提税。

（二）从税率形式看

除东帝汶实行比例税率外（东帝汶实质为比例税率，见表5-28），其余9国均采用超额累进税率。

表5-28　　　　　东帝汶税率

雇佣所得（工资所得税）		非雇佣所得（所得税）	
月应纳税所得额（美元）	税率（%）	应纳税所得额（美元）	税率（%）
不超过500	0	不超过6 000	0
超过500	10	超过6 000	10

注：①雇佣所得适用10%的税率。
②特许权使用费以及来自于不动产的所得：适用10%的最终预提税。
③其他所得：不适用最终预提税的非雇佣所得，适用上表中"非雇用所得"的税率。

（三）从税率水平看

东帝汶的税率为10%[①]，是各国中最低的。其他国家的最高边际税率分别是：菲律宾、泰国和越南，35%；印尼，30%；马来西亚，28%；缅甸，25%；老挝，24%；新加坡，22%；柬埔寨，20%。从税率档次看，马来西亚为11级，不仅在该区域，在"一带一路"沿线国家中也是税率档次最多的（缅甸等6国税率见表5-29）。

表5-29 缅甸等6国的税率

缅甸（万缅甸元，%）		新加坡（万新加坡元，%）		越南（百万越南盾，%）	
应纳税所得额	税率	应纳税所得额	税率	应纳税所得额	税率
200以下	0	低于2的部分	0	0~60	5
200~500	5	2~3	2	60~120	10
500~1 000	10	3~4	3.5	120~216	15
1 000~2 000	15	4~8	7	216~384	20
2 000~3 000	20	8~12	11.5	384~624	25
超过3 000的部分	25	12~16	15	624~960	30
		16~20	18	超过960的部分	35
		20~24	19		
		24~28	19.5		
		28~32	20		
		超过32的部分	22		

---

① Timor-LesteIndividual-Taxes on personal income, http://taxsummaries.pwc.com/ID/Timor-Leste-Individual-Taxes-on-personal-income, 2019.3.17.

续表

柬埔寨（万瑞尔，%）		印尼（卢比，%）	
工资所得：月应纳税所得额	税率	应纳税所得额	税率
120 以下的部分	0	5 千万以下的部分	5
120～200	5	5 千万-2.5 亿	15
200～850	10	2.5 亿-5 亿	25
850～1 250	15	超过 5 亿的部分	30
超过 1 250 的部分	20		

老挝（万基普，%）			
雇佣所得		经营所得及资本利得	
应纳税所得额	税率	应纳税所得额	税率
100 以下	0	360 以下	0
100～300	5	360～800	5
300～600	10	800～1 500	10
600～1 200	12	1 500～2 500	15
1 200～2 400	15	2 500～4 000	20
2 400～4 000	20	4 000 及以上	24
4 000 及以上	24		

1. 缅甸：

（1）雇佣所得、经营与专业所得、投资所得等：适用上表中的累进税率。其中：①来自动产的所得、利息所得被认定为经营所得，即使其可能与经营无关。②出租土地、建筑物等获得的租金所得，适用 10% 的税率。

（2）资本利得：适用 10% 的税率。但纳税人一年内出售、交换或者以其他方式转让固定资产，总价值不超过 1 000 万缅甸元的，即使产生资本利得，也不征收所得税。

（3）"逃避纳税的所得（income that has escaped assessment）"：对该类所得征税是该国的特色。该国认为，纳税人购买、建造资产或从事经营，如果不能说明其资金来源，则该部分资金为"逃避纳税的所得"，应按照超额累进税率计算纳税。超额累进税率的具体规定如下：所得 1~30 000 000 缅甸元（MMK）的部分，税率15%；30 000 001~100 000 000 元的部分，税率20%；超过 100 000 000 元的部分，税率30%。

2. 新加坡：

（1）雇佣所得、经营所得等适用上表中的累进税率。

（2）资本利得：免税。

（3）投资所得：①股息。新加坡实行"单层公司税制（one-tier corporate tax system）"，居民获得的来自居民公司的股息免税，来自其他类型的股息适用上述累进税率。②利息：符合条件的利息（例如，在指定银行存款获得的利息；来自政府债券的利息等）免税。③特许权使用费：适用累进税率，但符合条件的特许权使用费（文学、戏剧、音乐或艺术作品；经批准的知识产权以及创新获得的特许权使用费），可以选择下列二者中数额较低者计入总所得计算纳税：A 按正常方法计算特许权使用费所得。所得 = 特许权使用费收入 - 可以扣除的成本。B 按简便法计算特许权使用费所得。所得 = 特许权使用费收入 × 10%。例如，某纳税人2018年出版图书获得版税收入3 000新元，可以扣除的成本2 800新元，根据正常计算法，特许权使用费所得 = 3 000 - 2 800 = 200（新元）；按照简易计算法，其特许权使用费所得 = 3 000 × 10% = 300（新元），二者取其数额较小者，该笔特许权使用费的所得为200新元。但是，转让已经在杂志或期刊发表的作品获得的特许权使用费不得享受该优惠。（见 IRAS，https：//www. iras. gov. sg/IRASHome/Individuals/Locals/Working - Out - Your - Taxes/What - is - Taxable - What - is - Not/Royalty/，2019. 9. 13.）。④租金所得：适用上述累进税率。

新加坡没有预提税，其个人所得税计算器见表 5 - 30。

表 5-30　新加坡居民个人所得税计算器

Income Tax Calculator for Tax Resident Individuals
居民纳税人所得税计算器

YEAR OF ASSESSMENT 2019（For the year ended 31 Dec 2018）
2019 评税年度（2018 年 12 月 31 日止）

What to do：Enter amount in the gray boxes, where applicable.
Tips：For more information, move your mouse over the field or click on the field name.
做法：在灰色框中填写相应数量。
贴士：欲获得更多信息，点击相应名词即可。

INCOME 所得		
Employment income 雇佣所得		S$0.00
Less：减去	Employment expenses 雇佣支出	S$0.00
NET EMPLOYMENT INCOME 净雇佣所得		S$0.00
Trade, Business, Profession or Vocation 贸易、经营、专业或职业所得		S$0.00
Add：OTHER INCOME 加上：其他所得		
	Dividends 股息	S$0.00
	Interest 利息	S$0.00
	Rent from Property 租金	S$0.00
	Royalty, Charge, Estate/Trust Income 特许权使用费等	S$0.00
	Gains or Profits of an Income Nature 资本利得等	S$0.00
	TOTAL INCOME 总所得	S$0.00
Less：减去	Approved Donations 经过批准的捐赠	S$0.00
ASSESSABLE INCOME 评估所得		S$0.00
Less：PERSONAL RELIEFS 减去：个人减免		
	Earned income relief 勤劳所得减免	S$0.00
	Spouse/handicapped spouse relief 配偶/残疾配偶减免	S$0.00
	Qualifying/handicapped child relief 符合条件的/残疾儿童减免	S$0.00
	Working mother's child relief 有工作的母亲可享受的儿童减免	S$0.00

第五章 我国与沿线国家个人所得税比较

续表

Less：PERSONAL RELIEFS 减去：个人减免		
	Parent/handicapped parent relief 父母/残疾父母减免	S$0.00
	Grandparent caregiver relief 祖父母照护减免	S$0.00
	Handicapped brother/sister relief 残疾兄弟/姐妹减免	S$0.00
	CPF/provident Fund relief 公积金减免	S$0.00
	Life Insurance relief 人寿保险减免	S$0.00
	Course fees relief 学费减免	S$0.00
	Foreign maid levy relief 外籍女佣税减免	S$0.00
	CPF cash top–up relief (self, dependant and Medisave account) 公积金现金充值减免（本人，被抚养人以及医疗储蓄账户）	S$0.00
	Supplementary Retirement Scheme (SRS) relief 补充退休金计划（SRS）减免	S$0.00
	NSman (Self/wife/parent) relief 兵役（纳税人本人妻子/父母/）减免	S$0.00
	Total Personal Reliefs (capped at$80 000) 个人减免总额（最多不超过80 000美元）	S$0.00
CHARGEABLE INCOME 应纳税所得额		S$0.00
Tax Payable on Chargeable Income 应纳税额		S$0.00
Less：减去	Personal Income Tax Rebate (50%) 个人所得税退税（50%）	S$0.00
Tax Payable after Personal Income Tax Rebate 减除退税后应纳税税额		S$0.00
Less：减去	Parenthood Tax Rebate 儿童退税*	S$0.00
NET TAX PAYABLE 净应纳税额		S$0.00

资料来源：https：//www.iras.gov.sg/irashome/Individuals/Locals/Working–Out–Your–Taxes/Income–Tax–Rates–Foreigners/Sample–Income–Tax–Calculations/，该网址右上角第一个文件：Income Tax Calculator for Resident Individuals，2019.9.13.

3. 越南：

（1）雇佣所得适用表 5-29 中的累进税率。

（2）经营所得、专业所得：适用 0.5%~5% 的差别比例税率。

（3）资本利得：被认定为"非正常所得（irregular income）"，按次纳税，应纳税额为合同载明的销售价格的 2%。

（4）投资所得：利息、股息、特许权使用费等适用 5% 的税率，但来自银行的符合条件的利息免税。

4. 柬埔寨：

（1）雇佣所得：该国将对纳税人工薪所得所征的税称为"工资税（Tax on Salary，ToS）"，适用表 5-29 中的累进税率。雇主必须按月预提雇员应该缴纳的税款，并在月份结束之后的 20 天之内将税款上缴给雇主住所所在地的税务机关。该预提税为最终预提税，雇员无须提交纳税申报表。

（2）经营所得：未知其征税办法。

（3）专业所得：纳税人因提供咨询及类似服务获得的所得，适用 15% 的最终预提税。

（4）投资所得：①租金适用 10% 的最终预提税。②特许权使用费适用 15% 的最终预提税。③利息适用 15% 的最终预提税。但纳税人来自居民银行的非定期存款利息，适用 4% 的最终预提税；来自定期存款的利息，适用 6% 的最终预提税。④向居民个人分配股息，无须预提税款。

5. 印尼：

（1）雇佣所得、经营所得、资本利得：适用表 5-29 中的累进税率，但有以下规定：①经营所得：对于年营业额低于 48 亿印尼盾的企业，可以适用简易计税法。②资本利得：该国对下列两种类型的资本利得适用比例税率：转让土地与建筑物获得的资本利得，适用 2.5% 的税率；转让上市公司股份获得的资本利得，适用 0.1% 的税率。

（2）投资所得：股息、利息、特许权使用费、租金计入总所得，适用累进税率，但下列项目除外：特定类型的利息（比如定期存款利息），适用20%的最终预提税；土地与建筑物的租金，适用10%的最终预提税；向居民个人支付的股息，适用10%的最终预提税。

6. 老挝：

（1）雇佣所得、经营所得适用表5-29中的累进税率。

（2）其他类型的所得适用比例税率。其中，①利息、股息适用10%的预提税。②来自知识产权的所得适用5%的预提税。③进行股份转让获得的资本利得适用10%的预提税，否则按其总收入额的2%计算纳税。④彩票奖金超过500万基普时需要纳税，税率10%。⑤佣金适用10%的预提税。⑥不动产转让所得适用5%的预提税（需提供成本的证明文件），否则按销售价格的2%计税。直系亲属间的继承无预提税（但目前不知上述预提税是否为最终预提税）。

三、独联体其他6国

该区域6国均征收个人所得税，税制相对较为简单。

（一）从变化趋势看

近期税率发生变化的国家有2个，其税率变动对不同所得的纳税人产生不同的影响。（1）亚美尼亚2018年改革累进税率，无论级距还是税率均发生了变化。2018年1月1日以前该国雇佣所得适用的税率是：所得低于144万特拉姆的部分，税率24.4%；超过144万特拉姆的部分，税率26%。自2018年1月1日起，纳税人年所得低于180万特拉姆的部分，税率23%；所得在180万~2 400万特拉姆之间的，税率28%；所得超过2 400万特拉姆的部分，适用税率36%。可见该国自2018年起开始实行的税率表提高了适用第一级税率的级距的标准、降低了第一级税率,从而降低了低收入纳税人的税负;但该国提高了第2级的税率并增加了一档36%的高税率,提高了高收入纳税人的税收负担。改革没有停止,亚美尼亚财政部2019年2月20日宣布,自2020年1月1日起个人所得税税率将改为23%的比例税率,这是一个大大降低纳税人税收负担的举措。(2)摩尔多瓦。2018年10月1日起开始实行12%的比例税率,之前实行累进税率:应纳税所得额低于33 000列伊的部分,税率7%;超过33 000列伊的部分,适用税率18%。该次改革后,低所得的纳税人适用的税率有所提高,高所得纳税人适用的税率有所降低,但税制得到简化。

(二)从税率形式看

从目前来看,亚美尼亚与哈萨克斯坦实行累进税率,其余4国实行比例税率。但自2020年起,将只有哈萨克斯坦实行累进税率。

(三)从税率水平看

4个实行比例税率的国家税率较低,分别是:白俄罗斯(13%)、格鲁吉亚(20%)、摩尔多瓦(12%)、乌克兰(18%)。各国不同类型所得适用税率见表5-31。

表5-31　　　　　　　　独联体各国税率

国家	税率
亚美尼亚①	(1)雇佣所得。自2018年1月1日起实行3级超额累进税率:年应纳税所得额低于180万特拉姆的部分,税率23%;年应纳税所得额在180万~2 400万特拉姆之间的部分,税率28%;年应纳税所得额超过2 400万特拉姆的部分,税率36%; (2)经营所得:自2018年1月1日起,纳税人获得的经营所得与专业所得缴纳公司所得税,该国公司所得税税率为20%; (3)资本利得:纳税人销售债券、个人用财产等获得的资本利得免税;销售经营用资产获得的资本利得应税,税率为10%或20%,依据所销售资产的类型及销售对象的不同而不同;

续表

国家	税 率
亚美尼亚[①]	（4）投资所得：①利息、特许权使用费、租金：适用10%的预提税。②股息：居民获得的股息适用5%的预提税；非居民获得的股息适用10%的预提税
阿塞拜疆	（1）雇佣所得。实行2级超额累进税率，月应纳税所得额低于2 500马纳特的部分，税率14%；月应纳税所得额超过该数额的部分，税率25%[②]； （2）经营所得：20%（自2019年1月1日起适用）； （3）投资所得：①股息，适用10%的最终预提税。②利息，适用10%的最终预提税。③作者及其继承人获得的版税，适用14%的最终预提税；④租金，适用14%的最终预提税；⑤来自彩票等的所得，适用10%的预提税
白俄罗斯	（1）雇佣所得、股息所得、资本利得、利息所得，适用13%的税率； （2）专业所得：适用16%的税率； （3）赌博所得：纳税人获得由白俄罗斯赌博企业支付的赌博所得，适用4%的税率
格鲁吉亚	（1）雇佣所得、经营所得：适用20%的税率。其中对于经营所得，符合条件的企业可以适用简易计税法，直接用营业额乘以规定的比例计算应纳税额； （2）投资所得：①股息：居民公司支付的股息，适用5%的最终预提税。②利息：适用5%的最终预提税。③特许权使用费：适用20%的最终预提税。④租金：住宅出租获得的租金，适用5%的税率；其他租金，适用20%的税率。⑤资本利得：A．纳税人销售住宅以及与经营无关的资产，如果其已经持有该资产2年以上，免税；B．纳税人销售已经持有6个月以上的机动车，免税。C．纳税人在经营活动中产生的资本利得，计入经营所得计算纳税
摩尔多瓦	（1）工薪所得、经营所得及专业所得：自2018年10月1日起加总计算，适用12%的比例税率； （2）投资所得：①股息：居民纳税人获得的居民公司分配的股息，适用6%的最终预提税。②利息：适用12%的最终预提税，但纳税人获得的来自存款、公司债券以及国家债券的利息，免税。③特许权使用费：适用12%的最终预提税。④租金：适用10%的最终预提税

续表

国家	税率
乌克兰	（1）雇佣所得、经营与专业所得、特许权使用费、租金、资本利得，均适用18%的税率； （2）投资所得：股息：①居民公司支付给自然人的股息，适用5%的最终预提税。②利息，适用18%的预提税

注：①亚美尼亚：A. 该国自2018年1月1日实行新的税收法典（New Tax Code, NTC）。B. 该国工薪所得需要按月缴纳预提税，预提税为累进税率：月应纳税所得额低于15万特拉姆的部分，税率23%；所得在15万~200万特拉姆之间的部分，税率28%；所得超过200万特拉姆的部分，适用税率36%。工薪所得按月预提税款，其级距恰好是正常税率规定级距的1/12。目前尚不知该国其他所得适用的预提税是否为最终预提税。

②阿塞拜疆：2019~2015年，阿塞拜疆对非政府部门、非油气企业的雇员，适用优惠税率：应纳税所得额低于8 000马纳特的，免税；超过该数额的，适用14%的税率。7年后，其与政府部门以及油气部门雇员一起，适用14%、25%的2级超额累进税率。

（四）从税收征管看

个别国家对个人所得中未缴税部分会补征税款。例如，白俄罗斯规定如果个人购买公寓等固定资产的总支出超过个人申报的总所得，则超过部分按照16%的税率计算纳税。

四、南亚8国

该区域各国均实行个人所得税，其中马尔代夫征税范围最窄，只对个人获得的经营所得超过50万卢比的部分征税，适用15%的税率。

（一）从变化趋势看

该区域各国税率较为稳定，最近几年没有变化。

第五章　我国与沿线国家个人所得税比较

(二) 从税率形式看

该区域除马尔代夫实行比例税率外,其他 7 国均实行累进税率。

(三) 从税率水平看

印度、孟加拉国最高边际税率均为 30%,尼泊尔为 36%,斯里兰卡与阿富汗为 20%,巴基斯坦与不丹为 25%,税率处于中高水平。从税率档次看,印度与阿富汗 4 档;尼泊尔、不丹、斯里兰卡与孟加拉国 5 档;巴基斯坦区别对待:工薪所得等适用 7 级累进税率,其他所得适用 8 档累进税率,是该区域中税率档次最多的国家 (见表 5-32)。

表 5-32　　　　　　印度等 6 国的税率

印度 (卢比,%)		斯里兰卡 (卢比,%)		孟加拉国 (塔卡,%)	
应纳税所得额	税率	应纳税所得额	税率	应纳税所得额	税率
0 ~ 250 000	0	不超过 600 000	4	不足 25 万的部分	0
250 000 ~ 500 000	5	600 001 ~ 1 200 000	8	25 万 ~ 65 万	10
500 000 ~ 1 000 000	20	1 200 001 ~ 1 800 000	12	65 万 ~ 115 万	15
超过 1 000 000	30	1 800 001 ~ 2 400 000	16	115 万 ~ 175 万	20
		2 400 001 ~ 3 000 000	20	175 万 ~ 205 万	25
阿富汗 (阿富汗尼,%)		不丹 (努尔特鲁姆,%)		尼泊尔 (万卢比,%)	
应纳税所得额	税率	应纳税所得额	税率	应纳税所得额	税率
不超过 60 000 的部分	0	不超过 200 000 的部分	0	不超过 35	1
60 001 ~ 150 000	2	200 001 ~ 250 000	10	35 ~ 45	10
150 001 ~ 1 200 000	10	250 001 ~ 500 000	15	45 ~ 65	20
超过 1 200 000 的部分	20	500 001 ~ 1 000 000	20	65 ~ 200	30
		超过 1 000 000 的部分	25	超过 200	36

1. 印度:

(1) 雇佣所得:适用上表中的累进税率。

(2) 经营与专业所得:适用公司所得税。

(3) 投资所得:计入总所得纳税,适用上表中的累进税率。其中,有些投资所得可以享受税收优惠。

(4) 资本利得:税率因资产类型以及持有年限的长短而分别适用10%或20%的比例税率。

(5) 在个人所得税之外,印度还征收附加税,税率是:纳税人应纳税所得额处于500万~1 000万卢比区间时,适用10%的附加税;应纳税所得额超过1 000万卢比时,适用15%的附加税。

2. 斯里兰卡:

(1) 雇佣所得、经营所得:适用上表中的累进税率。

(2) 资本利得:适用10%的税率。

(3) 投资所得:股息,适用14%的最终预提税;利息:适用5%的预提税;租金,适用10%的预提税;特许权使用费,适用14%的预提税。

3. 孟加拉国:

(1) 雇佣所得:适用上表中的累进税率。

(2) 经营所得:适用公司所得税。

(3) 未找到关于投资所得的征税规定。

4. 阿富汗、不丹:

雇佣所得适用上表中的累进税率;未找到雇佣所得之外的其他所得适用税率的资料。

5. 尼泊尔:

(1) 雇佣所得:纳税人选择进行单独申报,适用上表中的累进税率;如果选择进行夫妇联合申报,其适用的累进税率如下:应纳税所得额低于40万卢比的部分,税率1%;应纳税所得额在40万~50万卢比之间的部分,税率10%;应纳税所得额在50万~70万卢比之间的部分,税率20%;应纳税所得额在70

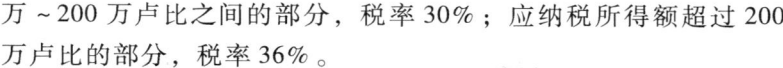
第五章 我国与沿线国家个人所得税比较

万~200万卢比之间的部分,税率30%;应纳税所得额超过200万卢比的部分,税率36%。

需要说明的是,①累进税率表中的第一级税率1%为社保税。该国规定,单独申报纳税人获得的雇佣所得,不超过35万卢比的部分(如果是夫妇联合申报,则该数额为40万),适用1%的社保税,并存于一个单独的账户中。②该国对应纳税所得额超过200万卢比的部分,适用20%的附加税,这样税率最高累进到36%。

(2)经营所得:适用公司所得税。

(3)投资所得:①股息:适用5%的最终预提税。②租金:适用10%的最终预提税(但已经进行增值税注册的机动车租赁公司,其获得的租金所得适用1.5%的预提税)。③利息:来自居民银行的利息等适用5%的最终预提税。

资料来源:Department of Revenue and Customs,Ministry of Finance,http://portal.drc.gov.bt/drc/node/25,2019.3.18.

(四)从设计理念看

巴基斯坦根据纳税人工薪所得占总所得的比重分别规定了不同的税率,其中工薪所得占比高(超过50%)的纳税人适用的累进税率,比工薪所得占比低(不足50%)的纳税人适用的累进税率少一级,并且级距比较宽,体现了对勤劳所得的照顾(见表5-33)。

表5-33　　　　　巴基斯坦税率

工薪所得在总所得中占比未超过50%		工薪所得在总所得中的占比超过50%	
应纳税所得额(卢比)	税额(卢比)或税率(%)	应纳税所得额(卢比)	税额(卢比)或税率(%)
400 000及以下	0	400 000及以下	0

续表

工薪所得在总所得中占比未超过50%		工薪所得在总所得中的占比超过50%	
应纳税所得额（卢比）	税额（卢比）或税率（%）	应纳税所得额（卢比）	税额（卢比）或税率（%）
400 001 ~ 800 000	1 000	400 001 ~ 800 000	1 000
800 001 ~ 1 200 000	2 000	800 001 ~ 1 200 000	2 000
1 200 001 ~ 2 400 000	超过1 200 000的5%	1 200 001 ~ 2 500 000	超过1 200 000的5%
2 400 001 ~ 3 000 000	60 000 + 超过2 400 000的15%	2 500 001 ~ 4 000 000	65 000 + 超过2 400 000的15%
3 000 001 ~ 4 000 000	150 000 + 超过3 000 000的20%	4 000 001 ~ 8 000 000	290 000 + 超过4 000 000的20%
4 000 001 ~ 5 000 000	350 000 + 超过4 000 000的25%	超过8 000 000	1 090 000 + 超过8 000 000的25%
超过5 000 000	600 000 + 超过5 000 000的29%		

注：巴基斯坦实行的是混合税制。

①雇佣所得：适用上表中的累进税率。

②经营所得：适用与公司所得相同的税收待遇。

③投资所得：A. 股息：未知。B. 利息：不计入总所得，单独征税，适用的累进税率如下：利息所得低于500万卢比的部分，税率10%；500万~2 500万卢比的部分，税率12.5%；超过2 500万卢比的部分，适用税率15%。C. 租金，适用单独的累进税率：租金所得不足200 000卢比的部分，无税；200 001~600 000卢比的部分，税率5%；600 001~1 000 000卢比的部分，税率10%；1 000 001~2 000 000卢比的部分，税率15%；超过2 000 000卢比的部分，税率20%。D. 特许权使用费，根据类型的不同，或计入"经营所得"纳税，或按"其他类型的所得"纳税。E. 资本利得。根据持有时间的长短，计入总所得适用累进税率或单独适用比例税率。

④为了支持战乱后的重建工作，该国对年应纳税所得额超过500百万卢比的个人或者合伙人征收附加税，2018纳税年度税率为3%，2019降至2%，2020年为1%，2021年为0。

五、西亚北非 16 国

该区域 9 国实行个人所得税。

(一) 从变化趋势看

(1) 土耳其、以色列的税率没有变化,但 2019 年各级所得的级距较 2018 年相比均有所提高。(2) 约旦 2019 年将适用第一档税率的所得由 10 000 元降低到 5 000 元,增加一档 5% 的低税率,从而降低了低收入者的税收负担;但从第 2 级开始,税率较 2018 年有所提高,最高边际税率提高到 30%。因而总的来看,该国税负有所提高(土耳其、约旦、以色列 3 国税率见表 5-34、表 5-35)。

(二) 从税率形式看

该区域各国除卡塔尔采用 10% 的比例税率外,其他国家均采用累进税率。其中卡塔尔的征税范围与东帝汶相同,只对纳税人的经营所得与专业所得征税。

(三) 从税率水平看

以色列最高边际税率为 47%。同时该国规定,如果纳税人年所得超过 649 560 新谢克尔,还需要额外缴纳 3% 的附加税,此时纳税人适用的最高税率为 50%,是该区域中最高的。有些国家税率较低,其中伊拉克、巴勒斯坦的最高边际税率为 15%,也门与约旦为 20%,黎巴嫩 21%,叙利亚 22%,埃及 22.5%。土耳其和伊朗为 35%,属于中等水平。叙利亚采用 5%~22% 的累进税率,但没有找到更加详细的资料。埃及等国税率见表 5-36。

表 5-34　约旦、土耳其税率

约旦① (万第纳尔, %)

2018年 年应纳税所得额	税率	2019年 年应纳税所得额	税率
不超过1的部分	7	不超过0.5的部分	5
		0.5~1	10
1~2	14	1~1.5	15
		1.5~2	20
超过2的部分	20	2~100	25
		超过100部分	30

土耳其② (万里拉, %)

雇佣所得			非雇佣所得		
应纳税所得额 2018年	应纳税所得额 2019年	税率	应纳税所得额 2018年	应纳税所得额 2019年	税率
小于1.48的部分	小于1.8的部分	15	小于1.48的部分	小于1.8的部分	15
1.48~3.4	1.8~4	20	1.48~3.4	1.8~4	20
3.4~12	4~14.8	27	3.4~8	4~9.8	27
超过12的部分	超过14.8的部分	35	超过8的部分	超过9.8的部分	35

注: ①约旦: 实行混合税制。
A. 雇佣所得、经营所得、租金所得、特许权使用费所得: 适用上表中的累进税率。
B. 资本利得: 一般情况下免税。
C. 特许权使用费: 适用上表中的累进税率。
a. 股息所得: 投资基金及影响所得均免税, 但有些情况下股息要被征收10%的预提税。b. 利息所得: 5%的最终预提税。
D. 偶然所得: 纳税人获得的奖金及票据所得超过1 000第纳尔的, 适用15%的最终预提税。
②土耳其2019年雇佣所得与非雇佣所得适用4级超额累进税率, 税率相同, 但级距不完全相同:
a. 前2级税率与级距均相同。
b. 第3级雇佣所得的级距是4万~14.8万里拉, 而非雇佣所得的级距是4万~9.8万里拉。当纳税人获得的所得在9.8~14.8万里拉区间时, 雇佣所得适用的级距低于非雇佣所得。例如, 某纳税人获得10万里拉的所得, 如果该所得是雇佣所得, 则其累进到27%; 如果是非雇佣所得, 则其累进到35%。

第五章 我国与沿线国家个人所得税比较

表5-35　以色列税率

新谢克尔，%

普通人					老年人			
2018年		2019年			2018年		2019年	
年应纳税所得额	税率	年应纳税所得额	税率		年应纳税所得额	税率	年应纳税所得额	税率
未超过239 520的部分	31	未超过242 400的部分	31		未超过74 880的部分	10	未超过75 720的部分	10
239 521~498 360	35	242 401~504 360	35		74 881~107 400	14	75 721~108 600	14
超过498 360的部分	47	超过504 360的部分	47		107 401~172 320	20	108 601~174 360	20
					172 321~239 520	31	174 361~242 400	31
					239 521~498 360	35	242 401~504 360	35
					超过498 360的部分	47	超过504 360的部分	47

注：以色列个人所得税为混合税制。

① 雇佣所得、经营所得与专业所得、特许权使用费所得、租金等：适用上表中的累进税率，但其中有些项目适用优惠税率或免税。

② 投资所得：股息、利息、特许权使用费、资本利得，适用预提税（差别比例税率），最高不超过50%。

表 5-36　　　　埃及、伊拉克、巴勒斯坦税率

埃及① （镑，%）		伊拉克② （万第纳尔，%）		巴勒斯坦③ （万元，%）	
年应纳税所得额	税率	年应纳税所得额	税率	年应纳税所得额	税率
不超过 8 000 的部分	0	不超过 25 的部分	3	不超过 7.5 的部分	5
8 001~30 000	10	25~50	5	7.5~15	10
30 001~45 000	15	50~100	10	超过 15 的部分	15
45 001~200 000	20	超过 100 的部分	15		
超过 200 000 的部分	22.5				

注：①埃及实行混合税制。

A. 雇佣所得、经营所得与专业所得：适用上表中的累进税率。

B. 投资所得：a. 股息所得：5%。b. 利息：纳税人来自埃及银行及埃及邮政的利息，免税。c. 特许权使用费：适用上表中的累进税率。

C. 资本利得：a. 转让位于埃及城市内的土地及建筑物，以总所得作为计税依据，适用 2.5% 的税率。b. 转让居民公司的股份适用 22.5% 的税率，但转让上市公司的股份免税（实行至 2020 年 5 月 16 日）。

②伊拉克：该国个人所得税的综合程度较高。

A. 雇佣所得、经营所得、利息、销售固定资产获得的资本利得，适用上表中的累进税率。

B. 投资所得：a. 股息：免税。b. 特许权使用费：适用 15% 的预提税。

③巴勒斯坦：混合税制，将部分资本所得与劳动所得合并计税，适用累进税率。

A. 雇佣所得、经营与专业所得、资本利得：适用上表中的累进税率，但销售上市公司股票及债券获得的资本利得，免税。

B. 投资所得：a. 股息，免税。b. 利息，免税。c. 特许权使用费：适用 5% 的最终预提税。

C. 奖金及彩票所得：适用 10% 的最终预提税。

（四）从设计理念看

有的国家对纳税人不做区分，均适用统一的税率；有的国家在设计税率时考虑纳税人年龄、收入水平因素。（1）以色列对年满 60 岁的纳税人适用较低的累进税率。该国标准税率有 31%，35% 和 47% 三个档次，但为 60 岁以上的纳税人增设了 10%，14% 和 20% 三个较低的税率档次，适用于年所得低于 174 360 新谢克尔

的部分；年所得超过174 360新谢克尔的部分，税率与普通人相同（见表5-35）。（2）土耳其、也门、黎巴嫩与伊朗对雇佣所得与经营所得等区别对待。其中也门与黎巴嫩雇佣所得适用的税率低于经营所得；伊朗雇佣所得适用的最高边际税率高于经营所得，但当纳税人获得的雇佣所得低于19.32亿里亚尔时，其税收负担比经营与专业所得要低（也门、黎巴嫩、伊朗税率见表5-37）。

六、中东欧16国

（一）从变化趋势看

各国根据自身情况，不断调整本国的税制。变化表现为两个方面：（1）拉脱维亚（2018年）、立陶宛（2019年）、北马其顿（2019年）由单一税改为累进税。①立陶宛2019年之前实行15%的单一税，2019年改为实行2级超额累进税率。②拉脱维亚2017年实行23%的比例税率，2018年改为实行3级超额累进税率。改革后低收入者适用的税率下降至20%，中等收入者税负水平不变，高收入者适用的税率提高[1]。该国称税改的目标在于促进经济发展、促进公平、增加政府税收收入[2]。③北马其顿2019年之前适用10%的比例税率，之后改为适用2级超额累进税率，10%与累进表中的第一级税率相同，高收入者的税收负担增加。（2）克罗地亚改革了税收级距。与2018年相比，克罗地亚2019年的税率未变，但级距由21万提高到36万。立陶宛、北马其顿、克罗地亚、拉脱维亚税率见表5-38。

---

[1] EU, Country Report Latvia 2018, https：//ec.europa.eu/info/sites/info/files/2018-european-semester-country-report-latvia-en_1.pdf, 2018.4.18.

[2] OECD, Tax Policy Reforms 2018——OECD and Selected Partner Economies, https：//read.oecd-ilibrary.org/taxation/tax-policy-reforms-2018_9789264304468-en#page3, 2018.9.10. P54.

表 5-37　也门、黎巴嫩、伊朗税率表

也门① (万里亚尔, %)					黎巴嫩② (百万镑, %)				伊朗③ (亿里亚尔, %)			
雇佣所得		经营所得与专业所得			雇佣所得		经营所得		雇佣所得		经营所得与专业所得	
应纳税所得额	税率	应纳税所得额	税率		应纳税所得额	税率	应纳税所得额	税率	应纳税所得额	税率	应纳税所得额	税率
不超过12的部分	0	不超过12的部分	0		不超过6的部分	2	不超过9的部分	4	不超过2.76的部分	0	不超过5的部分	15
12~24	10	12~24	10		6~15	4	9~24	7	2.76~11.04	10	5~10	20
超过24的部分	15	24~84	15		15~30	7	24~54	12	11.04~13.80	15	超过10的部分	25
		超过84的部分	20		30~60	11	54~104	16	13.80~19.32	25		
					60~120	15	超过104的部分	21	超过19.32的部分	35		
					超过120的部分	20						

注：①也门：

A. 勤劳所得：雇佣所得中的工薪所得、加班费、假期工资、转让与经营有关的资本利得等适用同一税率15%。

B. 特许权使用费数视为经营所得。a. 股息：无须纳税。b. 利息：适用10%的最终预提税，勤劳所得适用上表中的累进税率。

C. 投资所得：该国实行分类税制，勤劳所得适用上表中的累进税率。

②黎巴嫩：

A. 雇佣所得：经营所得。a. 利息，适用10%的最终预提税。b. 符合条件的纳税人获得的资本利得免税。c. 资本利得：税率15%，未从事经营活动的纳税人获得的资本利得免税。d. 租金：未知。

③伊朗：

A. 雇佣与经营所得：分别适用不同的累进税率。

B. 投资所得：a. 股息，免税。b. 符合条件的利息（例如来自于国库券的利息），免税。c. 特许权使用费，与企业获得的特许权使用费适用同样的税收待遇（该国公司所得税税率为25%）。d. 资本利得：A. 纳税人转让股份获取的资本利得，不征收个人所得税，而是适用转移税（transfer tax）。B. 纳税人转让不动产获取的资本利得，按不动产应税价值的5%计算纳税。其中，"应税价值"为其在地区估价表（regional valuation tables）中的价值（rateable value）的5%计算纳税。其中，"应税价值"为其在地区估价表中的价值。

表5-38　立陶宛、北马其顿、克罗地亚、拉脱维亚4国税率

立陶宛（倍数，%）

2019年		2020年		2021年	
应纳税所得额	税率	应纳税所得额	税率	应纳税所得额	税率
不超过平均工资120倍的部分	20	不超过平均工资84倍的部分	20	不超过平均工资60倍的部分	20
超过120倍的部分	27	超过84倍的部分	27	超过60倍的部分	27

北马其顿（万第纳尔，%）

2019年	
应纳税所得额	税率
未超过1 080万的部分	10
超过1 080万的部分	18

克罗地亚（万库纳，%）

2018年		2019年	
应纳税所得额	税率	应纳税所得额	税率
不超过21的部分	24	不超过36的部分	24
超过21的部分	36	超过36的部分	36

拉脱维亚（欧元，%）

2018年		2019年	
应纳税所得额	税率	应纳税所得额	税率
不超过20 004的部分	20	不超过20 004的部分	20
20 004~55 000	23	20 004~55 000	23
超过55 000的部分	31.4	超过55 000的部分	31.4

1. 立陶宛：

（1）雇佣所得、利息、特许权使用费、资本利得等适用上表中的累进税率。

（2）经营所得与专业所得、以及投资所得中的股息：适用15%的税率。

2. 北马其顿：

从2019年起，该国将所得分为勤劳所得与资本所得两类。

（1）勤劳所得适用上表中的累进税率。

（2）资本所得：①资本利得：15%的比例税率。该国对资本利得实行税基优惠，规定资本利得的90%计算纳税，10%免税。另外，该国对销售符合条件的不动产（例如纳税人获得不动产5年后将其销售）产生的资本利得，免税。②股息、利息、租金、特许权使用费等，适用15%的最终预提税。

（3）经营所得：未找到相关资料。

3. 克罗地亚：

（1）雇佣所得、经营所得、租金适用上表中的累进税率。其中，①雇佣所得采用预提的方式，如果纳税人仅仅有雇佣所得，则其被预提的税款即为最终应纳税款。②符合条件的经营者也可以选择适用公司所得税，该国称其为利润税。

（2）投资所得：①股息：纳税人获得的由居民公司支付的股息，适用12%的最终预提税。②利息：来自银行存款、投资基金的利息等适用12%的最终预提税；其他利息适用40%的最终预提税。③特许权使用费，适用24%的最终预提税。④租金：来自不动产的租金，适用12%的最终预提税。⑤资本利得：销售不动产获得的资本利得，适用12%的最终预提税。B.销售动产及证券获得的资本利得，免税。

（3）其他所得。经纪人、记者、艺术家和运动员获得的所得被归入"其他所得"，适用24%的最终预提税。

第五章　我国与沿线国家个人所得税比较

4. 拉脱维亚：

（1）雇佣所得、经营所得、特许权使用费、不动产租金：适用上表中的累进税率。

（2）投资所得：①股息：自2018年1月1日起，纳税人获得的大部分国内股息免税，免税的前提条件是支付股息的公司已经缴纳公司所得税。②利息、资本利得：税率20%。但纳税人销售符合条件的不动产获得的资本利得，免税。免税条件是：纳税人持有不动产的期限超过60个月；在转让前，连续12个月（这12个月在60个月的期限之内）是销售者的主要居住用住宅。

（二）从税率形式看，该区域7个国家实行比例税率，9个国家实行累进税率

1. 7国实行比例税率。以黑山为例，该国各类所得计算纳税的方法不同，有的是加总计税，有的是最终预提税，但税率均为9%（见表5-39）。

表5-39　　　　实行比例税率的国家及税率

国家	税率
黑山	（1）雇佣所得、经营所得与专业所得等加总计税，税率9%； （2）投资所得：①股息、利息：适用9%的最终预提税，但利息所得减半计入税基；②特许权使用费与租金：如果支付者是法律实体，则适用9%的最终预提税；否则，计入总所得纳税； （3）资本利得：单独评估计税，税率9%
保加利亚	（1）雇佣所得、部分利息所得、特许权使用费所得、资本利得、租金所得：纳税人根据税法规定，分别计算各类所得的数额，之后加总计算总所得，按10%的税率纳税； （2）经营与专业所得：适用15%的税率； （3）投资所得：①股息：适用5%的最终预提税；②利息：来自于银行的利息适用8%的最终预提税，来自于其他渠道的利息计入总所得纳税

续表

国家	税率
波黑	波黑联邦： (1) 雇佣所得：税率10%； (2) 投资所得：①应税项目：利息、租金、资本利得以及来自博彩的偶然所得，适用10%的最终预提税。②免税项目：A. 纳税人来自于政府债券的利息所得免税；B. 股息免税 塞族共和国： (1) 雇佣所得：税率10%； (2) 投资所得：特许权使用费等适用10%的最终预提税 布尔奇科区： (1) 雇佣所得：税率10%； (2) 投资所得：应税利息、租金、资本利得，适用10%的最终预提税
罗马尼亚	(1) 雇佣所得：适用10%的税率； (2) 投资所得：①股息：适用5%的最终预提税。②利息、特许权使用费：适用10%的最终预提税，但纳税人来自州政府债券的利息等免税。③资本利得：适用转移税（transfer tax）。在该国资本利得无须缴纳个人所得税，而是当纳税人获得的资本利得超过45万列伊时，就转让所得缴纳3%的转移税
爱沙尼亚	所有所得：适用20%的比例税率。其中，居民企业在分配股息时缴纳20%的公司所得税，股东收到股息时无须再纳税
捷克	(1) 雇佣所得、部分资本利得：税率为15%； (2) 投资所得：①股息、利息：15%的最终预提税。②资本利得：A. 纳税人销售持有5年以上的非经营性资产获得的资本利得，免税。B. 纳税人销售住宅，如果该住宅在销售在前2年是纳税人的主要住所，则其获得的资本利得免税。C. 纳税人获得的其他资本利得，计入总所得纳税
匈牙利	(1) 雇佣所得、经营所得与专业所得、资本利得、租金、特许权使用费：税率15%； (2) 投资所得：股息、利息，15%的最终预提税

注：捷克的纳税人的雇佣所得、经营所得与专业所得超过年平均工资4倍（2019年为1 569 552克朗）的部分，还需额外缴纳7%的"团结附加税（solidarity surcharge）"。

2. 实行超额累进税率的国家有 6 个，其中北马其顿、克罗地亚、拉脱维亚 3 国的税率见表 5 – 38；阿尔巴尼亚、波兰、斯洛文尼亚 3 国的税率见表 5 – 40。

3. 实行超倍累进税率的国家 3 个（立陶宛、斯洛伐克、塞尔维亚）。其中，立陶宛税率见表 5 – 38。斯洛伐克规定，投资所得单独计算纳税，适用 19% 的比例税率，其他所得加总适用超倍累进税率。其中"倍"以生计费（subsistence level）为标准，其 2019 年的税率是：应纳税所得额未超过生计费 176.8 倍（35 268.06 欧元）的部分，适用 19% 的税率；超过部分适用 25% 的税率。塞尔维亚规定，（1）雇佣所得、特许权使用费、租金所得适用累进税率：应纳税所得额不超过年平均工资 3 倍的部分，免税；应纳税所得在年平均工资 3~6 倍之间的部分，税率 10%；超过 6 倍的部分，税率 15%。（2）经营所得适用临时所得税（provisional income tax），税率 10%。（3）投资所得：股息、利息、资本利得等适用 15% 的最终预提税，但纳税人来自银行存款及政府债券的利息免税。

（三）从税率水平看

各国最高边际税率可以分为 3 个类型：（1）处于 18%~30% 之间。其中塞尔维亚最高边际税率 15%；北马其顿 18%；阿尔巴尼亚 23%；斯洛伐克 25%；立陶宛 27%。（2）处于 30%~40% 之间。其中波兰最高边际税率 32%；拉脱维亚 31.4%；克罗地亚 36%。（3）超过 50%。斯洛文尼亚的最高边际税率为 50%。实行比例税率的国家税率都不高，分别是：黑山（9%）；保加利亚、波黑与罗马尼亚（10%）；捷克与匈牙利（15%）；爱沙尼亚（20%）。从税率档次看。9 个实行累进税率的国家中，立陶宛、斯洛伐克、波兰、北马其顿、克罗地亚与塞尔维亚，2 档；阿尔巴尼亚与拉脱维亚，3 档；斯洛文尼亚最多，为 5 档。

表5-40　　阿尔巴尼亚、波兰、斯洛文尼亚税率

波兰① (兹罗提, %)		阿尔巴尼亚② (列克, %)		斯洛文尼亚③ (欧元, %)	
应纳税所得额	税率	月应纳税所得额	税率	应纳税所得额	税率
不超过85 528的部分	18% - 个人宽免	不超过3 000的部分	0	不超过8 201.34的部分	16
超过85 528的部分	15 359.04 + 32% × (应纳税所得额 - 85 528) - 个人宽免	30 001~150 000	13	8 201.34~20 400	27
		超过150 000的部分	23	20 400~48 000	34
				48 000~70 907.20	39
				超过70 907.20的部分	50

注：①波兰"个人宽免（personal allowance）"：该国个人标准扣除不是直接采用税前扣除的方式，而是采用累退抵免的方式，即从应纳税额中减除"税收宽免"额。该国2019年引入了专项从事各类所得的税收待遇：
A. 雇佣所得、经营所得：适用上表中的累进税率。
B. 投资所得：a. 股息、利息：适用19%的最终预提税。b. 特许权使用费：适用18%的最终预提税。该国称为利润税（该国公司所得税）。
利息制度。c. 来自知识产权转让所得适用5%的优惠税率。
②阿尔巴尼亚：
A. 雇佣所得：适用上表中的累进税率。
B. 经营所得：低于5百万列克，免税。纳税人的年营业收入超过800万列克，适用公司所得税。适用15%的最终预提税。b. 资本利得：转让股份及销售不动产获得的
C. 投资所得：a. 利息、股息、租金、特许权使用费：适用15%的税率。
资本利得，适用15%的税率。
③斯洛文尼亚：
雇佣、经营所得：适用上表中的累进税率（从事经营的纳税人也可选择适用简易计税法）。
投资所得：适用25%的最终预提税。
资本利得：单独计算纳税，适用25%的比例税率，但纳税人转让持有期较长的资产获得的资本利得可以适用低税率。

228

第五节　我国与沿线国家个人所得税比较

我国与沿线国家税制有所不同，沿线国家有些经验可供我国借鉴。

一、我国与沿线国家税制比较

（一）纳税人

1. 我国居民身份判定标准

我国采用住所与时间标准来判断某自然人是否为居民。根据这两个标准，我国将纳税人分为以下几个类别：（1）有住所的居民。（2）无住所的居民，又分为两类：①在我国境内居住累计满183天的年度连续不满6年；②在我国境内居住累计满183天的年度连续满6年。（3）无住所的非居民，又分为两类：①在我国境内居住的时间累计不超过90天；②在我国境内居住的时间累计超过90天不满183天。不同类型纳税人的纳税义务不相同，其中（1）以及（2）中的②类纳税人负有无限纳税义务。

2. 与沿线国家的比较

沿线国家因自身政治、经济、社会、文化背景的不同而形成了不同的居民判定标准。有的国家仅仅采用时间标准，有的采用时间、住所、公民、居住意愿或利益中心中的2个或3个标准。我国采用的住所与时间标准相比于居住意愿、利益中心等标准，更为客观，利于税法的执行。另外，我国现行判断居民身份的时间标准为183天，与沿线以及世界绝大多数国家判断居民标准的时间标准一致。

(二) 税收优惠

1. 我国现行收优惠

目前,我国的税收优惠分为三类。

一是促进残疾人就业的税收优惠。我国规定,符合条件的残疾人员获得的所得,享受减税优惠。

二是吸引人才税收优惠。(1)广东省、深圳市按内地与香港个人所得税税负的差额,对在粤港澳大湾区工作的境外(含港澳台)高端人才及紧缺人才给予补贴,该项补贴免税。该项政策的目的在于支持粤港澳大湾区建设、吸引境外高端人才及紧缺人才来大湾区工作。(2)纳税人获得的省部级奖金等,免税。

三是激励创新税收优惠。我国对个人获得的科研机构、高等学校股权奖励给予延期缴纳个人所得税的优惠;对高新技术企业技术人员获得的股权奖励给予分期缴纳个人所得税的优惠;对企业以及个人以技术成果投资入股给予递延缴纳所得税的优惠。同时我国规定,对科技人员获得的由国家级、省部级以及国际组织颁发的科技奖金,给予免税优惠;对纳税人获得的职务科技成果转化现金奖励,给予减免税优惠。

2. 与沿线国家的比较

沿线国家税收优惠分为:(1)为达到社会目的而实行的税收优惠。包括对残疾人、低收入者、女性给予税收优惠等。(2)吸引人才税收优惠。包括:①特定行业人才优惠,包括文化体育从业人员、海员、医生及护士、农业及林业从业者等。②特定地区人才优惠,包括在经济特区、落后地区工作的专业人才等。③外国专业人才优惠,包括高管、术人员等。(3)激励创新税收优惠。例如波兰对个人转让IP获得的所得给予优惠、土耳其对研发人员获得的工薪所得给予优惠。(4)博彩所得税收优惠。一些国家对纳税人获得的博彩所得给予税收优惠,以促进本国博彩业的发展。沿线国家的税收优惠见表5-41。

表 5-41　　　　　　　各国税收优惠

优惠项目		代表性国家
人才优惠	对外国专家给予减免税或低税率优惠	俄罗斯、乌兹别克斯坦、马来西亚、泰国等
	对文化、体育、艺术从业者给予减免税优惠	菲律宾、老挝、格鲁吉亚、亚美尼亚、阿塞拜疆、阿尔巴尼亚、罗马尼亚等
	对在欠发达地区、山区工作的雇员给予税收优惠	吉尔吉斯斯坦、伊朗、黑山、伊拉克
	对在经济开发区、高科技园区、自贸区等工作的员工给予优惠	泰国、马来西亚、白俄罗斯、伊朗
行业优惠	对在医院、孤儿院、庇护所和其他医疗和急救机构的工作护士及雇员给予免税优惠	黎巴嫩
	对海员给予税收优惠	保加利亚
	对从事农业的纳税人获得的所得给予优惠	土库曼斯坦、吉尔吉斯斯坦、阿塞拜疆、摩尔多瓦、巴基斯坦、印度、约旦、黎巴嫩、保加利亚、拉脱维亚等
激励创新优惠	对自然人 IP 转让所得适用低税率	波兰
	对从事研发活动的雇员的雇佣所得给予优惠	土耳其
社会目的优惠	对残疾人士给予免税优惠	巴勒斯坦、以色列等
	对低收入者给予退税优惠	印度
	对老年人给予优惠	印度
博彩优惠	对彩票所得、赌博所得免税	哈萨尔斯坦、格鲁吉亚、白俄罗斯、新加坡、波兰

(三) 税前扣除

在前面的研究中课题组比较了沿线国家的 3 个税前扣除项

目,分别是标准扣除、社会性扣除、与住房有关的扣除,我国也有上述 3 种类型的扣除①。

1. 标准扣除

我国的每个纳税人每月 5 000 元的扣除即属于标准扣除。沿线国家中,一些国家直接规定了标准扣除额,一些国家根据一定的指数确定标准扣除额(沿线国家标准扣除比较见表 5-42)。

表 5-42　　　　　　　各国标准扣除规定

对特殊人群给予更高的标准扣除	将标准扣除与某个指标挂钩
残疾人:俄罗斯、白俄罗斯、摩尔多瓦、马来西亚、泰国、新加坡、尼泊尔、孟加拉国、克罗地亚	与月最低工资挂钩:哈萨克斯坦、土库曼斯坦
自然灾害的受害者、残疾人、退伍军人、战争中牺牲者的父母和配偶:俄罗斯、白俄罗斯、摩尔多瓦	与最生活标准挂钩:斯洛伐克
老年人:新加坡、斯里兰卡	与指数挂钩:乌兹别克斯坦、塔吉克斯坦、吉尔吉斯斯坦等
女性:孟加拉国、土耳其	与应纳税所得额挂钩,并且标准扣除额是累退的:罗马尼亚、斯洛文尼亚
子女:克罗地亚、匈牙利的扣除与数量挂钩	

2. 社会性扣除

我国允许纳税人本人及子女的教育支出、医疗支出、捐赠支出在税前扣除,这些属于社会性扣除。(1) 纳税人本人及子女的教育支出。我国规定,①纳税人的子女接受全日制学历教育、

---

① 我国税法中将纳税人的税前扣除分为两个类型:一是标准扣除(宽免),每个纳税人每月可以扣除 5 000 元。二是基本宽免之外的 6 项附加扣除。

以及子女年满 3 岁至小学入学前接受学前教育发生的相关支出，可以按 1 000 元/每月每个子女的标准进行定额扣除；②纳税人在我国境内接受学历（学位）继续教育发生的费用，按照 400 元/每月的标准扣除；③纳税人接受技能人员职业资格继续教育、专业技术人员职业资格继续教育所发生的支出，在取得相关证书的当年，按照 3 600 元的标准扣除。（2）大病医疗专项扣除。纳税年度内纳税人发生的与基本医保相关的医药费用，在其扣除医保报销后个人负担的部分（指医保目录范围内的自付部分）累计超过 1.5 万元，超过部分可以在纳税人办理年度汇算清缴时据实扣除，但最高不能超过 8 万元。③捐赠扣除。纳税人进行的符合条件的捐赠，不超过应纳税所得额的 30% 的部分，允许扣除。我国与沿线国家相关税前扣除规定的比较见表 5 – 43。

与"一带一路"沿线国家比较，我国社会性扣除的水平是：第一，医疗费用。伊朗、阿尔巴尼亚、波黑联邦等允许全额扣除，优于我国。第二，教育费用。白俄罗斯、乌克兰、立陶宛①允许全额扣除，优于我国。第三，慈善捐赠。新加坡（250%）、泰国（特定捐赠，200%）允许符合条件的捐赠加倍扣除；蒙古国、约旦允许全额扣除，其他国家均有限额规定。其中一些国家确定限额的依据是应纳税所得额，与我国具有可比性。与这些国家的限额相比，我国捐赠税前扣除比例低于新加坡、泰国，在与沿线国家的比较中处于中等水平。

3. 与住房有关的扣除

我国 6 项附加扣除中的以下 2 项为与住房有关的扣除：（1）租金扣除。我国规定，纳税人在主要工作城市无自有住房、租赁住房而发生的租金支出，可以扣除，扣除标准因住房所在城市的不同而不同。（2）住房抵押贷款利息扣除。我国规定，纳税人本

---

① 印度规定与教育费用有关的利息才能全额扣除；阿尔巴尼亚规定纳税人收入低于一定限额教育费用才可以据实扣除。这两国的扣除规定不能与我国进行直接比较。

表 5-43 我国与沿线国家社会性扣除规定的比较

医疗费用扣除	教育费用扣除或抵免	捐赠扣除或抵免
据实扣除： 伊朗、阿尔巴尼亚、波黑联邦	据实扣除： 白俄罗斯、乌克兰、印度（只能扣除发生的教育费用的利息部分）、阿尔巴尼亚、立陶宛	加倍扣除： 新加坡、泰国 据实扣除： 蒙古国（特定捐赠）、约旦（特定捐赠）
限额扣除： (1) 与月最低工资挂钩（哈萨克斯坦）； (2) 限额为一具体数额。马来西亚、印度； (3) 其他医疗费用共同适用限额：土耳其（与教育费用）、拉脱维亚（与捐赠、教育、俄罗斯）、约旦（与教育费用）	限额扣除： (1) 单一标准：①规定某一数额作为限额；马来西亚、不丹、巴勒斯坦。②与应纳税所得额挂钩。吉尔吉斯斯坦； (2) 多重标准： 与其他费用扣除项目共同适用限额（巴基斯坦）； 与其他扣除项目共同适用限额：约旦与土耳其（与医疗费用）、拉脱维亚（与捐赠、医疗）、爱沙尼亚（与捐赠）、俄罗斯（与医疗）	限额扣除： (1) 单一标准：①限额与应纳税所得额挂钩：乌克兰、不丹与土耳其、保加利亚、波兰、泰国、缅甸、巴勒斯坦、俄罗斯、巴基斯坦；②与捐赠数额挂钩（印度）。 ③直接规定限额：约旦；④与其他项目适用共同的限额：爱沙尼亚（与教育）、拉脱维亚（与教育、医疗） (2) 双重标准：北马其顿、孟加拉国、尼泊尔、捷克、斯里兰卡
抵免（尼泊尔）	抵免（以色列、捷克）	—

第五章 我国与沿线国家个人所得税比较

续表

医疗费用扣除	教育费用扣除或抵免	捐赠扣除或抵免
	退税（柬埔寨）	
	不允许扣除（缅甸）	

注：①关于医疗费用

阿尔巴尼亚：当纳税人的年所得不超过105万列克时，下列项目允许扣除：A. 纳税人（或纳税人的任何子女和家属）所发生的未包括在强制健康保险中的医疗费用。

印度：A. 符合条件的医疗保险费；B. 本人、配偶、子女、父母进行预防性健康体检发生的费用，不超过5 000卢比的部分；C. 60岁及以上老年人发生的医疗支出，不超过5 000卢比的部分。

土耳其约旦。土耳其规定，雇员为自己、配偶及18岁以下的子女支付的健康和教育费用可以扣除，但不能超过其申报所得支出的10%。约旦规定，纳税人标准扣除4 000第纳尔。

拉脱维亚：纳税人及亲属发生的医疗之外的扣除，并且要求纳税人提供发票及证明文件。

纳税所得额的50%或600欧元，不能超过3 000欧元，取二者数额中较小者。

俄罗斯：纳税人及24岁以下子女的教育费用允许扣除，每个子女以50 000卢布为限。但是，纳税人自愿纳协议缴纳的保险金费及教育支出、私人退休金缴款，根据自愿人寿保险协议缴纳的保险费及受抚养人的评估等，每一纳税年度扣除总额不得超过120 000卢布。

②关于教育费用

基斯坦：该国教育为下列3者中较小数额：A. 所缴纳学费的5%。B. 应纳税所得额不超过1 500 000卢比，其可以申请进行学费扣除，扣除额为应纳税所得额的5%。C. 孩子数量乘以6万卢比。

爱沙尼亚：纳税人扣除的抵押贷款利息、教育费用、礼品及捐赠的总额不能超过1 200欧元或应纳税所得额的50%，取二者数额中较小者。

③关于慈善捐赠

泰国：一般情况下，捐赠不能超过应纳税所得额的10%；特定捐赠可以双倍扣除。特定捐赠为关于个人利益方面的考虑而进行的慈善、人文、宗教、科学、环境、运动等的捐赠，可以扣除；向政党的捐赠，不能超过50 000第纳尔。

人/配偶单独或者共同使用商业银行/住房公积金个人住房贷款为本人/配偶购买在我国境内的住房所发生的首套住房贷款的利息支出，可以在实际发生贷款利息的年度按照1 000元/每月的标准进行定额扣除，扣除期限不超过240个月。沿线十几个国家有类似规定，有利于减轻纳税人负担（见表5-44）。

表5-44　我国与沿线国家住房抵押贷款利息扣除规定比较

住房抵押贷款利息扣除	建筑物的装修与维修支出扣除
俄罗斯、哈萨克斯坦、吉尔吉斯斯坦、新加坡、泰国、白俄罗斯、乌克兰、斯里兰卡、印度、巴基斯坦、约旦、巴勒斯坦、爱沙尼亚、保加利亚、立陶宛、波黑、捷克、斯洛伐克	立陶宛

4. 其他扣除

我国的"与雇佣有关的费用扣除"，是指向国家规定或强制退休金的缴款、健康保险费等，以及"经营支出扣除"即纳税人经营中所发生的成本费用等，准予扣除。我国这两项扣除的相关规定与沿线国家类似，不做详细比较。

（四）税率

由前面的分析可知，沿线6个区域各国税率差异比较大，其中税率低于我国的国家较多。今后我国还需要进一步降低税率，以提高税制竞争力。

二、我国个人所得税存在的问题

（一）税收优惠与企业所得税的衔接还不够

1. 个人所得税优惠与企业所得税中的区域性优惠政策衔接不够。以西部大开发税收优惠为例，我国对鼓励类企业给予企所得税优惠，但没有给予企业所需人才的个人所得税优惠。众所周知，企业发展的关键因素是人，个人所得税缺乏吸引高端人才的税收优惠，导致高端人才向西部的流动受到影响，影响了企业所得税政策的实施效果（王军，2018）。

2. 激励创新的税收优惠力度不足。我国对研发人员的工资所得按正常税制征税，没有与企业所得税激励创新的政策衔接。

（二）税前扣除项目的规定还不是特别明晰

1. 捐赠扣除。对于未扣除完的捐赠，我国不允许向以后年度结转，影响了一部分人进行慈善捐赠的积极性。

2. 教育费用扣除。目前我国还有以下问题没有明确：（1）非婚生子女的费用扣除问题。在所有税种中，个人所得税与伦理、道德联系最为密切，必须通盘考虑。《中华人民共和国民法典》第一千零七十一条规定"非婚生子女享有与婚生子女同等的权利，任何人不得加以危害和歧视。不直接抚养非婚生子女的生父或生母，应当负担子女的生活费和教育费，直至子女能独立生活为止。"目前我国个人所得税法尚未明确非婚生子女教育费用的扣除问题，而现实生活中这样的问题在一些纳税人身上确实存在，需要我国进行明确。（2）子女教育费用扣除的最高年龄问题。我国规定，子女接受学前及学历教育发生的支出可以扣除。接受学前教育的年龄为3岁，是教育费用扣除的最低年龄，但对最高年龄并没有进行明确规定。

3. 继续教育专项扣除问题。我国规定本科及以下学历（学位）的继续教育支出，可由父母或接受继续教育的本人扣除。在目前我国实行单独申报的情况下，家庭教育支出可分摊到收入水平较高的父母，会导致不公平。

（三）最高边际税率还比较高

2018年个人所得税法降低了中低收入者适用的税率，但综合所得适用的最高边际税率45%没有变化,该税率与"一带一路"沿线国家相比处于中高水平,不能适应国际税收竞争的要求,也不利于吸引人才,并阻碍了一些企业在我国设立总部。

三、我国个人所得税的改革对策

(一)运用税收优惠激励创新及吸引人才到落后地区工作

我国个人所得税应与企业所得税衔接,吸引人才到西部地区工作;吸引人才从事研发与创新。具体对策是:

1. 吸引人才到西部地区工作。前已述及,伊朗对在欠发达地区工作的员工获得的工薪所得的50%给予免税优惠;伊拉克对在特定地区(Kurdistan Region of Iraq, KRI)工作的雇员获得的月基本工资中的第一个100万第纳尔免税,并且该员工的所得可以不适用标准的3%~15%的累进税率,而是适用5%的单一税率。黑山规定,在不发达地区从事经营的个人可以享受8年免税的优惠。这些国家的突出特点是将企业税收优惠与个人税收优惠紧密衔接,促进人员、资金共同向待开发地区流动,加快这些地区的发展速度。考虑西部大开发的需求,建议对在该地区工作的相关人才给予减免税优惠。

2. 吸引人才从事研发及创新。前已述及,土耳其规定从事符合条件的研发活动的雇员取得的工薪所得全额免征所得税;罗马尼亚对纳税人来自研发活动的工薪所得(雇佣所得)免税。我国可对从事研发活动的员工获得的工薪所得给予一定的税收优惠,激励人们投身于科研岗位的积极性。

(二)税前扣除规定进一步明晰

1. 慈善捐赠扣除。建议我国在条件允许时进一步提高捐赠扣除比例,并允许纳税人将未扣除完的捐赠向以后年度结转3

年,增加纳税人进行慈善捐赠的积极性。

2. 子女教育成本扣除。今后我国应明确以下几个问题:(1)明确非婚生子女教育费用的扣除问题。我国个人所得税制度一定要与《民法典》等法律衔接,明确非婚生子女等与婚生子女一样,教育费用可以扣除。(2)明确子女享受教育费用扣除的最大年龄。我国可以借鉴沿线国家的经验,规定子女教育费用扣除的年龄限额为18岁,但对于纳税人接受全日制教育的子女,最大年龄为25岁。

3. 继续教育专项扣除。继续教育属于成人教育,参加继续教育的人具备一定的支付能力。建议我国明确,能够享受继续教育专项附加扣除的,应仅限于纳税人本人。

4. 标准扣除与专项扣除。我国需要根据经济社会发展情况及人民对于美好生活的需要,对标准扣除及专项附加扣除进行动态调整,并在未来技术条件允许之后,考虑实施综合征收。

(三)条件成熟后进一步降低税率

在经济全球化背景下,人员的流动加快,一国税制不具有竞争力,无法吸引与留住人才。建议我国今后进一步降低纳税人综合所得适用的最高边际税率,并相应调整其他各档税率,以便在税收竞争中处于有利地位。

参 考 文 献

一、中文文献

［1］（印度）D. P. 森古普塔．陈新译．BEPS 项目各项建议和 CRS 在印度的执行情况［J］．国际税收，2017（8）.

［2］（比利时）Jacques Malherbe．郭志东，翁武耀译．欧盟增值税：抵扣和中性［J］．法律评论，2015（1）.

［3］（俄罗斯）艾琳娜·科林卡诺娃．陈延忠译．"去离岸化"引导俄罗斯国际税收改革［J］．国际税收，2017（8）.

［4］安徽省国家税务局课题组．"一带一路"背景下企业所得税改革国际趋势研究［J］．税收经济研究，2017（4）.

［5］巴海鹰，谭伟，王彤彤．增值税征管与收入的国际比较——以法国、德国等九国为例［J］．税务研究，2019（2）.

［6］白彦锋，岳童．印度商品服务税改革及其影响［J］．国际税收，2018（9）.

［7］（美国）彼得 A. 巴尔内斯，（美国）H. 大卫·罗森布鲁姆．陈新译．成就伟业！——配合"一带一路"，贡献税收力量［J］．国际税收，2019（4）.

［8］蔡伟年．2015 年俄罗斯税制的重要发展［J］．国际税收，2015（12）.

［9］曹亮，张相文，席艳乐．欧盟区域税收协调对中国—东盟自由贸易区构建的启示［J］．宏观经济研究，2012（6）.

［10］曹明星，杜建伟．求本溯源 存异求同：国际税收竞争

与协调的最新发展与完善路径［J］．国际税收，2019（1）．

［11］曹亚楠，王沛晗．数字经济背景下广告服务商常设机构税收规制的新发展［J］．税务研究，2018（7）．

［12］陈丽娟．关于服务"一带一路"战略的税收思考［J］．税收经济研究，2015（5）．

［13］陈俐，王婷婷．2018年世界增值税改革发展评述［J］．税务研究，2019（4）．

［14］陈俐．增值税改革：中国与印度的异同［N］．中国税务报，2018.9.19．

［15］陈明．"一带一路"背景下的区域税收协调——欧盟企业所得税经验借鉴［J］．地方财政研究，2018（12）．

［16］陈潇婷．BEPS环境下"专利盒子"SWOT分析及应用［J］．湖北社会科学，2017（12）．

［17］陈延明．"走出去"企业国际税收争议解决方案初探［J］．国际税收，2017（6）．

［18］陈有湘，董强．构建"一带一路"战略下的国际税收风险应对机制［J］．税收经济研究，2015（6）．

［19］陈远艳，张鑫媛，薛峰．知识产权税收激励的国际借鉴与启示——基于符合BEPS行动计划［J］．国际税收，2018（10）．

［20］程青，刘建．发达国家境外所得税制度的发展趋势［J］．国际税收，2011（7）．

［21］程瑶，潘旭文．专利税收优惠设计的国际比较与借鉴［J］．财政研究，2018（2）．

［22］崔日明，黄英婉．"一带一路"沿线国家贸易投资便利化评价指标体系研究［J］．国际贸易问题，2016（9）．

［23］崔晓静．全球税收治理中的软法治理［J］．中外法学，2015（5）．

［24］崔晓静．中国与"一带一路"国家税收协定优惠安排

与适用争议研究［J］.中国法学,2017（2）.

［25］戴芳,陆芳.论"一带一路"视角下税收优惠政策优化［J］.地方财政研究,2015（11）.

［26］戴悦,朱为群.G20代表性国家提升企业所得税制竞争力的改革及对我国的政策启示［J］.财政研究,2018（4）.

［27］（俄罗斯）丹尼尔·V.温尼斯基.张文珍译.俄罗斯联邦税制改革最新趋势［J］.国际税收,2015（1）.

［28］邓力平,陈斌,王智烜.当前国际经济政治与国际税收关系的七个问题［J］.国际税收,2017（3）.

［29］邓力平,邓望远,王智烜."一带一路"国家税收营商环境对中国对外投资的影响研究［J］.税收经济研究,2019（3）.

［30］邓力平,王智烜.开放型经济新体制与国际税收合作新要求［J］.经济与管理评论,2015b（6）.

［31］邓力平,王智烜.树立大国税收理念 推动国际税收合作［J］.税收经济研究,2015a（4）.

［32］邓力平.国际税收治理与"'一带一路'税收征管合作机制"［J］.国际税收,2019（4）.

［33］邓淑怡."一带一路"战略下的国际税收协调研究［J］.海南金融,2017（12）.

［34］丁东升,许建国.增值税留抵退税的国际借鉴［J］.国际税收,2019（8）.

［35］董凡,关永红.完善我国企业知识产权转化的税收优惠制度探析——以国际减税趋势下欧洲"专利盒"制度为鉴［J］.经济问题,2018（5）.

［36］董学智.BEPS：全球治理语境下重塑国际税法——以税收征管的国际合作与协调为视角［J］.财税法论丛,2015（2）.

［37］段晓红.中国—东盟自由贸易区间接税法律制度协调研究［J］.改革与战略,2010（11）.

[38] 樊丽明,葛玉御,李昕凝.金砖四国税制结构变迁比较研究[J].税务研究,2014(1).

[39] 樊丽明,李昕凝.世界各国税制结构变化趋向及思考[J].税务研究,2015(1).

[40] 樊勇,韩文杰.1979年以来的中国增值税[J].财经智库,2018(6).

[41] 樊勇.增值税抵扣:影响、复杂性与应对[N].中国税务报,2016.5.4.

[42] 范硕,何彬.创新激励政策是否能提升高新区的创新效率[J].中国科技论坛,2018(7).

[43] 冯立增.BEPS行动计划6、成果4:防止双边税收协定优惠的不当授予[J].国际税收,2014(10).

[44] 冯兴元,(美国)克里斯·爱德华兹,(美国)丹尼尔·J.米切尔.国际单一税改革发展现状与启示[J].财经问题研究,2017(6).

[45] 付敏杰,张平.增值税改革:从稳定税负到国家治理[J].2016(11).

[46] 高峰.BEPS行动计划14、第二阶段成果7:让税收争议解决更有效[J].国际税收,2015(10).

[47] 高凌江.金砖国家研发税收支持政策比较[J].税务研究,2017(9).

[48] 高培勇.论完善税收制度的新阶段[J].经济研究,2015(2).

[49] 高培勇.我们究竟需要什么样的减税降费[N].经济日报,2018a.12.7.

[50] 高培勇.新时代中国财税体制改革的理论逻辑[J].财政研究,2018b(11).

[51] 高培勇.新一轮财税体制改革的战略定位[N].人民日报,2014b.6.9.

[52] 高培勇. 由适应市场经济体制到匹配国家治理体系——关于新一轮财税体制改革基本取向的讨论 [J]. 财贸经济, 2014a (3).

[53] 高培勇. 站在新时代的平台上讨论直接税改革 [J]. 河北大学学报 (哲学社会科学版), 2019 (1).

[54] （奥地利）格奥尔格·科夫勒,（奥地利）甘特·迈尔,（奥地利）克里斯托弗·施拉格著, 陈新译. 数字经济税收:"权宜之计"还是长效解决？[J]. 国际税收, 2018 (2).

[55] 葛夕良. 论我国居民企业境外所得重复征税消除制度的优化 [J]. 财经论丛, 2014 (8).

[56] 葛玉御, 樊丽明. 印度税制结构嬗变分析 [J]. 国际税收, 2015 (4).

[57] 龚辉文. 国际税收竞争是现代税制改革的主要推动力 [J]. 税务研究, 2017c (9).

[58] 龚辉文. 加强中国—东盟税收协调与合作的若干认识 [J]. 税务研究, 2016a (3).

[59] 龚辉文. 聚焦印度建国以来的最大税改 [N]. 中国财经报, 2017b. 8. 22.

[60] 龚辉文. 税收营商环境的优化路径与措施 [N]. 中国税务报, 2019. 5. 15.

[61] 龚辉文. 印度货物劳务税改革及其启示 [J]. 国际税收, 2016b (10).

[62] 龚辉文. 支持科技创新的税制研究 [J]. 税务研究, 2018 (9).

[63] 龚辉文.《BEPS 多边公约》是一个怎样的公约？[N]. 中国税务报, 2017a. 7. 19.

[64] 顾海波, 王淼. 中国企业境外所得税收抵免规则探析 [J]. 东北大学学报, 2016 (9).

[65] 管永昊, 吴佳敏, 贾昌峰. OECD 国家增值税制度、特

点及对我国的启示 [J]. 会计之友, 2018 (1).

[66] 广西南宁市国家税务局课题组. 现行中国—东盟自贸区金融业发展的税制研究 [J]. 经济研究参考, 2017 (35).

[67] 郭辉. 中国参与哈萨克斯坦经济特区投资的主要障碍和合作对策 [J]. 欧亚经济, 2019 (2).

[68] 郭庆旺. 减税降费的潜在财政影响与风险防范 [J]. 管理世界, 2019 (6).

[69] 国家税务总局大企业税收管理司课题组. 俄罗斯对大企业如何征税 [N]. 中国财经报, 2017.12.9.

[70] 国家税务总局课题组. BEPS 行动计划：世界主要国家采取的措施和中国立场 [J]. 税务研究, 2016 (12).

[71] 国家税务总局税收科学研究所课题组. 部分国家自 BEPS 行动计划发布以来采取的主要措施 [N]. 中国税务报, 2015.5.13.

[72] 国家税务总局税收科学研究所课题组. 提升中国税收话语权研究 [J]. 国际税收, 2016 (1).

[73] 国家税务总局苏州工业园区税务局课题组. 我国税收营商环境现状及对策研究 [J]. 国际税收, 2018 (9).

[74] 韩琳, 王云华. 大连地区境外所得税收抵免业务现状分析和完善建议 [J]. 国际税收, 2019 (2).

[75] 韩霖, 高阳, 叶琼薇. 国际税收协定：过去、现在与未来——专访荷兰莱顿大学国际税法教授凯斯·范·拉德 [J]. 国际税收, 2018 (10).

[76] 韩霖, 高阳. 国际视野下税收协定的最新发展与展望——专访国家税务总局国际税务司副司长蒙玉英 [J]. 国际税收, 2017 (6).

[77] 韩霖, 尚力强. 研发税收优惠：一般政策目标及全球化带来的新问题——国际财税协会第69届年会主题综述 [J]. 国际税收, 2016 (3).

[78] 韩璐．上海合作组织与"一带一路"的协同发展［J］．国际问题研究，2019（2）．

[79] 郝昭成．百年重塑国际税收新体系［J］．国际税收，2016（11）．

[80] 郝昭成．国际税收迎来新时代［J］．国际税收，2015（6）．

[81] 何代欣．对税收服务"放管服"与改善营商环境的思考［J］．税务研究，2018（4）．

[82] 何杨，陈俐，刘金科．经济数字化的所得税挑战与中国应对策略［J］．财经科学，2019（2）．

[83] 何杨，孟晓雨，刘曦琳．BEPS多边公约与我国双边税收协定［J］．国际税收，2018（1）．

[84] 何杨，邓粞元，朱云轩．增值税留抵退税政策对企业价值的影响研究——基于我国上市公司的实证分析［J］．财政研究，2019（5）．

[85] 贺艳．建设"丝绸之路经济带"自由贸易协定问题研究［J］．国际经贸探索，2015（6）．

[86] 侯艺，常皓，何青松．"营改增"对省际财力不均等的影响——基于生产地原则和消费地原则的比较［J］．社会科学研究，2018（6）．

[87] 胡洪曙，陈悦．基于澳大利亚商品服务税经验借鉴的我国增值税改革［J］．税务研究，2019（1）．

[88] 胡凯，吴清．R&D税收激励、知识产权保护与企业的专利产出［J］．财经研究，2018（4）．

[89] 胡怡建，马伟，田志伟，杨志银．个人所得税制国际比较［M］．北京：中国税务出版社，2017．

[90] 胡怡建．更好发挥税收在国家治理中作用的思考［J］．税务研究，2019（4）．

[91] 黄朝晓．个人所得税赡养老人专项附加扣除制度建议

[J]. 税务研究, 2018 (11).

[92] 黄素华, 梁若莲. 中国税收透明度建设面临的挑战与对策 [J]. 税务研究, 2017 (6).

[93] 计金标, 应涛. "一带一路"背景下加强我国"走出去"企业税制竞争力研究 [J]. 中央财经大学学报, 2017 (7).

[94] 江静. 制度、营商环境与服务业发展——来自世界银行《全球营商环境书》的证据 [J]. 学海, 2017 (1).

[95] 江苏省国际税收研究会. 国际税收征管协作中的问题和对策 [J]. 国际税收, 2017 (1).

[96] 江苏省苏州工业园区地方税务局. 个人所得税征管国际比较 [M]. 北京: 中国税务出版社, 2017.

[97] 姜跃生. BEPS 价值创造论与中国全球价值分配的合理化 [J]. 国际税收, 2014 (12).

[98] 姜跃生. FATCA: 中国税务应对三策 [J]. 国际税收, 2015a (3).

[99] 姜跃生. 携手发展中国家完善"一带一路"税制 [J]. 国际税收, 2015b (8).

[100] 蒋震. 从经济社会转型进程看个人所得税改革 [J]. 河北大学学报(哲学社会科学版), 2019 (1).

[101] 蒋震. 关于近期减税降费政策的分析与思考 [J]. 地方财政研究, 2019 (3).

[102] (英国)杰弗里·欧文斯著, 何振华, 王婷婷, 王质君译. "后 BEPS 时代"及对中国的影响 [J]. 国际税收, 2014 (7).

[103] (英国)杰弗里·欧文斯. 李娜译. 税收制度与经济发展保持同步——今后 20 年中国税制改革面临的挑战 [J]. 国际税收, 2015 (1).

[104] (英国)杰弗里·欧文斯. 张钟月译. 新丝绸之路发展中的税收问题探讨 [J]. 国际税收, 2017 (4).

[105] 解洪涛，张建顺，王伟域．增值税进项留抵、现金流挤占与企业融资成本上升——基于 2015 税源调查数据的实证检验［J］．中央财经大学学报，2019（9）．

[106] 金亚萍．通过国际税收协调落实"一带一路"战略的路径选择［J］．经济研究参考，2017（6）．

[107] 景韬，刘志成．后 BEPS 时代的国际税收博弈及应对［J］．税务研究，2018（10）．

[108] （奥地利）科尔曼·茉莉，刘奇超著，陈明译．经济数字化背景下常设机构的规则调整：一个总体框架［J］．国际税收，2018（6）．

[109] 孔丹阳，毛捷，孙婷婷．投资柬埔寨：优惠要关注，风险需防范［N］．中国税务报，2018.8.17．

[110] 赖泓宇，王文静．助力"一带一路"战略实施的国际税收建议［J］．经济研究参考，2016（42）．

[111] 兰永红．借鉴国际经验 完善我国税收协定网络［J］．税务研究，2018（10）．

[112] 蓝相洁，李迪．新加坡税制改革的成效、经验及其启示［J］．税务研究，2019（4）．

[113] 蓝相洁，张建中．中国与东盟各国税制比较研究［J］．地方财政研究，2014（10）．

[114] 蓝相洁．中国与东盟国家直接税的比较与协调［J］．税务研究，2016（3）．

[115] 雷婕，童伟．俄罗斯政府能否摆脱油气依赖？［J］．俄罗斯研究，2017（2）．

[116] 李本贵．税基侵蚀与利润转移原因分析及对策［J］．税务研究，2016（7）．

[117] 李炳军．企业"走出去"与税收协定待遇——以中俄税收协定为例［J］．国际税收，2016（7）．

[118] 李建军，杜宏．孟加拉国财政改革及成效［J］．南亚

研究季刊, 2014 (2).

［119］李建军, 杜宏. 浅析近年来孟加拉国经济发展及前景［J］. 南亚研究季刊, 2017 (4).

［120］李林木, 宛江, 潘颖. 我国税务营商环境的国际比较与优化对策［J］. 税务研究, 2018 (4).

［121］李林木, 薛迎迎, 高光明. 发展中国家综合与分类相结合的个人所得税模式选择——基于巴西、印度和印度尼西亚的比较［J］. 税务研究, 2015 (3).

［122］李娜. 金砖国家税收合作展望: 求同存异 互信共赢［J］. 国际税收, 2015 (1).

［123］李娜. 税收饶让制度与推动对外投资［J］. 国际税收, 2016 (7).

［124］李娜. 在"一带一路"框架下改革我国的国际税收制度［J］. 国际法研究, 2018 (4).

［125］李萍. 加强全球税收合作 打击国际逃避税——国家税务总局副局长张志勇就打击国际逃避税相关热点问题答记者问［N］. 中国税务报, 2014.12.3.

［126］李茜.《多边税收征管互助公约》与国内税法的关系［J］. 国际税收, 2014 (2).

［127］李乔彧. BEPS背景下"专利盒"税制的跨国协调: 国际标准与中国应对［J］. 税务与经济, 2017 (4).

［128］李顺明, 蒙强, 邓祥琪. 深化中国与东盟产业合作的财税对策［J］. 税务研究, 2016 (5).

［129］李顺明, 杨清源, 葛琳玲. 中国与东盟联建产业园发展的财税合作机制研究［J］. 税务研究, 2018 (7).

［130］李万甫, 陈文东, 刘和祥. 减税与降负并重——2018年税制与征管举措实施状况评述［J］. 财政科学, 2019 (2).

［131］李万甫, 黄立新主编, 孙红梅执行主编. 印度增值税改革［M］. 北京: 中国税务出版社, 2018.

[132] 李文. 公平还是效率：2019年个人所得税改革效应分析[J]. 财贸研究, 2019 (4).

[133] 李香菊, 王雄飞. "一带一路"战略的国际税收协调研究——基于中亚和东南亚国家的比较分析[J]. 经济体制改革, 2017 (4).

[134] 李香菊, 王雄飞. 促进"一带一路"区域经济合作与发展的国际税收协调研究[J]. 经济经纬. 2017 (3).

[135] 李旭红, 郑鹏, 赵倩. "一带一路"背景下中国境外所得税免税法研究[J]. 国际税收, 2017 (10).

[136] 李旭红. 国际视野下的增值税改革和选择[N]. 中国财经报, 2018a.8.28.

[137] 李旭红. 国际视野下我国个人所得税制度的完善[J]. 中国财政, 2018b (18).

[138] 李旭红. 增值税留抵退税符合国际发展趋势[N]. 第一财经日报, 2018c.7.17.

[139] 李雪筠, 底萌妍, 李新瑞. 优化中国—东盟税收协定助力"一带一路"建设[J]. 中国财政, 2018 (16).

[140] 李勇彬, 汪昊. 我国与"一带一路"沿线国家避免双重征税协定对比[J]. 税务研究, 2017 (2).

[141] 李玉梅, 桑百川. 中国外商投资企业营商环境评估与改善路径[J]. 国际经济评论, 2018 (5).

[142] 李志辉, 潘康莫, 田伟杰. 老挝对外商直接投资的税收激励政策研究[J]. 亚太经济, 2017 (4).

[143] 励贺林, 付广军. 防范专利盒税制成为跨国企业集团避税的工具[J]. 税务研究, 2017 (9).

[144] 梁若莲. 国际税收规则重塑的重要转折点[N]. 中国税务报, 2018.7.5.

[145] 梁若莲. 金砖国家税改趋势分析及启示[J]. 中国税务, 2017 (10).

[146] 廖体忠,韩霖.OECD最新税改书:多国重大税制改革凸显财税政策重要性[J].国际税收,2018(11).

[147] 廖体忠."一带一路"税收合作新格局[J].国际税收,2018a(7).

[148] 廖体忠.BEPS行动计划的影响及我国的应对[J].国际税收,2014(7).

[149] 廖体忠.高质量推进国际税收现代化 助推全面开放新格局[J].国际税收,2018b(12).

[150] 廖体忠.国际税收合作迎来明媚阳光——在新的经济背景下解读BEPS行动计划成果[J].国际税收,2015(10).

[151] 廖体忠.积极落实G20税改成果努力打造公平和现代化的国际税收体系[J].国际税收,2017(8).

[152] 廖益新.多边法律工具与双边税收协定[J].国际税收,2017(6).

[153] 刘华芹.开启中俄经贸合作新时代——中俄(苏)经贸合作七十年回顾与展望[J].俄罗斯东欧中亚研究,2019(8).

[154] 刘华芹.以改善营商环境为突破口 提升"一带一路"[J].国际经济合作水平,2018(2).

[155] 刘剑文,郭维真.准确理解税收法定进程中的"税制平移"[J].中国社会科学报,2019b(5).

[156] 刘剑文,候卓.财税法在国家治理现代化中的担当[J].法学,2014(2).

[157] 刘剑文.个税改革的法治成果与优化路径[J].现代法学,2019a(2).

[158] 刘磊,赵德芳.企业境外所得税收抵免制度研究[J].涉外税务,2011(7).

[159] 刘鹏."一带一路"国家个人所得税制度辨析[J].经济体制改革,2017(2).

[160] 刘鹏."一带一路"沿线国家的公司税制比较［J］.上海经济研究,2016（1）.

[161] 刘奇超,苏铁.走出迷局:侧窥全球增值税指南之构建机理与运行机制［J］.海关与经贸研究,2015（4）.

[162] 刘蓉,王鑫,毛锐."一带一路"沿线国家税收征管竞争力比较［J］.税务研究,2017（2）.

[163] 刘卫.泰国税收制度的变革、影响及启示——基于亚洲金融危机和美国次贷危机的背景［J］.财会通讯,2012（15）.

[164] 刘卫.中国与泰国企业所得税制比较研究［J］.商业会计,2016（8）.

[165] 刘燕明.增值税历史沿革及中国与欧盟比较——兼论中国与欧盟增值税差异［J］.税收经济研究,2017（5）.

[166] 刘怡,耿纯.增值税留抵规模、分布及成本估算［J］.税务研究,2018（3）.

[167] 刘源,宋丽颖,闫珂."丝绸之路经济带"背景下中国—中亚企业所得税制协调问题研究——基于产业合作视角［J］.人文杂志,2016（9）.

[168] 刘植才.我国增值税制度回顾与展望［J］.税务研究,2018（10）.

[169] 龙朝晖,王安颖."一带一路"战略框架下的中巴经贸合作与税收协调［J］.税收经济研究,2015（6）.

[170] 卢雄标,童锦治,苏国灿.制造业增值税留抵税额的分布、影响及政策建议——基于A省制造业企业调查数据的分析［J］.税务研究,2018（11）.

[171] （美国）鲁文·S·阿维-约纳著,曹明星,郭维真（译）.走出迷局:21世纪的税收范式［J］.国际税收,2014（4）.

[172] （英国）伦纳德·瓦格纳著,陈新译.OECD税基侵蚀和利润转移（BEPS）行动计划对发展中国家的影响（上）［J］.国际税收,2015a（7）.

[173] (英国) 伦纳德·瓦格纳著, 陈新译. OECD税基侵蚀和利润转移 (BEPS) 行动计划对发展中国家的影响 (下) [J]. 国际税收, 2015b (8).

[174] 罗秦. 趋向现代型的增值税最新发展: 以OECD成员国为例 [J]. 国际税收, 2017a (12).

[175] 罗秦. 税务营商环境的国际经验比较与借鉴 [J]. 税务研究, 2017b (11).

[176] 吕铖钢. 税收协调、主权互动与国家契约——基于制税权的国家关系解读 [J]. 税收经济研究, 2015 (6).

[177] 吕丽娟, 张玲. 从电网企业留抵进项税额看我国增值税退税制度的完善 [J]. 国际税收, 2018 (12).

[178] 吕敏, 刘远智. 我国个人所得税税制改革——教育费用附加扣除的建议 [J]. 财政监督, 2019 (3).

[179] 马珺. 个税应成为落实税收法定原则的实验场 [J]. 中国经济书, 2018 (8).

[180] 马伟, 赵新, 杨牧, 余菁. 从新加坡家庭课税制看我国个人所得税改革 [J]. 税务研究, 2016 (10).

[181] 缪慧星, 何璐伶. 东盟税收协调的演变及未来税收合作展望 [J]. 税务研究, 2017 (12).

[182] 聂慧敏, 方敏, 陆启木. 经合组织国家2017-2018年税制改革措施综述 [J]. 财会研究, 2019 (2).

[183] 牛刚, 张少祥, 吕艳飞. 土库曼斯坦对外油气合作法律与财税制度浅析 [J]. 国际石油经济, 2014 (9).

[184] (德国) 帕特丽夏·霍夫曼, (德国) 纳丁·里德尔著, 陈新译. 发展中国家的转让定价制度 [J]. 国际税收, 2018 (7).

[185] 潘春阳, 袁从帅. 税收协定与中国对外直接投资——来自"一带一路"沿线国家的经验证据 [J]. 国际税收, 2018 (10).

[186] 庞凤喜,贺鹏皓.基于反避税要求的税制改革国际视野[J].税务研究,2015(7).

[187] 庞凤喜,刘畅.论减税降费与税负结构优化[J].税收经济研究,2019(3).

[188] 庞凤喜,牛力.论新一轮减税降费的直接目标及实现路径[J].税务研究,2019(2).

[189] 庞凤喜,杨雪.优化我国税收营商环境研究——基于世界银行2008-2018年版营商环境书中国得分情况分析[J].东岳论丛,2018(12).

[190] 裴长洪.越南营商环境与中越经贸关系发展分析[J].国际贸易,2019(6).

[191] 彭启蕾,巴海鹰.印度GST改革对在印中资企业的影响分析[J].国际税收,2018(3).

[192] 平新乔.建立与现代化经济体系相适应的财税体制所面临的一些问题[J].经济理论与经济管理,2018(2).

[193] 漆亮亮,赖勤学.共建共治共享的税收治理格局研究——以新时代的个人所得税改革与治理为例[J].税务研究,2019(4).

[194] 漆彤."一带一路"战略的国际税法思考[J].税务研究,2015(6).

[195] 秦书辉,邓高飞.中泰国际税制比较研究[J].经济研究参考,2018(35).

[196] 曲顺兰,王丛,崔红霞.国外慈善捐赠税收激励政策取向及我国优惠政策的完善[J].经济与管理评论,2016(5).

[197] 厦门市地方税务局课题组.金砖国家境外税收抵免制度比较研究[J].福建论坛·人文社会科学版,2018(5).

[198] 上海财经大学公共政策与治理研究院.中国全面实施营改增试点一周年评估书[R].2017(8).

[199] 尚力强,韩霖.研发税收优惠:一般政策目标及全球

化带来的新问题[J].国际税收,2016(3).

[200] 沈志远."一带一路"倡议下税收协定助力中国企业"走出去"的思考[J].财经理论研究,2017(1).

[201] 盛斌,黎峰."一带一路"倡议的国际政治经济分析[J].南开学报(哲学社会科学版),2016(1).

[202] 施本植,郑蔚.中国东盟税收协调的现状及路径选择[J].经济问题探索,2012(4).

[203] 施正文,叶丽娜.发展中国家税基侵蚀和利润转移问题研究[J].中国法学,2015(2).

[204] 石坚,刘蓉,费茂清.个人所得税费用扣除制度的国际比较研究国际税收[J].2018(7).

[205] 史昱.国际税收规则对中国科技创新税收激励政策的影响研究[J].中国科技论坛,2017(3).

[206] 世界税收征管发展研究书课题组.AP-BEPS框架下国际避税地的国家治理[J].经济研究参考,2018(17).

[207] 宋小宁,葛锐."走出去"企业境外投资所得税制:抵免法与免税法适用比较[J].东北师大学报(哲学社会科学版),2014(1).

[208] 宋旭东,王晓佳,宋文.个人所得税专项附加扣除研究[J].财经问题研究,2019(2).

[209] 宋雁.转让定价国别书标准及需关注的若干问题[J].国际税收,2018(9).

[210] 苏州工业园区地方税务局课题组.中国与新加坡金融业的税制比较[J].税务研究,2015(4).

[211] 孙红梅,梁若莲.OECD国家个人所得税改革趋势[N].中国税务报,2019.1.30.

[212] 孙红梅,于富霞.印度实施GST改革:中资企业机遇与挑战并存[N].中国税务报2018.4.20.

[213] 孙玉山,刘新利.推进纳税服务现代化 营造良好营

商环境——基于优化营商环境的纳税服务现代化思考［J］．税务研究，2018（1）．

［214］唐婧妮．兼顾公平与效率目标，改革个人所得税制度［J］．税务研究，2018（1）．

［215］田志伟，胡怡建，宫映华．免征额与个人所得税的收入再分配效应［J］．经济研究，2017b（10）．

［216］田志伟．我国增值税一般纳税人认定标准设计［J］．税务研究，2017a（9）．

［217］汪思祎．新加坡航运税制现状及对中国（上海）自由贸易试验区建设的启示［J］．水运管理，2014（7）．

［218］王春元，吴济龙．中俄两国激励企业自主创新的税收优惠政策：比较、反思及启示［J］．杭州学刊，2017（3）．

［219］王红晓，杨热清．印度尼西亚与中国增值税制度变迁的比较研究［J］．广西财经学院学报，2019（2）．

［220］王红晓．菲律宾税法及对我国的启示［J］．经济研究参考，2017（35）．

［221］王建平．确定增值税税基的基本思路：宽广、完整与准确［J］．税务研究，2018（8）．

［222］王军．基于新发展理念的企业所得税优惠税制优化［J］．国际经济合作，2018（8）．

［223］王力．进一步加强国际税收管理 切实维护国家税收利益［J］．国际税收，2015a（6）．

［224］王力．全面依法治国进程中的税收法制建设［J］．国际税收，2015b（6）．

［225］王力．中国现代税收管理若干实践与思考［M］．北京：中国税务出版社，2014（12）．

［226］王丽华，廖益新．后BEPS时代居民税收管辖权的问题与改革［J］．上海财经大学学报，2018（4）．

［227］王丽华．全球税收治理及中国参与的法治进路［J］．

环球法律评论，2017（6）．

［228］王利军．对公共机构征收增值税的国际借鉴［J］．税务研究，2016（11）．

［229］王明国．"一带一路"倡议的国际制度基础［J］．东北亚论坛，2015（6）．

［230］王乔，黄瑶妮，张东升．支持科技成果转化的财税政策研究［J］．当代财经，2019（7）．

［231］王绍乐，刘中虎．税务营商环境测度指标体系的构建研究［J］．财政监督，2014（34）．

［232］王素荣，付博．"一带一路"沿线国家公司所得税政策及税务筹划［J］．财经问题研究，2017（1）．

［233］王素荣．中东欧各国的税制及税务筹划［J］．国际商务财会，2017b（6）．

［234］王素荣．中亚国家的税制及税务筹划［J］．国际商务财会，2017a（4）．

［235］王蔚，樊勇，蔡杨．增值税抵扣制度：发达国家主要做法及对我国的启示［J］．税务与经济，2016（5）．

［236］王文静，赖泓宇．"一带一路"战略的国际税收协调［J］．国际税收，2016（4）．

［237］王文清，姚巧燕．"一带一路"沿线国家税收制度改革对我国的启示——以印度尼西亚、印度、俄罗斯为例［J］．国际税收，2018（4）．

［238］王玺，张嘉怡．促进企业研发创新的税制探析［J］．税务研究，2015（1）．

［239］王小鲁，樊纲，马光荣．中国分省企业经营环境指数2017年书［M］．北京：社会科学文献出版社，2017．

［240］王雅梅．中国西部地区与中东欧国家的投资合作［J］．欧亚经济，2019（2）．

［241］王永海．提高企业招待费税前扣除限额或是减税降费

有效举措 [N]. 中国商报, 2019.4.24.

[242] 王志荣. 国际视角下优化我国税收营商环境的路径选择 [J]. 税务研究, 2019 (4).

[243] 魏升民, 梁若莲, 吴宇轩, 向景. 广东税务营商环境监测: 2010–2016 [J]. 财政科学, 2017a (3).

[244] 魏升民, 向景. 从省际比较看我国税务营商环境变化态势——来自我国 ABC 三省的调查数据 [J]. 税务研究, 2017b (11).

[245] 魏仲瑜, 李娜. 治理税收流失: 欧盟改革增值税征管机制的重要动因 [J]. 国际税收, 2018 (3).

[246] 文富德. 印度财政税收的发展、改革与经验教训 [J]. 南亚研究季刊, 2015 (1).

[247] 文雷, 张淑惠. "丝绸之路经济带"的税收协调问题 [J]. 税务研究, 2015 (6).

[248] 吴青伦. BEPS 下各国（地区）防止税收协定滥用的最新趋势 [J]. 国际税收, 2015 (9).

[249] 西安市国家税务局课题组. 促进丝绸之路经济带建设的税收措施——以西安为例 [J]. 税务研究, 2015 (6).

[250] 夏启明, 杨桂荣. 对中俄两国关于所得避免双重征税协定下股息所得的思考——以 BEPS 行动计划为视角 [J]. 国际税收, 2018 (1).

[251] 向景, 马光荣, 魏升民. 减税能否提振企业绩效——基于上市公司数据的实证研究 [J]. 学术研究, 2017 (10).

[252] 向景. 税收治理现代化的逻辑 [M]. 广州: 暨南大学出版社, 2017.

[253] 谢露, 邓英雯. 企业所得税改革与企业慈善捐赠——基于我国上市公司的经验证据 [J]. 财政研究, 2016 (4).

[254] 熊艳, 张瑾. 提高站位, 服务大局——十八大以来我国税收协定工作回顾 [J]. 国际税收, 2017 (11).

[255] 熊艳．对饶让抵免有关问题的思考［J］．国际税收，2016（12）．

[256] 徐达松．SADC国家增值税协调的现状、问题及前景［J］．国际税收，2015（4）．

[257] 徐阳．以色列税收制度与中资建筑企业税收筹划［J］．国际经济合作，2019（4）．

[258] 许多奇，廉洁．国际税收情报交换中的纳税人信息权保护研究［J］．税务研究，2018（5）．

[259] 许晖，岳树民．"营改增"的经济效应与增值税制度完善：一个文献综述［J］．财经论丛，2018（6）．

[260] 许可、王瑛，后危机时代对中国营商环境的再认识——基于世界银行对中国2700家私营企业调研数据的实证分析［J］，改革与战略，2014（7）．

[261] 许云程．以良法善治推动税收服务"一带一路"［J］．国际税收，2018（4）．

[262] 闫坤，蒋震．实施战略性减税降费的主要着力点及政策建议［J］．税务研究，2019（7）．

[263] 闫晴．增值税小规模纳税人身份转换的现实困境与制度创新［J］．税务与经济，2018（1）．

[264] 杨既福，温融．论"一带一路"建设中国际税收协定的滞后性及其克服［J］．山东社会科学，2017（11）．

[265] 杨林林．印度税收制度及投资税收问题研究［J］．国际税收，2016a（3）．

[266] 杨林林．印度货物劳务税改革探究［J］．税务研究，2016b（11）．

[267] 杨小强，徐志，薛峰．马来西亚商品和服务税法律制度研究［J］．国际税收，2016（10）．

[268] 杨小强．马来西亚商品与服务税的实践与发展［J］．国际税收，2018（3）．

［269］杨晓雯，张泽平．BEPS 背景下对国际税收合作博弈的思考［J］．国际税收，2018（1）．

［270］杨志清．我国国际税收理论与实践的回顾与展望［J］．国际税收，2018（12）．

［271］杨志勇，文丰安．优化营商环境的价值、难点与策略［J］．改革，2018（10）．

［272］杨志勇．减税政策的评估与优化［J］．中国金融，2018c（24）．

［273］杨志勇．实施"一带一路"战略的财税政策研究［J］．税务研究，2015（6）．

［274］杨志勇．现代税收制度建设：四十年个人所得税发展的思考［J］．经济纵横，2018b（6）．

［275］杨志勇．印度商品和服务税（GST）开征的意义、挑战及未来趋势［J］．国际税收，2017（8）．

［276］杨志勇．中国个人所得税改革的理论影响因素分析［J］．税收经济研究，2018a（5）．

［277］杨志勇．中国税制 40 年：经济、社会与国家治理视角［J］．国际税收，2018d（12）．

［278］杨治朋．"一带一路"战略的国际税法思考——税收协定助力中国企业"走出去"［J］．法学研究，2016（3）（下）．

［279］叶宝松．马来西亚个人所得税制对我国的启示［J］．税收经济研究，2015（2）．

［280］叶宏禄，叶莉娜．国际反避税：发展中国家与国际税收善治［J］．上海商学院学报，2018（6）．

［281］叶莉娜，刘奇超．论国际税法之趋同与我国的应对［J］．财经法学，2018（3）．

［282］叶莉娜．国际税收治理时代对设定国际税务组织的思考［J］．国际经济法学刊 2015（4）．

［283］于戈，范丽萍，张田雨，叶东亚．中东欧 16 国税制概

览［J］．世界农业，2015（9）．

［284］于树一，王杰杰．"一带一路"税制协调：探索从"倡议"到"方案"之路［J］．欧亚经济，2018（6）．

［285］于树一．俄罗斯：积极融入国际经济体系谋求扩大税收话语权［J］．国际税收，2016（1）．

［286］翟继光．从提高"起征点"看我国个人所得税改革的方向［J］．经济法研究，2018（1）．

［287］翟继光．新加坡增值税立法及其对我国营改增的启示［J］．国际税收，2017（7）．

［288］詹清荣．"一带一路"跨国投资经营战略的税务风险防控要点［J］．国际税收，2015（6）．

［289］张斌．国家治理视角下的税收现代化进程：共性、差异与路径［J］．税务研究，2019a（4）．

［290］张斌．住房租赁市场供求失衡难题待解——如何看待"房租个税扣除"引发的争论［J］．人民论坛，2019b（10）．

［291］张富强，刘中原．"一带一路"倡议下国际双重征税法律风险的防范——以企业境外所得税收抵免制度的完善为视角［J］．法治论坛，2018a（2）．

［292］张富强．论强国战略下"一带一路"国际税收争议解决机制的完善［J］．法学杂志，2018b（8）．

［293］张国钧．优化税收营商环境的调查与思考［J］．税务研究，2018（11）．

［294］张涵．东北亚四国跨境税收协调与合作问题研究［J］．税务研究，2017（8）．

［295］张嘉怡．有效创新激励还是有害税收竞争？——BEPS背景下"专利盒"政策的困境［J］．中央财经大学学报，2015（1）．

［296］张杰云．东盟国家税制比较研究［J］．法制与经济，2017（10）．

[297] 张景华, 叶莉娜. 发展中国家税收捐赠问题 [J]. 财经科学, 2016 (2).

[298] 张莉. "一带一路"战略下中国与东盟营商环境差异与协同构建研究 [J]. 经济与管理. 2017 (2).

[299] 张伦伦. 全面解读《多边税收征管互助公约》[J]. 国际税收, 2014 (2).

[300] 张松. "一带一路"沿线国家营商环境 [J]. 经济研究参考, 2017 (15).

[301] 张文春, 冯露露, 余海龙. 中亚五国税制及经济特区税收优惠政策, 载于《2015 人民币国际化书——"一带一路"建设中的货币战略》中的附录三 [M]. 中国人民大学出版社, 2015.

[302] 张文春. 全球性税制变化的趋势分析 [J]. 中国人民大学学报, 2015 (6).

[303] 张星强, 苏畅. 发展海上丝绸之路的税收协调研究——以东南亚地区为例 [J]. 经济研究参考, 2016 (53).

[304] 张学诞, 许文, 梁季, 陈龙, 施文泼. 近期我国税制改革的重点 [J]. 财政科学, 2017 (3).

[305] 张云华, 任言和. 完善税收抵免制度 助推企业"走出去" [J]. 国际税收, 2015 (6).

[306] 张泽平. BEPS 行动计划对我国国内税收立法的影响及应对——以打击有害税收实践行动方案为视角 [J]. 国际税收, 2015 (6).

[307] 张泽平. 全球治理背景下国际税收秩序的挑战与变革 [J]. 中国法学, 2017 (3).

[308] 赵国庆. 税基侵蚀和利润转移: 我国政府的挑战和应对 [J]. 中国财政, 2014 (13).

[309] 赵凌. 论我国税收协定 MAP 改革的重要关切——"一带一路"建设背景下的思考 [J]. 闽南师范大学学报: 哲学

社会科学版，2017（3）.

［310］赵洲，张丽．论"一带一路"跨境利息所得的税收协调［J］．国际税收，2018（1）．

［311］郑浩．OECD 国家的税收改革趋势及启示［J］．安徽师范大学学报，2015（6）．

［312］中国出口信用保险公司．国家风险分析书 2018［R］．2018.10.11.

［313］中国国际税收研究会课题组．服务"一带一路"战略税制及征管研究［J］．国际税收，2015（12）．

［314］周超，刘夏，任洁．外商直接投资对于东道国营商环境的改善效应研究——来自 34 个"一带一路"沿线国家的证据［J］．国际商务（对外经济贸易大学学报），2019（1）．

［315］周野．俄罗斯境外所得税收抵免制度简介与评析［J］．国际税收，2019（4）．

［316］朱红根．乌克兰税法法典及新规评析［J］．经济论坛，2018（9）．

［317］朱青．鼓励企业"走出去"与改革我国避免双重征税方法［J］．国际税收，2015（4）．

［318］朱为群，刘鹏．"一带一路"国家税制结构特征分析［J］．税务研究，2016（7）．

［319］邹长胜．哈萨克斯坦税收制度评析［J］．国际工程与劳务，2015a（8）．

［320］邹长胜．塔吉克斯坦税制简介［J］．国际税收，2015b（12）．

二、英文文献

［1］Andrew Jewell, Mario Mansour, Pritha Mitra, Carlo Sdralevich. Fair Taxation in the Middle East and Northern Africa［EB/OL］. http：//www.imf.org/external/pubs/ft/sdn/2015/sdn1516.pdf, 2015.9.1.

[2] Annette Alstadsæter, Salvador Barrios, Gaetan Nicodeme, Agnieszka Maria Skonieczna, Antonio Vezzani. Patent Boxes Design, Patents Location, and Local R&D, Economic Policy, IPTS Working Papers on Corporate R&D and Innovation – No 6/2015 [EB/OL]. https://ec.europa.eu/jrc/sites/jrcsh/files/JRC96080 Patent boxes. pdf, 2015.12.31.

[3] Caroline Silberztein, Benot Granel, Jean – Baptiste Tristram. OECD Multilateral Convention to Prevent BEPS: Implementation Guide and Initial Thoughts [J]. International Transfer Pricing Journal, 2017 (5).

[4] Christoph Pellech. Income Tax in Myanmar [EB/OL]. https://www.mmbiztoday.com/articles/income-tax-myanmar, 2014.10.23.

[5] Deloitte. 2015 Global Survey of R&D Incentives [EB/OL]. http://www2.deloitte.com/global/en/pages/tax/articles/global-survey-research-development-tax-incentives.html, 2015.12.20.

[6] Department of Revenue & Customs Ministry of Finance, Royal Government of Bhutan. Personal Income Tax Guide Book [EB/OL]. http://www.ipajournal.com/uploads/2011/finance_ministry/manuals/Personal_Income_Tax_Guide_book.pdf, 2019.4.5.

[7] Department of Revenue & Customs Ministry of Finance, Royal Government of Bhutan. What is PIT? [EB/OL]. http://portal.drc.gov.bt/drc/node/25, 2019.3.4.

[8] E&Y. Navigating the Belt and Road: Financial Sector Paves the Way for Infrastructure [EB/OL]. http://www.ey.com/Publication/vwLUAssets/EY navigating the belt and road en/FILE/EY navigating the belt and road en.pdf, 2015.12.31.

[9] Eric Toder. Territorial Taxation: Choosing among Imperfect Options [EB/OL]. https://www.taxpolicycenter.org/publications/

territorial taxation choosing among imperfect options, 2017. 12. 11.

[10] Ernst H, Fischer M. Integrating the R&D and Patent Functions: Implications for New Product Performance [J]. Journal of Product Innovation Management, 2014, 31 (S1).

[11] EU. Country Report Latvia 2018 [EB/OL]. https://ec.europa.eu/info/sites/info/files/2018 - european - semester - country - report - latvia - en_1. pdf, 2018. 4. 18.

[12] EY, The Outlook for Global Tax Policy in 2018 [EB/OL]. https://www.ey.com/Publication/vwLUAssets/EY 2018 global outlook for tax policy/24File/EY 2018 global outlook for tax policy. pdf, 2018. 7. 8.

[13] EY. Thailand Enacts International Business Centers Regime to Replace Existing Incentive Regimes [EB/OL]. https://www.ey.com/gl/en/services/tax/international tax/alert thailand enacts international business centers regime to replace existing incentive regimes, 2019. 3. 1.

[14] EY. Worldwide R&D Incentives Reference Guide 2018 [EB/OL]. https://www.ey.com/Publication/vwLUAssets/ey 2018 worldwide rd incentives reference guide/FILE/ey - 2018 worldwide rd incentives reference guide. pdf, 2019. 3. 8.

[15] Helena Schmidt. Corporate Income Tax (CIT) [EB/OL]. https://www2.deloitte.com/content/dam/Deloitte/hr/Documents/about - deloitte/hr_corporate - income - tax_presentation. pdf, 2015. 9. 1.

[16] Idawati Ibrahim & Jeff Pope. The Viability of a Pre - Filled Income Tax Return System for Malaysia [EB/OL]. https://www.researchgate.net/publication/307605646, 2011. 1. 1.

[17] IMF OECD UN & WB. Enhancing the Effectiveness of External Support in Building Tax Capacity in Developing Countries [EB/

OL]. http://www.oecd.org/tax/enhancing the effectiveness of external support in building tax capacity in developing countries. pdf, 2016. 7. 1.

[18] IMF. Country Report No. 14/179, Bhutan Selected Issues [R]. https://www.imf.org/external/pubs/ft/scr/2014/cr14179. pdf, 2014. 7. 1.

[19] IMF. Fiscal Policies for Innovation and Growth [EB/OL]. http://www.imf.org/external/pubs/ft/fm/2016/01/pdf/fmc2.pdf, 2016. 10. 1.

[20] IMF. Spillovers in International Corporate Taxation [EB/OL]. http://www.imf.org/external/np/pp/eng/2014/050914.pdf, 2014. 5. 9.

[21] IRAS. Income Tax Rates [EB/OL]. https://www.iras.gov.sg/irashome/Individuals/Locals/Working Out Your Taxes/Income Tax Rates/, 2019. 2. 3.

[22] IRAS. Tax Rates [EB/OL]. https://www.iras.gov.sg/IRASHome/Publications/Statistics and Papers/Tax Statistics/#NewBookmark, 2018. 9. 30.

[23] IRAS. Tax Statistics [EB/OL]. https://www.iras.gov.sg/IRASHome/Publications/Statistics and Papers/Tax Statistics/#compliance, 2019. 5. 8.

[24] James Rogers & Cécile Philippe. The Tax Burden of Typical Workers in the EU 28—2018 [EB/OL]. http://www.institutmolinari.org/IMG/pdf/tax burden eu 2018.pdf, 2018. 7. 1.

[25] KPMG. ASEAN Tax Guide [EB/OL]. http://www.kpmg.com/Global/en/IssuesAndInsights/ArticlesPublications/Documents/asean tax guide v2.pdf, 2015. 12. 11.

[26] L. Wagenaar. The Effect of the OECD Base Erosion and Profit Shifting Action Plan on Developing Countries [J]. IBFD Bulle-

tin for International Taxation. 2015 (Volume 69), No 2.

[27] Lars P. Feld, Martin Ruf, Uwe Scheuering, Ulrich Schreiber and Johannes Voget. Effects of Territorial and Worldwide Corporation Tax Systems on Outbound M&As [EB/OL]. http://ftp.zew.de/pub/zew-docs/dp/dp13088.pdf, 2016.7.7.

[28] Malaysian Sales and Service Tax [EB/OL]. https://www.avalara.com/vatlive/en/country-guides/asia/malaysia.html, 2019.2.1.

[29] Mansour, M.. Tax Policy in MENA Countries: Looking Back and Forward [EB/OL]. IMF Working Paper 15/98, https://www.imf.org/external/pubs/ft/wp/2015/wp1598.pdf, 2015.12.31.

[30] Matthews, S.. What is a "Competitive" Tax System? [EB/OL]. OECD Taxation Working Papers, No. 2, http://dx.doi.org/10.1787/5kg3h0vmd4kj-en, 2011.12.

[31] NepalIntroduces a New Legislation on Special Economic Zone [EB/OL]. http://pioneerlaw.com/news/nepal introduces a new legislation on special economic zone, 2017.2.12.

[32] OECD. Addressing Base Erosion and Profit Shifting [EB/OL]. http://www.oecd.org/tax/addressing base erosion and profit shifting 9789264192744 en.htm, 2013.2.12.

[33] OECD. Consumption Tax Trends 2018 [EB/OL]. https://read.oecd ilibrary.org/taxation/consumption tax trends 2018_ctt 2018 en##page199, 2018a.12.3.

[34] OECD. International VAT/GST Guidelines [EB/OL]. http://www.oecd.org/ctp/consumption/international vat gst guidelines.pdf, 2015.12.12.

[35] OECD. Measuring Tax Support for R&D and Innovation [EB/OL]. http://www.oecd.org/sti/rd tax stats.htm, 2019.3.8.

[36] OECD. OECD Releases Third Round of Peer Reviews on

Implementation of BEPS Minimum Standards on Improving Tax Dispute Resolution Mechanisms and Calls for Taxpayer Input for The Fifth Round [EB/OL]. http://www.oecd.org/ctp/beps/oecd releases third round of peer reviews on implementation of beps minimum standards and calls for taxpayer input for the fifth round. htm, 2019. 3. 2.

[37] OECD. OECD Review of National R&D Tax Incentives and Estimates of R&D Tax Subsidy Rates 2017 [EB/OL]. http://www.oecd.org/sti/rd tax stats design subsidy. pdf, 2018b. 9. 7.

[38] OECD. OECD Time – Series Estimates of Government Tax Relief for Business R&D [EB/OL]. http://www.oecd.org/sti/rd tax stats tax expenditures. pdf, 2018c. 9. 6.

[39] OECD. Signatories and Parties to The Multilateral Convention to Implement Tax Treaty Related Measures to Prevent Base Erosion and Profit Shifting Status as of 7 June 2017 [EB/OL]. http://www.oecd.org/tax/treaties/beps mli signatories and parties. pdf, 2017. 9. 22.

[40] OECD. Tax Policy Reforms 2018——OECD and Selected Partner Economies [EB/OL]. https://read.oecd – ilibrary.org/taxation/tax policy reforms 2018 _ 9789264304468 en # page3, 2018d. 9. 10.

[41] Øystein Bieltvedt Skeie, Åsa Johansson, Carlo Menon and Stéphane Sorbe. Innovation, Patent Location and Tax Planning by Multinationals [M]. OECD Economics Department Working Papers, No. 1360, OECD Publishing, Paris.

[42] Peter H. Egger, Valeria Merlo, Martin Ruf, Georg Wamser, Consequences of the New UK Tax Exemption System: Evidence from Micro Level Data [EB/OL]. https://ideas.repec.org/p/ces/ceswps/_3942.html, 2019. 5. 4.

[43] Rachel Griffith, Helen Miller, Martin O'Connell. Corpo-

rate Taxes and Intellectual Property: Simulating the Effect of Patent Boxes [R]. IFS Briefing Note 112, 2010.

[44] Tajika, Eiji, Masaki Hotei and Keiko Shibata. The Effect of Moving to a Territorial Tax System on Profit Repatriations: Evidence from Japan [EB/OL]. http://www.etsg.org/ETSG2013/Papers/117.pdf, 2016.9.10.

[45] Tamer Budak. The Transformation of International Tax Regime: Digital Economy [EB/OL]. https://dergipark.org.tr/download/article-file/365547, 2017.12.1.

[46] Tax Foundation. Designing a Territorial Tax System: A Review of OECD Systems [EB/OL]. https://files.taxfoundation.org/20170822101918/Tax Foundation FF554 8 22.pdf, 2019.4.5.

[47] Thailand Easten Economic Corridor (EEC) Personal Tax Concession [EB/OL]. https://sherrings.com/eastern economic corridor eec tax thailand.html, 2018.9.30.

[48] Thailand's New Personal Income Tax Structure Comes Into Effect [EB/OL]. https://www.aseanbriefing.com/news/2017/03/03/thailands new personal income tax structure comes effect.html, 2017.3.3.

[49] The Technology CEO Council. Evolution of Territorial Tax Systems in the OECD [EB/OL]. http://www.techceocouncil.org/clientuploads/reports/Report 20Systems_20130402b.pdf, 2018.6.6.

[50] Tobias Bornemann, Stacie Kelley Laplante and Stacie Kelley Laplante. The Effect of Intellectual Property Boxes on Innovative Activity & Effective Tax Rates [EB/OL]. WU International Taxation Research Paper Series No. 2018 – 03, https://papers.ssrn.com/sol3/papers.cfm?abstract_id=3115977, 2019.5.6.

[51] UNDP. Report on Fostering Sustainable Development through Chinese Overseas Economic and Trade Cooperation Zones

along the Belt and Road [EB/OL]. https://www.undp.org/content/dam/china/docs/Publications/UNDP CH BRI 2019. pdf, 2019. 5. 14.

[52] Veronika Daurer & Richard Krever. Choosing Between the UN and OECD Tax Policy Models: An African Case Study [J]. African Journal of nternational and Comparative Law, 2014 (22).